LIVING HISTORY OF CHINA'S CARS 中国轿车史：四十年亲历

一汽大众奥迪数字化车间——高科技成为质量的保证

天安门前的"金龙"　摄影/王文澜

中国轿车史
四十年亲历

李安定 ○ 著

LIVING HISTORY OF CHINA'S CARS

世界图书出版公司
北京　广州　上海　西安

目 录 CONTENTS

序 | 恍若隔世　李安定　1

第一章　摸着石头过河　1

1. 探路者的悲壮使命　2

   今天的新闻，明天的历史/拿掉一个"总"字的中汽公司/中汽"地震"与"红旗"下马

2. 邓小平拍板：轿车可以合资　13

   1978，合资经营可以办/1982，大众的中国"桥头堡"

3. 上海大众，首批合资的幸存者　20

   "北京吉普风波"/波斯特：上海大众1000天/高标准，还是"卡脖子"/三军过后尽开颜

第二章　轿车工业获得"准生证"　35

1. 解冻：1987年夏天　36

   新中国拒绝轿车/需求凸显黑洞/十堰"轿车神仙会"/少壮派，只要政策不要钱/北戴河：轿车工业获得"准生证"

2. 大众逆袭克莱斯勒　45

   为了红旗第二代/哈恩，冬日的长征/高手各有胜算

3. 中国轿车"三大三小"新布局　52

   一汽大众：后来居上/"神龙"好事多磨/"一号工程"上海大众/"三小"的小康生活

人物印象　饶斌：我愿化作一座桥　59

第三章 家庭轿车第一声 65

1. 造梦前传 66

"领航产品"与"官车之累"/崇山峻岭中的会师/东京,"斯巴鲁360"铸剑为犁/划天而过的"小卫星"

2. 家庭轿车第一声 78

我的1989：但愿不是一个梦/由远及近的叩门声

3. 家轿曙光,看上去很美 81

私车消费写进产业政策/国际巨头热捧"94家轿研讨会"/FCC驶向环形跑道

4. 路漫漫其修远兮 87

与副总理的笔墨官司：不可逾越的台阶/2001,家庭轿车是一种权利

第四章 贵在双赢 93

1. 帕萨特,暗度陈仓 94

需求,再次提出挑战/引进帕萨特,博弈与妥协

2. 磨合,从奥迪100到奥迪A6 100

奥迪缘何进入一汽大众/话语权的坚持与妥协/10%的股份,100%的投入

3. 雅阁,翻着跟头增长 108

1法郎收购,标致铩羽而归/2亿美元,本田拿到"进门卡"/市场导向下的滚动发展

4. "新世纪",跨越太平洋 113

上汽人的智慧/通用志在必得/一切以合资企业利益为重/史密斯的世纪眼光

人物印象　门胁轰二：在人家的花园里工作　124

第五章 "新世纪轿车"叩门声 127

1. "新生代"命悬一线 128
   WTO：淡定与惶恐/帮助"鲇鱼"求生
2. 奇瑞，借腹生子 133
   执着打动拼命三郎/股份换来的"准生证"
3. 吉利，力量在风中聚集 136
   永远寻找新商机/从奔驰、波音到脚踏实地/"我渴望阳光出现"
4. 华晨，大象无形 141
   另类"中华"/纽约上市第一股/湿手沾面粉/知变则胜/仰融出走

第六章 "入世"成就了井喷 151

1. 入世与家轿：两大托举力 152
   2001，中国家轿起步年/十年"井喷"定位中国车市/中国有了"年度车"/甲A联赛和"四小花旦"/奔驰二十年执着花落北京
2. 竞争从此变得血腥 167
   好日子走到"拐点"/跨国公司看中国：还是一块"香饽饽"/新掌门人和新产业政策

人物印象　好人吕福源　173

第七章 当自主品牌成为国策 179

1. 决策层热捧自主创新 180
   自主品牌"咸鱼"翻身/来之不易的机遇
2. 自主研发才是硬道理 183
   奇瑞："相持阶段"尚未到来/吉利：到海外车展去亮相/大集团：高举高打
3. "耐住寂寞二十年" 191
   自主开发是"第十个馒头"/海派汽车"火候"到了/厚积薄发，上汽荣威一炮打响

人物印象　范安德，大众的回归　200

第八章　汽车营销，从小学生读到MBA　205

1. 卖车进化始末　205

当年，汽车不是用来卖的/一汽大众首建营销团队/上海通用何以成为常青树/东风日产"把海水煮成精盐"

2. 销售体系的中国变革　215

纠结中的《品牌管理办法》/经销商的柴米油盐

3. 价值链在车轮下延伸　217

二手车销量何时超越新车/吉利淘宝：网购汽车不是梦/车轮转动出的新财富

4. 打造品牌非一日之功　221

汽车也是一种情感诉求/品牌发布大秀场/试车走天下

第九章　兼并重组没有温情　231

1. 为了走出困境　232

四十年的艰难话题/"天一重组"，对接丰田序幕/东风日产：整体合资的尝试

2. 做大做强的试水　237

上南重组：碗里有肉才是硬道理/新长安，兼并中航跻身四强

3. 海外兼并得失考　243

"纸上得来终觉浅"，上汽兼并双龙始末/萨博落袋，北汽"贴地飞行"

4. 草根吉利入主豪华品牌沃尔沃　249

完美"天仙配"/走进沃尔沃

人物印象　墨菲，放弃了的午餐　256

第十章　危局中的中国机会　261

1. 始料未及的全球危情　261

通用在百年庆典后倒下/丰田绊倒了自己/大众靠什么站稳脚跟/菲克重组，"技术换资本"的经典案例

2. "风景这边独好"　272

寒冬里的一把火/豪华品牌"本土化"大战

3.危机催生的中国机会　278

　　"入世"十年带来的底气/占据科技创新制高点

人物印象　再见，瓦格纳先生　280

第十一章　新能源路线图　285

1.石油安全的世纪课题　285

　　21世纪新能源五大选项并行不悖

2.汽车动力全面优化才是首选　288

　　燃油汽车技术仍是节能减排的主战场/"站在地上的那条腿"

3.混合动力是一种"道"　290

　　丰田执着混合动力二十年/百折不挠的工匠精神/插电式混合动力为何会大行其道

4.纯电动车为什么是一条短线　296

　　百年徘徊，电池是最大制约/续航里程的误区/"肮脏"的电，难圆"零排放"之梦

5.氢能源才是终极方案　300

　　氢动力"重新定义汽车"/氢能源再发力，中国可以很牛

第十二章　电动车中国夺冠　307

1.电动车产销中国加速度　308

　　电动车热三部曲/电动车的国家战略，产销连续七年夺得全球第一/国产动力电池覆盖电动车装机需求

2.蔚来：有一种豪华叫"无忧"　312

　　眼界、预见和智慧/高端制造的行家里手/豪华的极致是"无忧"

3.比亚迪宣布2040年停产燃油车目标　318

　　比亚迪有了"禁燃"的底气/电池大王的轿车梦/刀片电池特立独行

4.岚图一千零一夜：国家队的急行军　322

　　把岚图办成科技公司、用户型企业/一千零一夜/想象力决定走多远走多快/全球第一辆电动MPV——岚图"梦想家"

5.小微"人民代步车"　327

　　宏光MINIEV/超出想象的性价比/最接地气的用户体贴

6.全面禁燃,不该是中国汽车的选项　331

第十三章　跨过"汽车强国"的门槛　333

1.从汽车大国到"汽车强国"的三个条件　333

2.红旗轿车的涅槃　334

　　年销30万辆,四年63倍的增长/新高尚精致主义/红旗新车榜

3.两个奋斗者伙伴,一部世界级智能好车　338

　　华为:不进场造车,只提供一栈式智能解决方案/华为牵手极狐,1+1大于2/智能驾驶与智能座舱

4.领克:"根红苗正"好出身　343

　　全球化基因与生俱来/和沃尔沃共用最新平台/举高打低,品牌向上

5.魏建军挑战氢能源　346

　　2021氢燃料车投入试运营的一年/创业记:每天进步一点点/胸有成竹,氢能源全线展开

6.200万辆,全球第三的出口大国　350

　　品牌上攻成就了出口的质变/进入发达国家市场的出海2.0时代/做汽车强国,鼓励企业抓住重大机遇"抱团出海"

第十四章　"汽车社会"的思考　355

1.汽车,20世纪最显著的人文景观　355

　　中国,迟到的汽车社会/坐进汽车的人生/汽车社会与秩序王国

2.新能源、大数据、人工智能颠覆汽车　361

　　轿车是一个强烈外部性制约的产业/智能驾驶智能座舱/共享轿车,北京五分之一的轿车就够用了

尾　声　369

作者坐在长城汽车"坦克300"的驾驶座上

序 | 恍若隔世

李安定

1

这本书,记录的是从1980年到2022年,中国轿车业从零开始,狂飙突进地成为全球产销第一的传奇。我有幸全程参与并见证了这段历史的全过程和主要节点。

没有中国的对外开放,没有全球汽车业资金、技术的引进,没有中国企业——尤其民营企业——融入全球化合作与竞争,中国今天依然还是那个"自行车王国"。

2

汽车于19世纪80年代出现在世界上,各工业大国中,中国进入汽车时代最晚,进程最快。尝试引进合资生产轿车,刚满四十年;决策建立轿车工业,只有三十多年;政府认可轿车进入家庭,刚刚二十多个年头。

上些年纪的中国人都还记得:新中国建立之初,由于被贴上"资本主义"的意识形态标签,轿车生产——遑论私家车——在中国严遭禁绝;直到20世纪80年代,筑起世界最高关税壁垒的中国,全年轿车总产量只有3000辆,不如国外轿车厂一天的产量。

这一切,是半个世纪前,中国轿车故事的起点。那时候,如果告诉一个中国人,你的孩子将拥有享受轿车文明的权利,中国的轿车销量会超过"汽车王国"美国,百分之百地会被认为是痴人说梦。半个世纪,真不算长,蓦然回首,却恍若隔世。

3

一切变化得太快了，来不及沉淀，来不及反思，泥沙俱下，得失混淆。需要有人从头至今做一个梳理。

亲历是本书的一个重要标签。我记者生涯的起点，正好和中国轿车创业的起点重合。我更有幸走近中国汽车业的决策层和骨干企业，亲历并见证了中国轿车发展的诸多节点，乃至整个过程。四十多年不间断地参与中国轿车业的进程，我得以从一个类似"航拍"的独特视角，了解到外人难以获悉的真相。时过境迁，再也没有一个人能够复制我的幸运。

1982年，中国汽车奠基人饶斌对我说：今天的新闻是明天的历史。这句话，我一直铭记在心。我写这部中国轿车的历史，似乎是我人生必须要做的一个交代。

4

我以为，在中国，决策和主管部门的高瞻远瞩成全了轿车产业从无到有的高速发展；同时，这些部门的相互掣肘和屡屡失误，也带来一次次折腾和曲折，真是成也萧何，败也萧何。但是以成败论英雄，汽车产业终归从一个计划经济的"活样板"，蜕变为中国最具市场化特色的支柱产业，即使在全球金融海啸最激荡的时刻，也那么给中国经济挣脸。

然而，纠结，贯穿中国轿车业起落的全过程。

是闭关锁国，自力更生；还是抓住开放的机遇，拥抱全球化？在合资企业中，是七斗八斗，同床异梦，还是合作共赢，生成本土技术和开发能力？是高筑国企的围墙，扼杀民营草根对手，还是放开"准入"门槛，给自主品牌生存与竞争的权利？是满足于在入世谈判中为中国汽车争一个"幼稚产业"的保护地位，还是按照世贸规则，鼓励中国品牌在"与狼共舞"中成为强者？是全面跟踪新能源领先技术，在学习中寻求突破，还是大轰大嗡，搞自欺欺人的"弯道超车"？历史，总是裹挟着大量泥沙滚滚向前。

5

轿车是什么？在中国，轿车是政治，是技术，是经济，是权利，是财富，是文化，是情人，是成百倍提升出行距离的"飞毛腿"，是社会财富滚滚而来的流水线，是全球化的经典产物，是民粹主义的精神寄托，是污染和拥堵的罪魁祸首，是引领全球新能源的希望，是中国品牌自主创新的体现，是消除贫富不均官民对立的标志物。

中国鼓励轿车私人消费仅仅二十年，轿车突然以每年超过2000万辆的速度出现在国人身边，爱它、恨它、用它、骂它、鼓励它、限制它，中国人一时还找不着北。

仅以轿车来说，中国普通百姓梦想过，渴望过，今天拥有了，而且期盼更智能、更清洁、更安全、更惬意的汽车出行，和世界上所有拥有汽车文明的国家的老百姓一样。

6

本书以编年史和一章一个主题的结构，记述了不同时期这些纠结的载体——事件、企业、人物的故事，构成一部"身在其中"的中国轿车史，力求以作者的亲身经历，全景构架，还原真相，只是一家之畅所欲言，没有未来官方史写作者所面临的平衡和羁绊。

十年前，三联书店出版了拙作《车记》，成为多次印刷的一本畅销书。三年前新加坡世界科技出版社在中国浩瀚的出版物里选中我的这部书，译成英文版 *DECODING CHINA'S CAR INDUSTRY*，于今年全球发行，让世界更多读者能够分享我的所见所思所感，让中国在从零到轿车强国的大跨越被世界所知晓。亚马逊图书网评价本书为"一部真实的多维的中国轿车史"。今天由世界图书出版公司推出的《中国轿车史：四十年亲历》，对《车记》做了全面的修订和补充，并与时俱进地增加了新观点和新内容。

2022年夏，北京

第一章　摸着石头过河

1982年春节刚过,一个阴云漫天的下午。我如约来到一机部,那是位于北京三里河的一座绿色琉璃瓦顶的楼房建筑群。在电梯里,我正好遇到饶斌部长。

"今天刚收到国务院发文,批准成立汽车工业总公司。我找了几位同志一块儿议一下,请你也来听一听。"走下电梯时,饶斌对我说,"今天的新闻,明天的历史,你们记者是不是这样说?"

饶斌,中国汽车工业的奠基人之一。在这个历史时刻,他穿了一双旧布鞋,一身蓝灰色中山装。身材魁伟,腰板挺得很直,灰白头发很有特色地向脑后梳去。不管装束如何俭朴,命运如何变幻,他总是风度翩翩。

后面这句话给我的印象特别深,也激发了我的一种使命感——用新闻之笔记下中国汽车的编年史。没想到,这种使命感整整伴随了我四十年的新闻生涯。

20世纪70年代末中国国民经济开始以"农、轻、重"的排序进行结构调整。汽车业因属重工业而走到"谷底",面临着一次艰难的转身。

20世纪80年代,改革开放起步。建立中国轿车工业,一开始就排在新成立的中汽公司的日程上。但遭到当时主管部门的坚决反对:"轿车是资产阶级生活方式的产物,绝不能为它开绿灯。"

然而，改革开放的总设计师邓小平却在关键时刻支持了轿车业的初创，并且创造性地指出了一条"轿车可以合资"的崭新途径，为汽车工业在当时资金、技术极度匮乏的窘境下，打通了一条生路。

1.探路者的悲壮使命

今天的新闻，明天的历史

我进入新华社担任记者，是在1978年底，正是"文化大革命"与新时期的分水岭——党的十一届三中全会刚刚开过。随后三十年的记者生涯，使我成为改革开放的全程记录者。

今天的人们对于"改革开放"这个词语已经习以为常，但是对于刚经历过"文化大革命"和"阶级斗争"的人们来说，当时却有再世之感。乍暖还寒，新旧思想的交锋十分激烈。

1980年，我分工制造业的采访，主要包括机械、轻纺、军工。当时，能够采访中央部委的只有几家中央媒体，记者中鲜有年轻人。那个年代，没有今天采访的一套繁文缛节。我有各部委的长年出入证，有食堂饭票。从一间办公室走到另一间，从部长到普通工作人员，大家都是朋友。聊天，看文件，获得新闻线索后就往基层跑。每天，许许多多的"第一次"扑面而来，那是一段充满激情的记者生涯。

1981年，机械工业部长是刚刚从中国第二汽车厂调回北京的饶斌。

饶斌，中国汽车工业的奠基人，有着传奇的经历。平时经过饶部长的办公室，只要外间门开着，部长秘书顾尧天总要招呼我进去坐一坐。部长有事交办，他走到里间，会捎上一句：安定来了。饶部长就会叫我进去聊几句，有时候是正式的采访。

当时，中国120多家汽车厂，分属机械、交通、市政等不同行业，多数是地方小厂，小打小闹，勉强度日，全国一年总共只生产17.5万辆汽车，技术含量和产品质量极差。司机如果没有一手过硬的修车功夫，被困在路上是常有的事。

1982年早春的那个下午，我跟着饶部长走进了会议室，国家汽车局的刘守华、冯克、胡亮等几位领导已经等在那里，饶部长拿出盖着国务院大印的红头文件，欣喜地告诉大家，为整治汽车工业的"散乱差"，中央决定成立中国汽车工业总公司。借此作为试点，给其他产业的改革和结构调整积累经验。汽车行业面临一次重大的管理体制改革——即将组建的中国汽车工业总公司直属国务院领导。他还透露，中央已经确定，中汽公司的总经理由李刚担任。

我认识李刚，当时他还在长春担任一汽厂长，不知道这项新的任命。在每年一度的全国机械工业会议上，李刚给我留下印象最深的是，会议期间晚上放电影，他从不去看，而是躲在房间里静静地看书。

国务院下发文件的当天，我就预感到，饶斌会就此离开中国最大的产业——机械工业的行政首长位置，重新投身到让他尝尽酸甜苦辣的汽车行业中去。

1982年5月7日被确定为中汽公司成立的日子。

为此而举行了3天的全国汽车工作会议。直到会议的最后一天下午，副总理兼国家机械委主任薄一波才来到会场，宣布中共中央书记处和国务院刚刚作出的决定。我记得会场的气氛有些紧张。薄一波宣布中汽公司（而不是原来文件中的总公司）将是一个局级机构，隶属机械工业部（而不是隶属国务院）。饶斌担任中汽公司董事长，李刚担任总经理，陈祖涛担任总工程师。

我注意到，饶斌的脸一直沉着，台下也是一片肃穆。属于哪一级部门主管直接影响着产业的发展，对于这个中国特色，饶斌与在场的汽车业领导者和专家们十分清楚，日后发生的情形也证明他们的担心不是多余的。旧体制盘根错节，中汽公司单兵突进，注定推进很艰难，结局很悲壮。

拿掉一个"总"字的中汽公司

中汽公司成立前后，中国正值一次国民经济的大调整，经济决策部门国家计委，把汽车列入"限产，封车，以推进节约能源"的项目。明确提出限制汽车工业发展，实行"封车节油"的对策。中汽刚成立，就赶上国家压缩汽车计划产量的非常时刻，1982年全国汽车计划产量压缩到8万辆，只有1980年产量的三分之一。大批在用社会车辆被勒令停驶，入库封存。

董事长饶斌，忍辱负重，亲自起草给中共中央的报告，指出："世界上无论是产油国家，还是石油进口国家，都在大力发展汽车运输，这是由经济发展规律所决定的。"为此，他建议国家大力发展公路建设，增加铺设沥青路面和取消限制汽车生产的做法。

一周后的1982年11月7日，国务院总理批示，这个报告"涉及交通运输的一系列重大技术经济政策问题"，责成国家计委牵头进行论证。批示中说："至于限产问题，只要市场有销路，当然允许生产，不要限制。"

中汽公司成立之初，汽车市场一片萧条，一辆东风牌5吨卡车只卖1.8万元，而且要由厂家提供卖方贷款，进行赊销。当时在中汽公司任职的是中国汽车工业第一代创业者，他们眼界宽，资历深，没有怨天尤人，一心想的是如何把中国汽车业带出困境。

为了开拓汽车运输市场，1983年早春，中汽公司决定向中央献策，提供重吨位汽车，解决晋煤外运问题。当时随着农村经济改革的推进，小煤窑在山西雨后春笋般冒了出来，火车运力有限，大量煤炭运不出来，堆在山里任凭风吹雨打甚至自燃。

中汽公司总经理李刚决定亲自去大同，考察利用汽车将晋煤外运的资源、路线、运力、成本等问题，了解第一手资料，并邀我一同前往。一辆一汽生产的红旗面包车，载着李刚、秘书张宁和我，一大早离开北京，出张家口一路西去。

李刚，1948年毕业于清华大学汽车制造专业；1952年赴苏联参加重工业部一汽工作组；1953年回国任一汽发动机分厂技术科科长，1965年任一汽副总工程师；"文革"结束后，任一汽副厂长、厂长。

天擦黑，我们到了大同。李刚让司机把车直接开进当地汽车运输公司，住进公司楼上的一间客房。我们刚刚安顿下不久，市委办公室主任赶来了，说市领导在宾馆设宴接风，因为李总是中共中央候补委员，住到宾馆便于保卫。李刚力辞，主任反复陈说。李刚有些动火地说，你回去吧，我就住在这儿，和管运输的干部、司机聊天方便。

那晚，这位央企老总调查结束，就和秘书、记者睡在一间没有卫生间的简陋客房里。在那个时代，这倒也平常。

在大同住了一夜，我们和两辆红岩重型卡车会齐，动身向山区的小煤窑进发。塞外的风很硬，很冷。李刚不时让车停下，跳下车，用步子丈量路的宽度，计算着

李刚给贺龙、罗瑞卿介绍一汽自主开发的红旗轿车发动机

1982年一汽终于结束了解放卡车30年一贯制,开发出一代新车,作者(右一)在试车场的合影

1982年6月胡耀邦视察二汽,在整车实验室,时任总工程师的陈清泰做介绍

汽车的通过量。接近小煤窑，公路干脆没有了，车在荒原上压着前面的车辙前进。有时追上当地一辆老旧的解放卡车，他会拦住车，让披着黑糊糊翻毛大衣的司机往里挤挤，亲自开一程，边开边聊。后来，拉煤的司机问我："这老汉儿是干啥的？对汽车懂得多着哩！"

就这样，李刚去钻一个又一个的小煤窑，摸清煤的最初成本，摸清运费和道路情况。后来，汽车晋煤外运蓬勃发展，成为展示汽车推进经济发展的一个窗口。

在此前1982年9月的中共十二大上，李刚当选为中央候补委员。李刚回忆起他那一届任期，一件很自豪的事就是提高了汽车工业在国民经济中的战略地位。在中汽公司的积极呼吁下，中共十二届三中全会在文件中，首次把汽车工业列为支柱产业。

那一段时间，我几乎每周都在中汽公司泡上一两天。我很幸运，饶斌、李刚和一批优秀的汽车专家能把我当作朋友，他们是我涉足汽车报道和汽车评论的启蒙老师。他们和我谈论汽车运输在世界经济发展中发挥的巨大作用，谈论在中国显然被人为推迟的汽车时代，让我激情澎湃。1983年春天，我为新华社《瞭望》杂志写了一篇专稿《汽车时代在地平线上》，和当时的汽车限产针锋相对。

在文章中，我特别谈道：我们探讨汽车生产和公路运输的发展战略时，不应该只着眼货运，还应该涉及一直被压制的载客汽车的需求；尽管我国国情与外国不同，但是对大中型客车以至小轿车、摩托车的生产，采取静止的、片面的观点也是不科学的。

中汽公司成立的初衷是办成托拉斯，搞企业化改革。按照中央决策层要求，形成一个"在国家统一计划指导下，独立从事生产经营业务和核算的经济实体，兼有汽车行业管理职能"。

为解决中国汽车工业历史遗留的"散乱差"局面，1982年，汽车行业尝试以骨干企业为龙头，跨地区成立了解放、东风、京津冀、重型、南京、上海共六个汽车工业联营公司。联营公司之间既有竞争又有合作。

中汽公司还在统一经营中组织了二级公司：投资公司、销售公司、进出口公司、零部件公司、材料供应公司等，天津中国汽车技术中心也是这时成立的。

汽车，作为一种生产资料，新中国成立近三十年完全由国家计划调拨。市场，对于中国汽车业是一个十分陌生的词语。然而到了1984年，让汽车在中国成为商品的恰恰是走在改革前列的中国农民。我在1984年采写过一篇通讯《汽车厂的新主顾》，讲的就是河南、山西渴望靠跑运输致富的农民，裤腰里系着成捆的钞票，跑到南京汽车厂买轻型卡车的故事。

走向市场，让中国汽车工业从衰落不景气，提升到一个初见繁荣的阶段。汽车产量1981年17.5万辆，到1985年是44万辆，四年里翻了一倍半，每年递增25%。产值由69亿元增加到259亿元，四年翻了近两番，年递增39%，扭转了中汽公司成立之初时全行业亏损的局面。

特别引人注目的是，饶斌指挥全国汽车行业打了一场赶上当代国际水平、改变"缺重少轻"局面的大战役。

饶斌跑遍世界上各主要汽车企业，进行比较选择。引进了奥地利斯太尔重型汽车系列和美国康明斯发动机，武装了当时地处山东济南、陕西宝鸡、四川大足三地的重型汽车集团。

以外贸部门进口大批轻型车为筹码，无偿获取日本五十铃N系列柴油发动机的全部图纸资料，用于全国轻型车厂的全面升级，开创"市场换技术"的先河，引进了意大利菲亚特公司的依维柯轻型汽车系列，使南京汽车厂的"跃进"轻卡一跃跨过三十年；在天津，引进了日本大发公司的微型面包车……

有一次，在引进意大利依维柯轻型车的签字仪式上，我曾询问饶斌董事长，什么是世界汽车的80年代水平？

"现在国际上正在投产的，拥有现实和潜在市场的，并且拥有继续开发手段的主流车型。"他一板一眼地回答我，"引进是动态的引进，包括合同期内对方产品开发的动态技术，我们不能再来一次技术三十年一贯制了。"这番话他说得很动情。

在引进车型的同时，引进产品后续开发的后续技术，不能再来一次三十年一贯制。此话在我采写的新闻中记录在案，足见第一代汽车产业领导者的深谋远虑。

一个"重、中、轻、微"全面而又具有80年代水平的卡车和发动机系列，终于在中国土地上建立起来。当时，轿车尚属禁区。

中汽"地震"与"红旗"下马

80年代初的中国经济百废待兴，资金极为紧张，推动投资体制改革也是当务之急。中汽公司成立以前国家就已经确定：一汽改造不给投资；二汽建设还没完成，大概还需要两三亿元；发展重型车、轻型车，国家投资根本谈不上。于是中汽提出向国家要政策，采用递增利润包干、折旧基金和大修基金返还、银行贷款等手段，使中国汽车产量、质量、发展、建设的资金能够有所保证。

然而，让饶斌、李刚没有想到的是，后院起火，一次强力"地震"突然袭来。1984年7月，一汽的领导给中央写信，对中汽公司的管理体制提出批评。信中提出，不能把一汽这样一个特大型企业，当成国家的一个车间而不给任何发展权，要求一汽直接在国家计划单列，拥有更大自主权。

今天看，这封信反映了国企改革要求松绑的最初觉醒，引起了中央领导的高度重视，中央财经领导小组为此专门召开会议。

时隔多年，李刚和我谈起当时的情景："1984年8月11日，中央财经领导小组在北戴河召开会议，听取一汽汇报，突然把还不知情的饶斌和我叫去旁听。会上，当时的国务院领导人态度很强硬，要求把中汽公司这两年向中央要来的政策和改革成果，直接交给一汽和二汽，让它们也在国家计委计划单列。"

李刚回忆说："一汽、二汽自立门户，实际上掏空了中汽公司，是中汽公司的一大挫折。我跟饶斌董事长完全没有思想准备，想不通，为此一两宿没睡着觉。"李刚还说："当时，中国尚处于改革和保守的激烈交锋，中央政策多变，个别领导人没有经过深思熟虑就决定一个大方向、一个大政方针，这是'摸着石头过河'阶段的必然。"

另一个更大的意外打击，也在那次会议上发生了：生产了二十五年的红旗轿车被勒令停产。

对于饶斌、李刚这些第一代汽车人来说，红旗曾是他们一生中最大的辉煌。

1958年夏天，"大跃进"如火如荼，毛泽东乘坐了一汽研发的中国第一辆"东风"轿车，随后中央向一汽下达了开发高级轿车的指令。一汽厂长饶斌立即组织大会战，到了8月1日，第一辆红旗770高级轿车披红挂彩、锣鼓喧天地开到吉林省委去报喜。

今天人们说到第一代"红旗"轿车,往往先说它的造型怎么合乎民族风格,然后就说红旗是用榔头敲打出来的,两句话一褒一贬。和李刚聊天,我才知道我错了。

亲身参与红旗轿车发动机开发的李刚说,V8发动机才是第一代红旗的技术亮点,攻关相当艰巨。"那是我一生中最辉煌的时候,东风、红旗,还有一个越野车,三个发动机的开发同时并进。我曾经连续96个小时没有合眼!那时候身体棒,根本不在乎。"

V8发动机堪称50年代超一流技术,除了美国顶级豪华轿车采用,苏联也刚刚用在领导人乘坐的海鸥轿车上。德国、日本采用V8发动机则是多年以后的事情了。

随后,专为国家领导人开发了装有防弹玻璃、厚装甲的红旗772防弹型;后座空间大、可以为翻译加一排附座的红旗771国宾型先后投产。但是汽车厂从国家只拿到有限的资金,没有后续开发费用。红旗严格实行自力更生,坚持每一个零部件都是国内生产,这致使二十五年后,红旗车的质量、性能和国际水平差距越来越大。

红旗产量很低,前后二十五年,一共只生产了1500辆,这样的小打小闹,是没法不赔钱的。一汽把生产红旗当作一件光荣的政治任务,从1958年到1984年,一直靠解放卡车养着。

进入80年代,随着国门的开放,"红旗"乘坐者们的眼界宽了,红旗轿车的缺点一一暴露。

"会上谈到了红旗轿车。"李刚回忆起1984年那次中央财经领导小组会议,"这位国务院领导人当面对饶斌说,红旗油耗大、速度慢、不可靠,就停了吧。"

"饶斌当场争辩说,四拾轿和十二拾轿不一样,四拾轿用人少,十二拾轿人就要多。车子大,车子重,当然耗油就高些,但是和国外同类车比,并不算多。我接着说,生产十台解放牌卡车的成本才能造一台红旗轿车,红旗轿车送给中南海的领导坐,也是我们的一片爱国心吧。

"领导说,你别打肿脸充胖子了——这是他的原话——你给我停产就完了。

"饶斌问,以后这个事怎么办?

"他说,以后就进口吧。

1958年5月,毛泽东在中南海观看一汽生产的"东风"轿车,感慨道"坐上我们自己的轿车了"

11 | 第一章 摸着石头过河

1958年8月饶斌乘上一汽开发的高级轿车"红旗"开出厂门去省委报喜

红旗 CA72 参加东德莱比锡博览会成为中国的骄傲

1984年国庆三十五周年邓小平同志乘坐红旗 CA770TJ 防弹检阅车

"就这么一个过程，当面给枪毙了。"

关于第一代红旗的结局，一直有不同的说法，这里我逐字记下当事人的回忆，应该说是有了定论。

这个重创，对中国汽车工业，对中汽公司，尤其对作为红旗轿车当年开发的组织者饶斌和李刚来说，无疑是致命的一击——在一种近乎面对面受屈辱的环境下，他们又目睹了红旗轿车的终结。

红旗下马的1984年，是轿车进口最多的一年，开始大量进口日本皇冠轿车用作公务车，国产轿车只剩下上海牌了。

关于第一代红旗，最后的辉煌是，1984年10月1日，在新中国成立三十五周年的庆典上，当时中国最高领导人、改革开放的总设计师邓小平，乘坐专门赶制的红旗敞篷轿车，在天安门广场检阅了陆海空三军方阵。

一汽、二汽另立门户和红旗的下马，注定了中汽公司体制改革的受挫。1986年夏天，中汽公司在北京召开换届的董事会。也是和四年前一样的凝重气氛，也是薄一波代表最高决策层到会讲话。他宣布免去饶斌的董事长职务（转任中央顾问委员会委员），李刚接任董事长，陈祖涛任总经理。在讲话中，薄一波强调了中汽公司机构改革的一个重大变动：由原来的董事长负责制，变为总经理负责制。这样，饶斌和李刚都离开了中汽公司的营运中枢。

1987年6月29日，中汽公司按照"改变职能，在管理上要'虚'，要让企业有完全的自主权，今后的职能就是为企业服务"的要求，改组为"中国汽车联合会"。陈祖涛改任理事长。

2.邓小平拍板：轿车可以合资

1978，合资经营可以办

我采访大众汽车前董事长哈恩博士时，他的一句话让我颇感意外：合资企业是美国人的发明，最后却在中国开了花。

70年代，全球汽车老大美国通用和日本丰田在美国创办了合资公司"努米"（NUMMI），借此学习丰田的管理和经营之道。

1978年10月，通用董事长率团来华。在与中方探讨重型卡车技术引进项目时，建议中国最好采用"中外合资"的形式来经营。他用了"joint venture"这个词。"简单地说，合资经营就是把我们的钱包放在一起，共同办个企业，要赚一起赚，要赔一起赔。说得通俗一点，合资经营就好比'结婚'，建立一个共同的'家庭'。"

据当时从二汽抽调到北京参与谈判的李岚清回忆说：他说得有道理，但情感上我觉得接受不了。你是大资本家，我是共产党员，我怎么可能同你"结婚"？尽管如此，李岚清还是把这段内容写进了给国务院引进办公室的简报。

分管外经贸的副总理谷牧看到简报后，立即批请中共中央政治局和国务院领导传阅。复出不久的邓小平在简报上批示"合资经营可以办"。这就是中国"合资企业"的由来。（中国第一部外商投资法——《合资企业法》在次年出台。）这个重要批示，甚至早于被看作改革开放起点的十一届三中全会，对当时禁锢着中国人的思想禁区发起冲击。

有趣的是，1925年，21岁的邓小平在法国勤工俭学期间，曾到雷诺汽车厂做工，在76号车间做一名钳工。他是中国共产党第一代领导人中最早接触当代汽车业的，亲身感受过汽车的生产模式和创造社会财富的惊人能力。

1978年，邓小平复出后访问日本，在日产汽车公司参观过装配流水线后，对主人十分感慨地说：承蒙各位指教，让我明白了什么是现代化。

也是在1978年，上海方面给一机部发来报告，提出："引进一条轿车装配线，改造上海轿车厂，达到年产15万辆能力，大部分出口赚汇。"报告很快获得一机部和国务院的批准，上海方面随后向全世界几家知名大汽车厂商发出了邀请。这也是我所以要把1978年作为改革开放以后中国轿车的起点。

应该特别说明，当时中国在对轿车消费严格的限制下，几乎没有轿车市场可言。动议引进轿车装配线的主要目的，并不是为了建立中国的轿车工业，而是通过出口轿车，赚取当时恢复经济急需的"宝贵外汇"。

1979年3月21日，第一机械工业部组团，由副部长饶斌带队，为上海的轿车引进，造访美国通用汽车公司。但通用的决策机构认为，中国还不需要轿车，也没有生产的条件，特别是零配件的工业基础太差，否定了董事长与中国尝试合作的

为建立上海轿车项目，饶斌率团考察德国大众

建议。

　　随后，饶斌率团几乎走遍了世界所有大汽车公司。西方国家对中国汽车市场普遍持谨慎的态度，市场的增长前景被评估为"很差"。法国企业觉得返销和外汇平衡有问题；丰田正在热火朝天地和台湾地区企业洽谈合资；日产只肯提供下马过时的旧车型……

　　只有位于德国下萨克森州沃尔夫斯堡的大众汽车公司，属于极少数对上海项目感兴趣的生产商之一。当时实力在全球汽车业尚属二流的德国大众，正希望在亚洲找一个生产基地，与日本汽车进行一番较量。所以，德国大众接过了"绣球"，与中国方面讨论，先从15万辆的规模开始合作，产品包括商用车、高尔夫和桑塔纳轿车。

　　但是80年代初突然爆发的全球第二次石油危机，破坏了上海和大众草拟的所有计划，大众董事会下令，停止洽谈中的合作项目。幸亏大众公司负责规划的纳得布希和李文波两位博士力陈利害，董事会才没有将通向中国的大门完全关上。但是合作项目规模明显缩小，仅剩组装高尔夫3万辆。

　　1982年中汽公司成立后，饶斌对我多次说过：轿车，已经占到全球汽车产量的七八成。除了中国，全世界没有一个国家的汽车工业是不生产轿车的。

直到80年代中期，轿车生产依然被抑制，全国轿车加上越野车年产量不过5000辆，不足国外一家大公司一天的产量。

中汽公司成立当年，上海成立了拖拉机汽车联营公司，也纳入中汽旗下，仇克任董事长，蒋涛任引进项目的筹备组组长。中汽公司支持上海与大众谈判，几年谈下来终于弄明白，当初上海设想引进技术自己干，而且出口赚外汇，看来完全不现实。

于是，饶斌拿了一个主意，"搞合资"。合资在汽车行业当时还没有先例，况且轿车在中国是一个禁区，国家计委仍把轿车视为"非生产力"而充满抵触，和中汽公司发生了激烈的争论。

唯一的办法就是找邓小平。中汽公司写了一个报告，绕过必然撞墙的正规渠道，通过邓的秘书王瑞林送到邓小平手上。1982年6月，邓小平在中汽的报告上明确批示："轿车可以合资。"

于是，中国又开始与跨国公司的新一轮谈判。张小虞，后来的机械部汽车司司长，回忆起他参与和通用公司副总裁的一次谈判。"我印象很深，"张小虞说，"在中汽公司一楼的外宾接待室谈。那个时候我刚刚在规划处当处长，坐在第二排。中方提出，合资企业的规模年产2万辆到3万辆轿车。美国人却问，是不是翻译错了，是一周还是一个月？翻译说，没错，是一年。他老先生摇摇头，意思是我们拿他开玩笑。而那个时候中国的轿车市场规模是多少呢？一年不到5000辆。说3万辆产能，跟外国人已经是壮着胆子谈了。后来上海项目报到计委，说3万辆太高了，最后调整为2万辆整车，1万辆的备品备件，总投资3.18亿元人民币。"

1982，大众的中国"桥头堡"

同样是在1982年，独具战略眼光的大众公司新任董事长哈恩博士，及时捕捉到中国汽车业的变化。我曾在德国和北京几次采访过哈恩老人，他回忆说：我是1982年1月份担任大众董事长的。一到任，就面临中国上海项目。这个项目，当时在大众内部并不被看好，于是我决定亲自负责。

采访大众前董事长哈恩博士时,他回忆起上海大众六年合资谈判的艰难

哈恩说,我向同事谈了我的想法:尽管中国刚刚从"文化大革命"的阴影下走出来,但是在邓小平的带领下,正经历着走向市场经济的改革,在各方面的快速发展将是不可抑制的。这个民族有五千年以上的文明史,在18世纪前是世界上最领先的国家。今天,毕竟他们已经在制造太空火箭了。

从1982年起,在饶斌和哈恩的共同"导演"下,上海和大众的往来再次热络起来。确定当年在安亭尝试性组装500辆桑塔纳轿车。

1983年春天,中汽的小车班长老胡,很兴奋地开来一辆深蓝色的桑塔纳让我试乘。桑塔纳当时是大众品牌中最大、最新的车型,是B级车帕萨特的第二代,刚刚上市一年。在主产地巴西是一款实实在在的畅销车;在西班牙、南非刚刚投产;并以许可证方式在日产公司组装,销售日本市场。

拍板引进桑塔纳车型的是饶斌,他最清楚中国汽车工业的技术现状。桑塔纳结构简单,是一款和大众最初合作中相对容易制造的车型。事后证明,即使是桑塔纳,对于上海拖汽公司这样一个基础比较薄弱的地方企业,挑战也是巨大的。

大众和上海的合资谈判可谓"旷日持久",前后进行了六年。但是在改革开放初期，相应的法律、法规、机构尚在初创，谈判的过程，对在中国建立和完善一个对外开放体系产生了推动作用。

比如，当时大众一口气给了上海16个专利，但是几个月过去，中方还不知道去哪里登记专利保护的申请，因为当时中国根本就没有这样的机构。最后，担任了大众驻中国首席代表的李文波找到德国经济合作和发展部，说服部长，把专利保护纳入德国与中国的合作项目的重点之一。日后，中国专利保护系统的建立由此得到了德国专利局的很大支持。

建立一个合资企业，进口设备、引进技术、外籍员工的工资、进口的轿车散件，都需要硬通货来支付，而当时的中国是一个穷国，外汇是最稀缺的财富。70年代，邓小平第一次率领中国代表团出席联合国大会，攒下自己所有的美元零花钱，仅够在巴黎转机时请驻法大使馆买一些羊角面包，带回国分给几位老帅"开洋荤"，今天听来匪夷所思。80年代，与外商合资没有先例，难以企及的外汇平衡要求，足以使这个襁褓中的项目，在国家严格的审批中面临夭折。

大众所做的一个具有决定意义的举措是，出示了一份报价（可以视为一个承诺），拟议在上海建立大众发动机厂，产量是国内配套需求的三倍，多余的发动机出口，供应大众其他企业，这样，外汇将源源不断地回流。以此为契机，上海和大众的合资企业终于迈过"外汇收支平衡"这一道至关重要的审批门槛。

中国汽车合资企业沿用至今，并被政策固化下来的50%对50%的股比，也是大众和上海在合资合同中最早提出来的。上海大众最初注册资本2.55亿元人民币，约合1.9亿德国马克，其中一半由德国大众投入，另一半由三个中方伙伴分摊：上海拖汽公司25%，中汽公司10%，中国银行下属的投资公司15%。今天，上汽集团收购了全部中方股份。

哈恩后来对我说："股比50%对50%是基于这样一个考虑：中国需要我们，我们也需要中国。中国这么幅员辽阔的国家，不是访问几次就可以了解的。毕竟我们是外来者，很多事情需要中方的配合与合作。50%对50%是最平等的一个比例，谁也不多，谁也不少，有助于双方的平等交流。我特别高兴的是，上海大众的合同签订之后，双方再没有拿出合同来互相争执，也没有过歧义。我认为，最好的合同就是这样，签订以后便锁进柜子里。"

北京吉普公司生产的 Jeep 切诺基

按照约定，上海大众的董事长和总经理由中方派出，副职由大众方担任。对此，沃尔夫斯堡的许多人颇有微词，但是哈恩坚持这样做。事后的实践证明，这是一个明智之举。

1984年10月10日，上海与大众在北京人民大会堂签订了合资合同，两天后，上海大众汽车有限公司奠基典礼在上海安亭举行，正在访华的德国总理科尔和中国副总理李鹏亲自挥铲，为合资公司奠基。

3.上海大众，首批合资的幸存者

"北京吉普风波"

1984年1月到1985年7月，中国第一代轿车合资企业北京吉普、上海大众、广州标致相继成立。

这三个合资企业，是在国家确定建立中国轿车工业之前，由地方政府发起，带有很强尝试性目的而建立起来的"试探气球"。改革开放之初的中国，在行事理念和经济软实力方面，和世界先进水平的差距，用天差地别来形容也不过分。

在当时的大环境中，合资企业具有很大的超前性，几乎无章可循，可以说阻力重重，成功的概率并不高。

到了今天，除了上海大众始终在众多后起之秀的赶超中，保持着中国轿车业的翘楚地位，北京吉普和广州标致最后连公司的牌子都没有留下，实在令人痛惜。

中国最早的轿车合资企业，当属北京吉普公司。

1983年5月5日，北京汽车制造厂与当时美国第四大汽车厂美国汽车公司（AMC）在人民大会堂签署合资协议。中方以生产"北京212"越野车而著称，AMC则是"二战"期间推出风靡欧洲战场的军用吉普的专业越野车公司。

北京吉普总投资5000万美元，北汽以厂房、设备及部分资金入股，持有合资公司68.65%的股份；美国汽车公司以专业技术、工业产权和1600万美元现金入股，持有合资公司31.35%的股份。

北汽和AMC合资背后的推动力，是大量装备中国军队的"北京212"越野车面临更新换代。

| 1943 年，刚刚投入欧陆战场上的 Jeep 威斯利成为机械化战争时代的军马

"北京212"是早期自主研发最成功的军用越野车型。据陈祖涛回忆，它是以1962年中印边界战争中缴获的一辆丰田"陆地巡洋舰"为样车而开发的。一开始军方并不满意，提了许多意见。1966年"文革"开始后，10月18日和11月11日，毛泽东两次乘敞篷车，在长安街检阅来自全国的"红卫兵小将"，所乘坐的就是北汽的212。检阅之后，军方通知北汽，"北京212"越野车定型，一点也不许改动。

直到改革开放初期，"北京212"不但装备军队，也是中国官员车的主流。它的独特外形、优越的越野性能、皮实的可靠性、低廉的价格，直到今天在车迷中也不乏拥趸。

北汽与AMC的谈判之所以漫长，据参与谈判的人士告诉我，主要难在车型的选择。AMC正在生产的一款SJ越野车被北汽看好，性能和技术指标都能作为"北京212"的提升。但是军方不同意，说是这款车和在朝鲜战场上见到的美国吉普太像了，我们和它长期交恶，引进生产，从感情上接受不了。

当时正逢AMC新车切诺基上市，这一款车后来成为美国都市SUV的鼻祖，轿车底盘，乘用舒适；四轮驱动，有一定越野通过性；车内空间宽畅，外形和老吉普又没什么关联，北汽最后确定引进。但是由于切诺基价格高，越野通过性也不能满足要求，中国军方一直没有接受。

刚刚走出"文革"不久，斗争哲学还颇有市场。北京吉普从合资一开始，七斗八斗就是主旋律。中方职工与AMC派来的管理人员相互碰撞时有发生，一些参加过朝鲜战争的老工人，坚决抵制美国经理的工作指导。

一位中方工程师告诉我的一段逸事，足以诠释这个企业为何始终不振：一次，美方管理人员发现一辆切诺基质量有严重缺陷，要求工人把车销毁。第二天，他看见废品车还在，就自己拿起铁锤要砸车。结果一群义愤填膺的中方员工冲上来要揍这位美国人，美国人只好妥协。这样，直到二十年后，切诺基在中国的质量一直没有起色。

当时的合资企业，在主流媒体的眼里也属另类。记得采访北京吉普时，我拍摄了一张切诺基新车的照片，发表在《人民日报》的第二版，事后该报工商部的夜班编辑告诉我，他为发表这张照片挨了批评，问他为什么在党报上给外国产品做宣传。

对于新的合资公司，国家最初没有什么政策优惠，各主管部门照章办事，进口装车的散件，要征收100%以上的高额关税，水电气供应部门也把合资企业当"唐僧肉"，漫天要价。恶劣的环境造成北京吉普严重亏损，几乎无法运转。

在一种互不信任、剑拔弩张的氛围下，矛盾终于激化。1985年11月，才开张一年多的北京吉普就支撑不下去了。由于刚刚投产，外汇收入不足，开不出外汇支付信用证，AMC发出的1080台CKD汽车散件滞留在港口不能入关，致使北京吉普停工待料。

僵持数月之后，美方当初的谈判代表，AMC副总裁克莱尔直接给中国国务院领导写信，对中国的投资环境表示不满，要求在进出口、外汇政策上给予优惠。有美国记者以"美国汽车公司跌入泥潭"为题撰写文章，中国投资环境的恶劣引起了世界关注。

克莱尔亲自来到北京与中方谈判。因为美国财政部长贝克和中国副总理姚依林即将互访，北京吉普僵持下去，将会让双方政府感到尴尬。当时主管外经贸的副总理谷牧，责成国家经委副主任朱镕基迅速处理此事。在第一线谈判的是刚刚接任中汽公司总经理的陈祖涛、北京经委主任张健民、北京吉普中方总经理赵乃林。陈祖涛告诉我，克莱尔要求的进出口、外汇额度方面的政策，没有一件事是几位中方代表可以做主的。谈判各说各话，毫无进展。克莱尔最后宣布要退出谈判，并以撤资相威胁。朱镕基打电话给陈祖涛说，老陈呀，谈不成功，你我的乌纱帽就都没有了。可见压力之大。

深夜，陈祖涛接到主管外经贸的谷牧副总理的电话，国务院同意在相关政策上给予优惠。凌晨4点，他电话约上张健民、赵乃林，赶到北京吉普会议室，不一会，昨天拂袖而去的克莱尔也赶来了，看来谁也不愿让合作破裂。陈祖涛按国务院的授权，宣布了中方的承诺，双方终于达成了谅解。眼看要赶不上飞机的克莱尔，在一张白纸上签下名字说："陈先生，我信任你，协议由你来写。"

中方承诺的内容，陈祖涛始终不肯向我透露，但是我从其他渠道获悉，是给予美方一笔外汇补偿，并在其后的几年里，每年给北京吉普1700万美元的外汇额度。这一风波尽管平息，但美方信心受到一定程度的伤害，其后多年始终抱着"不撤出，也不加大投入"的守成心态。

切诺基是美国中产阶级的高档休闲车，价格不菲，耗油量大，实用性也无法与轿车相比。北京吉普从成立之初，就注定了长期在一个过分狭窄的市场缝隙中挣扎求生的命运。

1985年，AMC被克莱斯勒兼并，1998年克莱斯勒又与戴姆勒重组为戴克集团，频频换手的新东家始终都把北京吉普看作鸡肋，直至最终抛弃。

波斯特：上海大众1000天

在哈恩的直接干预下，奥迪公司的董事马丁·波斯特被派往上海，和他搭档的是汉斯·保尔——大众卡塞尔工厂的一位部长。

上海大众当时每天只能组装两辆桑塔纳，而在德国，大众公司的一个总装车间一天至少能够生产1000辆汽车，沃尔夫斯堡著名的大众第54车间，全盛时期甚至每天可以生产3000辆。哈恩博士以大众监事会的名义给波斯特和保尔送行时，简单明了地描述了他们的目标："一切从零开始，建造第55车间！"当时在沃尔夫斯堡，相信这一愿景能够变成现实的，恐怕不会超过10个人。

1984年，饶斌和哈恩博士在北京人民大会堂签署上海大众合资项目

第一章 摸着石头过河

波斯特后来在一本名为《在上海的1000天》的书中回忆，在当时1100万人口的上海，只有三家公共加油站。桑塔纳的装配车间，是上海拖汽公司实物投入的两座濒于倒塌的、"博物馆级"的陈旧厂房，而且老上海牌轿车的装配，仍然留在这间厂房里，与桑塔纳挤在一起。

"有那么一刻我停止呼吸，目不转睛地盯着眼前这些落伍的厂房，脑子一片空白，难道这些遍地尘土的简棚陋屋竟是一家汽车制造厂？就是在这种地方，大众要和中国人一起制造汽车。"波斯特后来回忆说。

第一次董事会确定了上海大众第一任执管会：总经理张昌谋、副总经理兼商务执行经理波斯特、技术执行经理保尔、人事经理费辰荣。

1986年我第一次采访上海大众，厂房里没有生产线，装配中的桑塔纳靠葫芦吊吊起白车身，用钢管焊的架子车从一个工位推到下一个工位。而我看到的总经理办公室，坐落在一座摇摇欲坠的陈旧小楼里。

合资公司高管层的办公室里没有空调，夏天大汗淋漓，冬天阴冷刺骨。电是紧缺物资，要么给办公室开启取暖炉，要么给油漆车间开烘漆房，二者只能选其一。最大的奢侈是夏日里的一台电冰箱和冬天用来沏热茶的一只开水瓶。全公司只有一部电话。全部办公家具都是用汽车散件包装箱拆散的木板钉成的。

每天早晨，等待波斯特的是一堆无法预见的难题。海关发难，急需的设备到港10周却运不出来；工人把残留剧毒物质的清洗液直接排进河水；厂房之间晾着工人上班时抽空洗的衣裤；周边的农户为了浇灌菜地，竟将工厂供水管改道，造成停水；一条马路纵穿厂区，人、车、水牛扬起的尘埃直接影响油漆的质量……

波斯特和中方一起开始建立企业制度：引进大众在日本散件组装的管理办法；向拖汽公司和政府的官员反复陈说利害，终于把上海牌轿车的生产请出厂区，易地建了一个新厂；在市长现场办公之后的第一个早晨，一辆巨型吊车封堵了穿越厂区的混乱的通路。

波斯特笃信一个信条："如果想在全世界生产同等质量的产品，那我们就应该有相同素质的职工。"德国是最重视高级技工的国家，但是人才培训在谈判中显然被忽略了。中方很喜欢保证：你们获得的都是最好的员工，可是从来没有做过任何中方员工素质的分析资料。

于是波斯特回到沃尔夫斯堡大声疾呼,要求为上海大众建立德国模式的"双轨制技工培训计划"。沃尔夫斯堡的培训中心主任估算了一下,正规培训需要投资750万马克。这样一笔钱,当时捉襟见肘的合资企业根本拿不出来。幸运的是,联邦德国经济合作部下属的技术合作协会(GTZ)愿意提供援助,在上海建立了双轨制技工职业培训中心,并配备了一位来自沃尔夫斯堡的培训主任。这个可供250个年轻人实习的培训中心,后来被中国政府作为技工培训样板。

除了培养技工以外,合资企业从建立之日起,就希望给中方员工平等的发展机会。从80年代中期开始,大量中方管理和技术人员去德国沃尔夫斯堡的总部以及大众在其他地方的企业进行培训和学习。哈恩博士曾经回忆说,当时在沃尔夫斯堡的中国人没有一刻是少于100人的,无论为了验收还是培训目的而来,他们要熟悉最现代化的生产开发技术和学会国际结算规则,包括由中国账目报告过渡到德国的贸易结算。

波斯特在工作中发现,来自沃尔夫斯堡的德国员工不习惯把自己视为上海大众团队的成员,潜意识中"我们是从大众来的,我们是最伟大的"的优越感根深蒂固。对上海大众管理层的决定,执行常常打折扣,他们会争辩:"我在沃尔夫斯堡的上司说……"波斯特和保尔马上打断:"您的上司全部在上海,在这里坐着。大家必须懂得,我们是在为上海大众工作,若非如此,我们完不成任务。"

尽管按照德国标准,上海大众的一切还处于一种不发达的窘境,外界对大众在上海的前途充满怀疑,但是波斯特说,现在我们全体职工,不管中方德方,都做着同一个梦——建成中国最大、最先进、最优秀的汽车制造厂。剩下要做的是,让我们的共同梦想变成现实。

中国与世界久违了三十年,在一个史无前例的合资企业中,文化差异造成的隔阂与冲突是人们始料不及的。翻译陈韵秋女士后来回忆说:"德国人喜欢直截了当,干干脆脆,中国人却喜欢拐弯抹角。"一项工作是否完成,保尔要的答案是"有"或"没有",而他同级别的中方执管会成员的答复是"我们尽力协调了"。几轮问答,保尔沉不住气了:"陈女士,你翻译的是否正确?"陈韵秋请她的中国同胞给一个明确回答,而中方发了火,说陈女士超越了权限。

更有甚者,价值观念的差异有时会使双方失去交流的平台。一次技术谈判,大

桑塔纳上海大众最早的总装车间

桑塔纳最初的组装线

1988 年年产 3 万辆的桑塔纳总装线建成

众总部要求中方支付一笔不菲的"咨询服务费"。中国人大为光火,按照当时的观念,咨询不过是提提建议,做做答疑,怎么能够要钱?这下,连陈韵秋也不能恪守翻译的"中立",直接用德语同德国人争论起来。"我看到保尔如此恼火,双手紧握,冰冷发白。如今,每当我回忆起此事,便觉得抱歉。"陈韵秋多年后告诉波斯特。

时至今日,波斯特在他的回忆录《在上海的1000天》中感触颇深地说,导致中外合资企业失败,80%的问题,不是来自产品或成本核算方面,这些企业既未败于竞争,也未败于市场,而是败在自己身上,败在人与人之间沟通交流的困难上。这曾经是,至今依然是一个大难题。

高标准，还是"卡脖子"

在许多人看来，作为中国一家汽车合资公司的总经理，一定风光无限，然而事实却相去甚远。当年，我接触过的中方总经理，几乎个个都是顶着"洋买办"的帽子艰难度日。压力之大，并非凡人可以承受。只有理解个中压力，才会明白上海大众第三任总经理方宏的坠楼，神龙公司首任总经理宋祖慰的出走。他们本是健康的、坚强的、思想开放的知识分子。

当年和我接触最多的是上海大众第二任总经理王荣钧，他先后参与过一汽、二汽创业，是中汽联理事长陈祖涛应上海市市长江泽民的要求推荐的一位帅才。

王荣钧接任后，遇到的最大压力，就是桑塔纳轿车国产化进程太慢。按照合同，桑塔纳的国产化零部件必须送到沃尔夫斯堡，由德国大众进行技术认证。而上海大众的第一批零部件配套厂，多是上海的弄堂小厂，要达到大众的标准谈何容易。CKD（散件组装）搞了两年多，国产化率只有2.7%，一辆上海桑塔纳只有车轮、收录机和天线是国产的。

当媒体报道，其他几个合资厂国产化率呼呼地往上蹿，而桑塔纳还在那里"蚂蚁啃骨头"的时候，别说王荣钧，就是大众公司的沃尔夫斯堡总部也坐卧不安。

零部件由大众认证，这一招可不得了。二十年前，无论中国哪一级官员，听到这个条款，最直觉的反应就是，德国人有意在卡我们的脖子，逼迫我们永远买大众的散件装车。于是，"中国人在合资企业没有话语权"，"大权旁落"的斥责不绝于耳。中国经理成了依附外方的"洋买办"，最严厉的谴责是"丧权辱国"。

除了这些政治性的批评，一种出于现实的考虑是：德国大众的标准对大多数中国零部件厂来说高不可攀，而桑塔纳主要在国内销售，完全可以灵活些，质量水平可以分几步走，不必把标准悬得那样高。

但是德国人就是"倔"——坚决按合同办事。他们说："轿车是最昂贵的工业产品，消费者花了来之不易的钱，就应该得到一辆安全性能、质量水平和产品外观完全合乎国际标准的桑塔纳轿车。"

于是上面有人生气了："干脆不要用他桑塔纳的牌子。"

面对与世界先进水平几乎半个世纪的差距，饶斌和当时中国科学院唯一一位来自汽车业的院士孟少农，都曾不止一次地和我谈起：搞轿车，我们还是"小学生"，要引进当代先进水平，边干边学。我们建立合资企业的初衷，就是要千难万难地逼出一个世界公认的高水平。

王荣钧说得更直白："如果不搞国际水平的国产化，何必去引进桑塔纳，我们的老'上海'，从一开始就是全部国产。上海大众不是德国大众的子公司，是一个独立企业。国家只批准进口散件组装89000辆桑塔纳，散件装完国产零部件还上不来，德国人就得拎箱子走人，他们在国产化问题上和我们一样着急。"

1986年6月，当时的国家经委副主任朱镕基，专程为桑塔纳的国产化问题来到上海。来之前，他听说，上海大众的中方总经理帮德国人"卡"零部件厂，拖累了国产化进展。在锦江饭店听汇报时，他冷冷地对王荣钧说："早就知道你的大名，你的日子过得挺好啊。"

听到这样的口气，换上个怕丢"乌纱帽"的官员，就只有唯唯诺诺做检讨的份了。但是王荣钧竟据理力争："我们的零部件厂，设备陈旧，工艺落后，和德国的差距起码有三十年。桑塔纳每一个零部件，要达到德国的标准，几乎都要引进设备和技术。实实在在做起来，需要资金，需要时间。"

几天后，他把一张照片拿给朱镕基看：一只轮胎在转鼓实验台上，经过高速运转，出现橡胶破裂，帘子布翻开。王荣钧说："轮胎算是经过德国大众认证的，还出现了这样严重的质量问题，看来国产化的难度不能低估。"

朱镕基拿着照片陷入沉思，几天来的实地考察，使他对国产化的艰巨性有了新的认识。他说："我们的国产化，如果每搞一个，就是一个不知道哪天会爆发的火山，那样的后果不堪设想。"

此行结束时，德国大众是否在卡中国人的脖子，朱镕基已做出了新的判断。对于来告状、来吹风的，他斩钉截铁地说："桑塔纳零部件的国产化，要坚持德国大众的标准，要100%合格，降低0.1%我们都不要。"

上海大众坚持了高标准，为中国轿车业开了一个好头。它的最大贡献，就是顶住来自国内无知和偏激情绪的压力，开创了中国当代轿车、中国汽车零部件体系与全球同步的高标准。如果当初在标准上放了水，今天中国轿车业恐怕只是世界三四流的水平！

三军过后尽开颜

中国高层认可了上海大众的做法。

在朱镕基的倡议下，建立了跨地区、跨行业的"上海桑塔纳轿车国产化共同体"。1988年初，他接任上海市市长，更成了力主高水平国产化的坚定派。他说："我们中国的工业品，真正达到国际水平的，屈指可数，桑塔纳轿车算得上一个，它是上海的希望所在。"

时任中共上海市委书记的江泽民提出，桑塔纳共同体不要搞"肥水不流外人田"的狭隘"上海牌"，要搞全国择优定点的"中华牌"。

哈恩至今还为决策部门组织技术实力雄厚的三线航空航天企业，参与桑塔纳零部件的国产化表示赞许。

按国内现行体制，投资的重点始终是整车厂。零部件厂要进行技术改造，资金的紧缺成为一个"死结"。然而，上海人就是精明，经国务院批准，自1988年起，以"国产化基金"的名义，每辆桑塔纳价外加收28000元。连没有一个进口零部件的老上海轿车，也收国产化基金5000元。是年，桑塔纳生产了15000辆，国产化基金到手4亿元。

1990年，国家将这个办法扩大到几个引进车型，并把国产化基金统一调整为23000元。到1994年，国家宣布停收国产化基金时，上海桑塔纳已经收取了国产化基金40亿元。这笔当时的巨款，对于解决零部件企业引进技术、设备，无疑成为解决无米之炊的转机。

达到全球汽车业技术塔尖的德国大众标准，对于上海大众是一场脱胎换骨的过程。共同体中那些零部件厂的厂长和工程师回顾当年向大众标准冲击的历史时，无限感慨地说，他们的艰辛正应了阿·托尔斯泰在《苦难的历程》里的一段名言：在盐水里泡三次，在血水里浴三次，在碱水里煮三次。

桑塔纳的国产化率，即便是提高1%，也是困难重重。全国招标时，拿到样品的厂家，无不心里发怵。过去生产方向盘测试指标只有六个，而桑塔纳的方向盘测试指标竟有一百多个。"从来没有见过这样的高标准！"任何一个零部件都让中国人如此感叹。

开始时，试制的样品一次又一次地被退货。所有企业无一例外地骂德国人"刻

1991年2月6日，邓小平在上海大众视察时说，如果不是改革开放，我们生产汽车还会用锤子敲敲打打

板，不灵活""故意刁难"。在上海大众的董事会上，在质量保证部，在生产现场，发生过多少矛盾和冲突，有过多少次争吵。

上海、北京、南京、湖北、吉林、贵州的上百个零部件工厂，面对无数次的失败、退货，日日夜夜地试验、攻关。一些工厂还成立了"特区车间"，工人严格培训后才能上岗。

当时为了让配套零部件厂达到德国标准，大众公司组织退休专家到中国，王荣钧回忆说，这些德国退休专家不要工资，前后陆续来了上百人，帮助解决了大量技术和管理问题，对加速国产化起了不小的作用。

德国大众公司认可一个零件，从考察工厂设备开始，到验收通过，要经过18道程序。光是试制样品就要选送三次。第一次叫首件样品；通过后，再送工装样品；最后是在生产线上制造的批量生产样品。真是不厌其烦，一丝不苟。

那些经过一场痛苦拼搏，"脱了一层皮"，终于获得大众公司认可的零部件工厂，普遍有一种"会当凌绝顶，一览众山小"的豪情。过去，零部件厂推销产品，要看整车厂的脸色。一经大众公司的认可，其他整车厂纷纷主动上门订货，而且"一律免检"。

90年代初，上海桑塔纳的年产量突破10万辆，国产化率达到90%的时候，上海大众和它的零部件国产化联合体都有一种"三军过后尽开颜"的欣慰。

桑塔纳的引进和国产化，带动的是中国汽车工业整体水平的迅速提高。一个明显的横向对比是，墨西哥生产大众公司的"甲壳虫"，前后三十年，国产化率只有60%；上海生产桑塔纳，只用了十多年就达到了90%。

1991年春天，邓小平来到上海大众公司，看着一辆辆簇新闪亮的桑塔纳从电脑控制的生产线上开下来，他无限感慨地说：如果不是改革开放，我们生产汽车还会用锤子敲敲打打，现在大不相同了，这是质的变化！

第二章　轿车工业获得"准生证"

1987年5月，我放下手头的一切采访，乘火车赶赴十堰。卧铺车厢里，与一批热心汽车事业的经济学家、主管部门官员、汽车厂长不期而遇。有人调侃说，这是一节"汽车人专列"。看来，中国汽车工业的各路"神仙"，正不事声张地会聚武当山下。

武当山，九省通衢湖北省中部，一座逃遁人世尘嚣的道家仙山。山下，中国二汽拔地而起，隆隆的车轮声打破了崇山峻岭中千万年来的寂静。

作为一个经济记者，我参加过无数次各类会议，但是没有什么会议让我产生过如此强烈的参与感。在与会前，我刚刚在《瞭望》月刊上发表了特稿《中国应该发展轿车吗？》，在中央报刊上第一次就这个问题做出肯定结论。我作为唯一被邀请的北京记者，参加了这次不予报道的会议。

似乎在忌讳什么，由国务院经济发展研究中心主办，在十堰的车城宾馆召开的这次会议，被冠以一个颇具中庸色彩的名称——中国汽车战略研讨会。然而，各方专家带着一种凝重的使命感赶来的时候，心里只装着一个议题——轿车。

事后，这次会议被称为"轿车论证会"，它打破了中国不能发展轿车的屏障，成为中国汽车工业发展史上的一座"分水岭"。

1. 解冻：1987年夏天

新中国拒绝轿车

尽管1914年北洋政府的北京南苑航校制造出第一架双翼单引擎国产飞机，1912年福建马尾造船厂一条万吨级的铁甲舰下水；但是，除了有报道说，张学良曾在东北组装过一辆汽车外，直到20世纪50年代，中国人还没有真正生产过轿车。

解放前，上海曾是远东轿车保有量最多的城市，有"万国汽车博览会"之称。福特、雪佛兰、别克、道奇是十里洋场上耳熟能详的品牌。"二战"爆发前，福特汽车曾有过在中国建厂组装轿车的打算。

1949年新中国成立，但是"站起来"的中国人却决心与轿车分道扬镳。尤其随后爆发的抗美援朝战争，使"美帝国主义者"成为中国人的死敌，美国的标志之一就是轿车，似乎理应受到中国人民的"唾弃"。50年代，来自资本主义国家的轿车进口市场寿终正寝。民族资本家们只好靠上海的能工巧匠们手工制造的零配件，使他们手中最后的进口车苟延残喘。

斯大林提供的"吉斯""吉姆"解决了领导人和部长们的用车。第一个五年计划建立起来的中国汽车工业没有生产轿车的安排。官员们严格按级别配车，县科级配备的公车一开始真的就是自行车。一个县里有一两辆在朝鲜战场上缴获的美制旧吉普车就很不错了。

然而历史接下来的一幕让人匪夷所思，因为它是中国拒绝轿车既定方针的一次意外"出轨"，一次突如其来的冲动。

1957年11月，毛泽东率领中国党政代表团赴莫斯科出席"十月革命"四十周年纪念大会，这是他一生中第二次出国。全世界71个共产党和工人党的领导人会聚在列宁的故乡，大会上先是苏共总书记赫鲁晓夫放出惊人的一炮：苏联将在十五年内赶上它在冷战中的对手美国；接着，毛泽东也在冰天雪地的莫斯科提出一个灼热的目标：中国要在钢铁和其他主要产品方面在十五年里赶上英国。

次年，"一天等于二十年"的口号，让"大跃进"更加火爆，"超英赶美"成为报刊上，甚至北京街道胡同的墙上最醒目的标语。

追赶美国，一个轿车王国。于是有了一汽的"东风"和"红旗"的轿车"大会战"。

在"东风"驶进中南海之后一个多月里，报纸连续报道："井冈山""和平"牌两种轿车又分别在北京、天津双双降生。

当然，这样的轿车往往只能生产几部样车，但是人们的确充满着纯洁的热忱。当时曾经召开过全国性的现场会，一边批判保守主义，一边大力宣扬全国涌现出的四十多种土造汽车的经验。比如一种农用汽车，汽油、白酒、煤炭、柴草竟然都能用作燃料；一家修配厂造出汽车后，自制土设备，并且准备炼钢炼铁，从原料抓起。

轿车毕竟是一种上万零件组成的产品，是众多相关行业技术水平的综合体现。热情要靠物质来支撑，"大跃进"之后随之而来的大衰退，使这次"轿车热"化作蒸汽一团，很快就在寒流中飞逸。中国不搞轿车的既定方针又重新回到轨道上。

需求凸显黑洞

直到80年代初期，每年"红旗""上海"，加上"北京212"越野车，中国的小汽车最高年产量不超过5000辆。

改革开放后，中国经济迅速复苏。1984年，县团级以下的官员只能配用"212"的规定解禁之后，像打开一道关闭已久、水位骤涨的闸门，官员用车的基数陡然上升。官员们竞相买车，竞相买好车的攀比之风一发不可收拾。贫困县的领导挪用救济款，挪用教育经费买轿车；亏损企业厂长发不出工人工资，却用贷款买豪华轿车；如此揭露性报道屡屡见诸报端。数以十万计的轿车需求掀起了一次轿车进口大潮。几十万辆外国轿车通过合法和不合法的渠道，源源不断地涌进国门，填补着中国没有轿车工业而形成的巨大真空。

1985年，以日本轿车为主的进口大潮达到顶峰。是年，进口汽车34.5万辆。在珠江三角洲，把肢解后的走私车拼装起来的"改装厂"随处可见；海南岛上挤满了走私进来的大量轿车，1986年底，当中央查处海南走私轿车的禁令下达之日，海口码头上还有六万辆走私车等着装船抢运进大陆。

中国人的自尊心深深受到伤害，建立轿车工业没有钱，可是进口汽车哗哗流淌出去的外汇却相当于三十年中国汽车工业总投资的两倍多。

当时一位国务院副总理为此义愤填膺，提出立马横刀，对今后轿车进口的审批斩尽杀绝。然而，抽刀断水难以挡住一拨进口轿车新浪潮。进口轿车的申请，依然雪片似的飞到主管部门。

当时，正是物价放开通货膨胀的胶着时刻，人民对于"官倒"、腐败、商品匮乏、涨价憋着一肚子火，往往把气出在那些闪闪发亮的进口轿车上。那几年，口诛笔伐自不待言，连一些城市大学生闹事，追砸日本进口轿车也成为"保留节目"。

80年代中期，每年春天在北京召开的全国人大、全国政协会议上，愈演愈烈的进口轿车狂潮，成为代表和委员们愤怒抨击的话题。1988年"两会"之际，有细心的记者在人民大会堂前数了数轿车的数目：总计556辆。其中495辆为进口小汽车，中外合资的24辆，纯国产车仅37辆。此次政协会议尾声时，一位名叫王洲的政协委员勇敢地站起来，大声说："建议在会议文件中，加进提倡领导干部乘坐经济型国产轿车。"

造车，还是买车，已经上升到一个全社会关注的涉及民族自尊心的政治问题，决策层开始高度关注。

十堰"轿车神仙会"

1987年5月，受国务院领导的委托，"中国汽车战略研讨会"在湖北十堰举行。会议的目的就是要对中国是否建立轿车工业的决策做全面的咨询。主持会议的是刚刚卸去中国社会科学院院长的职位，出任国务院政策咨询协调小组召集人的经济学家马洪。国家经委、计委、科委的官员、经济权威人士、汽车界元老，以及骨干汽车厂、原材料、机械、电子、石油、交通、市政等"上下游"部门的代表，各自宣读了研究结果；甚至丰田、日产两家汽车公司也应邀分别派出专家组，专程从日本赶来，在大会上用"讲了就走"的方式，相互回避地向会议提出咨询报告。

尽管人们的思路不尽相同，甚至为了某个论点争得动了感情。但是，结论却惊人地统一：建议高层立即决策，着手建立中国本土轿车工业。

国务院经济技术社会发展中心张磐主持上报国务院的总结性文件，汇集了多数专家的建议：没有轿车生产就谈不上完整的、高水平的汽车工业。巨大的轿车市场是由我们自己占领，还是拱手让给外国人，这一问题已经严峻地摆在我们面前。时下，中国汽车工业的建设重点应当逐步转移到轿车工业和配套零部件工业上来。

文件称：到2000年，轿车与卡车之比应为4∶6。根据预测，2000年国内轿车年需求量按照高、中、低三种方案，分别为：200万辆、100万辆、60万～80万辆。会上多数专家倾向低方案，即到2000年，汽车年产量为170万～220万辆；轿车年产量70万辆。考虑到国家财力、物力和建设难度，达到低方案的要求也并不容易。（笔者注：2000年的实际汽车总产量为200万辆，其中轿车60万辆。）

论证结果还表明，一向认为是在中国发展轿车的制约因素，如燃油、原材料、道路和城市基础设施、机械工业等相关行业，目前的技术水平和生产能力虽有一定差距，但经过努力是可以适应的。同时，通过对轿车工业的支持，这些行业也会取得自身的进步。

但是在轿车消费结构方面，受意识形态的制约，主流见解认为，发展轿车工业，应该面向公务用车和出租车，私人轿车在2010年以前不予考虑。

每个与会代表都拿到一册装帧精美，由中日两国专家合作研究写出的《2000年中国汽车工业发展战略》。何世耕、坂田正男、荒川喜男等36位中日专家耗时一年多，提出了四十多万字的总报告和附件。

报告称：各国的汽车业在成长期的发展道路可以归纳为四种类型：美国的自主发展型；日本、西欧的自由贸易型；巴西等后起国家以外国资本为主，对国外资本和技术的依附或半依附型；苏联及东欧经互会成员国之间互通有无的自主半封闭型。专家们建议，中国汽车工业在选择发展模式时，要走自主开放型发展道路。

中日专家对当时中国汽车工业做出了切中肯綮的分析：

中国汽车工业自建立之日起，基本上走了一条封闭型发展道路。其形成主要受三方面影响：

一是苏联模式，全面引进了苏联汽车工业封闭式的万能型生产体制；

二是中国旧的经济管理体制，国家集中管理过多，对企业管得过死；

三是国家缺乏产业政策，对战略产业和支柱产业的合理结构及协调发展研究不够，汽车工业在中国长期以来等同一般加工工业，贻误了汽车工业发展的有利时机。

日方专家在总结世界各国汽车工业发展经验的基础上，对中国自主开放型发展道路做了以下设想：

——国内市场潜力巨大是发展的最大有利条件。中国汽车工业不会雷同于一般发展中国家，将是类似美国的大国型发展道路。

——为了汽车工业的发展，必须引进技术和资金，这方面可以借鉴日本当年的经验，巴西等国对外国技术和资金的过度依赖不适用于中国。

——后起汽车生产国政府通过保护和扶植政策，促进汽车工业的顺利发展，是各国普遍采取的有效办法。

——世界各国汽车工业的发展经验证明，离开竞争机制，汽车工业是无法成为战略产业的，因此，形成竞争环境，是自主开放型发展道路的主要内容之一。

专家们预测，中国轿车保有量中公务用车和出租车的比重，将由当时的100%，逐步降低到2000年的47%~57%。其后，这一需求就会趋于饱和，而国内的主导市场将转移到私人用车方面来。

三十年后看这些设想，"句句是真理"。

少壮派，只要政策不要钱

十堰论证会解决了两个问题：一是中国干不干轿车，二是怎么干。对于干不干轿车，会上大家一致同意要干；但是怎么干轿车，却有不同的方案。

一些综合部门提出，建立轿车工业要实行全国统一规划，以国家投资为主体，聚全国力量先集中建设一个新厂——第三汽车制造厂，专门生产轿车。以后，过上三五年，再建一个新厂。

论证会上尽管专家云集，但是一汽、二汽的两位"少壮派"厂长却成为引人注目的明星。一汽的耿昭杰和二汽的陈清泰当时都在40多岁，对汽车工业再上一个新台阶，抱有一种急切而谨慎的使命感。

当时耿昭杰和陈清泰观点一致：不同意中汽公司单独再搞一个轿车厂的方案，提出应该依托一汽、二汽的基础来干，不要国家的钱，只要给政策就行。

国外轿车厂经济规模的起点是年产30万辆。一汽厂长耿昭杰对此另有见地。他说，经济规模与起步规模不是一个概念，在中国资金不很充足的条件下，起步规模小一些为宜。

当时，一汽已经引进美国克莱斯勒488发动机的生产线，用于发展轻型卡车。

1985年，二汽的新老厂长饶斌和陈清泰

488完全可以用于轿车。准备再引进一条旧的道奇600轿车生产线，生产新一代"红旗"。会议期间，我抽空采访耿昭杰，他拿出新红旗的外形设计彩图给我看，告诉我，道奇车的大部分模具都能用，只要前脸和后尾改动一下就行。这样做，投入少，出车快，能以最快的速度制造出替代进口的公务用高级轿车。

学者型的二汽厂长陈清泰在发言中提醒大家：当年国家一声令下，全国无条件支援一汽、二汽建设的历史条件已不复存在。走传统路子建一个新厂，生产第一代产品不难，但是短时间内不可能形成全面的开发能力。面对两年一大改、四年一换型的国际轿车市场，会出现新厂老化的问题。苏联集中力量搞了个陶里亚蒂汽车厂，在建成十六年后不得不请外国人帮助进行第一次换型，这个教训应该引以为戒。

因此，他主张以骨干汽车企业为主体，充分利用现有企业的开发能力，建设两三个轿车集团。在产品级别、档次上实行"先避开，后交叉"的原则，形成既有协调又有竞争的局面。

会议期间，为使我们的谈话不被频频打断，陈清泰请我到他家，做了一个上午的畅谈。他透露，二汽已经进口了几辆外国普及型轿车做样车，厂领导和产品开发的工程师利用周日，轮流开车体验，摸索哪一种车型更适合中国的路况。

我们谈到，建立轿车工业，需要大量资金。陈清泰主张，在新形势下，不能走

"国家出钱，企业建设"的老路；应该改革投资体制，由企业集团在国家支持下，采取留利积累、集股和借贷的方法筹资，作为经营主体发展轿车工业。目前国内金融市场日益开放，全球汽车工业正向第三世界转移。在这种新形势下，企业学会负债经营，承担现代化的轿车生产，这是一种减轻国家负担、发挥企业潜力的良策。

当时两个企业的规划思路十分清晰：一汽的设想是，先干3万辆先导厂，替代进口；从中高级起步，向下发展，再干一个年产15万辆的轻型轿车厂，最终实现30万辆能力。二汽倾向以出口为导向，一次规划30万辆的规模，分步实施。

我十分赞同两位"少壮派"的观点，立刻把他们的看法写成新华社内参，所以今天还能以白纸黑字留下他们的谈话细节。难能可贵的是，他们大写意般的思路框架大都在后来的实践中变成了现实。

北戴河：轿车工业获得"准生证"

1987年8月初的一天，临下班时，陈清泰带着两三个随员急匆匆来到新华社找我。

"时间宝贵，马上就要走，来这里拜托你帮个忙。"陈清泰说。他刚刚从美国回来，听说中央有关领导近日将在北戴河开会，讨论制定中国轿车发展问题。因为二汽能否进入轿车生产布点尚未可知，所以他迫切希望能够与会。他当晚要和书记马跃一起赶赴北戴河。同时希望能双管齐下，由我写一篇新华社内参，陈述以出口为导向发展小型轿车的见解。

"不管是褒是贬，轿车几乎成了20世纪人类文明的标志。而我们在中国，却在为能否被允许生产轿车煞费苦心。"陈清泰无限感慨地说，"乘车驶过曼哈顿，看着窗外涌动的车流，我的心就怦怦地跳，五千年的文明古国，为什么你就不能？

"在美国，我特别注意到，尽管是世界最高水平的汽车市场，仍然有第三世界汽车产品进入的可能，韩国现代公司的小马、南斯拉夫的尤哥，以其轻便经济、物美价廉占领了小型轿车市场的很大份额。

"这给我们许多启示：首先，随着汽车工业的国际化，利润不高的小型车生产正向劳动力价格相对便宜的第三世界转移。这种资金和技术的转移，是我们过去得不到的，是不可多得的机遇；其次，只要瞄准国际水平下功夫，中国的汽车产品也可能进入世界市场；第三，随着中国的日益开放，只有能在国际市场立足的中国轿车，在国内市场才能有面对进口轿车的竞争力。因此，我们二汽力争在轿车布点中，成为出口导向型中小排量轿车的生产企业。"

他娓娓地谈了一个小时，起身告辞。我对他说，我会马上把这次谈话整理成文，赶在决策者们开会前发出。

不知在握别的瞬间，他是否感受到我心间的祝愿，为了二汽，更为我们中国人的轿车梦。

当晚，陈清泰和马跃乘二汽驻京办事处的"皇冠"，连夜赶往北戴河。路上大雨滂沱，轿车几度陷进泥潭，一对清华大学汽车专业的校友，由坐车人变成推车人。

轿车爬出一个泥潭，又陷进一个泥潭……

三四个小时的路程，他们足足走了十五个小时。

8月12日下午，雨后天晴，海水静静地对沙滩絮语。

在北戴河海滨一座绿荫环绕的别墅里，由副总理姚依林主持，李鹏、张劲夫参加，听取了中国汽车工业联合会理事长陈祖涛关于发展轿车的汇报。

由于中汽联副理事长的斡旋，陈清泰终于参加了会议，并且就二汽发展轿车的问题和领导人进行了充分的对话。

此时，国家批准一汽上轿车项目似乎已成定局，二汽必须挤进国家布点。

陈清泰汇报了到二汽发展轿车的规划设想和前期准备：二汽打算选择市场容量最大的车型——发动机排量为1.3~1.6升的普通型轿车作为开发对象。这类车可以作为今后国内公务用车的主力车型，也可能成为出口的主导产品。建设规模，第一期年产15万辆，第二期年产30万辆。关于建设方式，他提供了两种模式供选择："技术引进、自主建厂、进口替代、远期出口"和"联合开发、合资办厂、出口导向、进口替代"。

陈清泰的表述获得了与会领导人的首肯。

国务委员张劲夫点评说：二汽的轿车一定要搞，要用些新的技术。技术起点要高一些，最关键的是要有新的发动机。基础件要充分利用一汽、二汽的基础，要搞大批量。二汽生产轿车可以从零部件搞起，返销为主，这样外汇资金都好办。

李鹏说：二汽搞轿车是经过充分论证的，在车型和发动机档次上与一汽、上海也拉开了，我原则上同意他们的意见。轿车就上这三家，别再冒出第四家、第五家了。配套问题，不能搞大而全。

姚依林总结道：二汽的方案是好的，我赞成首先从第二种模式入手，瞄准出口为主。我看轿车定点这个事情可以定下来了，就是上海、一汽、二汽三个点，其他不再搞。一汽的立项正在办文，二汽也可以办了，先立项，就可以迈开第一步了。

这天，在北戴河做出了中国汽车工业战略性转移的重大决策：轿车工业在千难万难之后，终于获得了"准生证"。

至此，经国务院多次安排发展轿车的论证后，中国领导人已经就建立轿车工业取得共识。

中共中央书记处书记胡启立也在北戴河听取了中汽联关于发展轿车的汇报。他说，汽车进口问题已经不是方法问题、经济问题了，它涉及我们的民族自尊心和自信心，成了政治问题。印度主要都在用国产车。轿车的发展要有战略布局，要有竞争，在竞争的基础上扶植。

当听说有人主张，轿车要搞出口车和内销车两个车型的时候，胡启立明智地警告说：如果认为国内销售的车可以降低质量，这样的事情做不得，最后可能会声名狼藉，在国外也倒牌子。国内国外都是顾客，都要高质量。其实事情就怕认真，认真起来，中国是可以做出好东西来的。小平同志最近说得好：质量问题反映了一个民族的素质。

事后，国务院办公厅拟定了关于发展轿车生产问题的北戴河会议纪要。纪要的第四条是："今后轿车生产主要依靠一汽、二汽，此外，上海大众公司首先要把国产化搞上去。在全国范围内不再安排新的轿车生产点。"

这是一个关于中国轿车工业的最初构架，中国轿车工业最初"三大三小"中"三大"的由来。尽管上海大众在"主要依靠"之外，依然有年产3万辆的产能。

至于"三小"的北京切诺基、天津大发、广州标致在纪要中未被提及。其后，国务院又发出通知，强调对轿车生产实行严格控制，除了对已经批准的六个轿车厂外，不再安排新的轿车生产点。直到世纪之交，"三大三小"的布局一直不曾被打破。

红旗第二代本来准备在道奇600基础上开发

2.大众逆袭克莱斯勒

为了红旗第二代

二十年后,我到长春再访耿昭杰厂长。老朋友回忆往事,似乎都找回了当年的豪情。

耿昭杰回忆说:1984年,经过"放权",一汽提出了年生产能力20万辆的规划。其中中型卡车10万辆,轻型卡车7万辆,重型卡车1万辆,中高级轿车2万辆。这个规划主管部门没有通过,主要因为轿车在当时还是个禁忌。

但是,一汽并不死心,使了个办法,规划改为卡车10万辆,轻型车10万辆,把轿车藏在了轻型车的名下。新规划很快获得批准。

1985年6月,耿昭杰接过了一汽总厂厂长的重担。上任的头一件大事,就是在轻型车的掩护下,开始做生产轿车的准备。土地很快就征了下来,足足一万亩,在一望无边的新厂区,紧锣密鼓地开始了"三通一平"的前期工程。

这片土地有多大?50年代饶斌做一汽厂长,因为厂区面积几乎和长春的老市区相当,被戏称为"饶半城";刚刚上任的耿昭杰因为新厂区征地之大,也被人戏称为"耿半城"。

那些年,已经是全国人大代表的耿昭杰,赴京开会时每每站在人民大会堂的台阶上,看着黑压压的进口车,心里暗下决心,一定要把红旗轿车恢复起来。

耿昭杰运筹帷幄,通过联营,把轻型车外移,放到吉林市、哈尔滨市等地去干,腾出地方生产轿车。

第一代红旗轿车,是1958年"大跃进"的产物。那时候,全民砸锅献铁"土法炼钢",各地粮食亩产比赛"放卫星",浮夸作假甚嚣尘上。但是尘埃落定,回首望去,一片废墟饥馑之中,也有个别成果仅存,红旗轿车就是一例。

红旗轿车下马,是一汽人心中的痛;再造红旗第二代,在一汽人心间永远是一种憧憬。那种执着,外人难以体会。

1984年红旗下马的时候,一汽已经开发出750、760两款新型红旗轿车了。这两款车代表了一种转变,让红旗轿车从消费最高端往下走,走到中高档水平,变成公务用车。当然防弹"大红旗"作为国家领导人的用车,也将得以保留。

750和760曾有一个称号叫作"红旗第二代"。耿昭杰说,当时一共做出三台样车。我常常开着去北京向各部门汇报,几乎成了一汽上轿车的敲门砖。在这之前,一汽也把"大红旗"770G改型了。当时思想开放了,进口了关键的零部件,因此水平比较高。770G送到北京以后,胡耀邦总书记说:我举双手赞成恢复红旗生产。

面对进口大潮的压力,1986年,中央也开始有了恢复红旗生产的打算。

在耿昭杰心目中,无论造轿车,还是轻型车,必须有好的发动机。发动机如果从头开发建厂,耗时三五年,会贻误时机。

当时美国克莱斯勒公司在墨西哥有一条年产30万台2.2升萨蒂诺488发动机的生产线,是70年代石油危机时从大众引进的,危机过后已经闲置了。耿昭杰亲自飞到墨西哥,看过后十分满意。因为它的产品既能装在轻型卡车上,也能装在轿车上,耿昭杰当即拍板买下这条生产线。

无独有偶,当时,克莱斯勒还有一条道奇600轿车生产线也正准备淘汰,这款车的心脏正好用的是488发动机。一汽设想把这条生产线一并买下,开始一轮再造"小红旗"的前期准备。1987年5月,耿昭杰在去十堰参加轿车论证会的途中,专程到北京向国家机械委主任邹家华、副主任何光远汇报。当时恢复红旗轿车生产的呼声日渐高涨。邹家华建议把恢复红旗生产和引进项目结合起来。

一汽厂长耿昭杰和大众董事长哈恩以战略家眼光奠定了日后一汽大众的成功

哈恩,冬日的长征

1987年秋,正在海外度假的大众董事长哈恩博士,收到了朋友瓦尔特·基普发来的传真,获悉一汽将要建设一个15万辆轿车的项目。

哈恩后来回忆说:这份传真给了大众意义深远的推动。我立即给耿昭杰厂长写了一封信,24小时内就收到了他的访问邀请。

9月底的法兰克福车展之后,哈恩和他的中国事务团队去北京访问,10月20日"顺道"去了长春。哈恩在回忆中提到当时一汽的艰苦环境:我们24小时未脱掉主人为我们准备的军大衣。除了工厂的电子数据室,到处都寒冷彻骨。

哈恩博士到达之前,北京来电话告诉耿昭杰,哈恩只是礼节性拜访,不要做实质性谈判。但是这个招呼对哈恩和耿昭杰似乎都没有约束力。

哈恩博士一到长春,就开始了内容密集的会谈,晚饭是一顿热腾腾的东北菜。

奥迪100是当时大众旗下的顶尖轿车

饭后,哈恩立即看厂。从铸造、机加工看到"解放"的总装线;从老厂看到刚刚做好"三通一平"的二厂区,哈恩博士吃了一惊:"上帝,我怎么没有早一点发现中国有如此大的汽车厂。"

1985年上海拖汽公司提议,在上海生产大众旗下的顶尖产品——奥迪100。经过中德双方的反复协商,最终确定采用"半散装件"(SKD)方式生产奥迪。其后两年里,在上海大众一共组装了100辆奥迪100供中央政府相关部门和上海市的官员乘用。

近几年,在欧洲多地和北京,我曾多次和已经闲下来的哈恩博士就历史的回顾进行长谈。谈到把奥迪100引进中国的初衷,哈恩博士说,这是他本人一贯坚持的"多品牌战略"。他笑着说,就好比人在钓鱼时,放两个鱼竿,总会比一个鱼竿钓到的鱼多。

但是哈恩博士看了上海大众,觉得上海的场地当时过于狭窄,于是就动了另辟蹊径的念头。在长春,急于扩大中国战果的哈恩当即提议,把奥迪从上海搬到一汽生产。从组装奥迪100起步,与一汽开始广泛的合作。

哈恩的提议正中耿昭杰的下怀。此时的耿昭杰正被美国克莱斯勒"拿了一手"。

得知中国政府将批准一汽生产轿车，克莱斯勒立刻提高了那条道奇600废弃装配线的要价，提出一个1760万美元的高价"入门费"，并且工装模具的转让时间也不能确定。谈判顿时艰难起来。一汽已经买了克莱斯勒的发动机技术和设备，日后生产的发动机似乎只能装到道奇车型里。克莱斯勒张好口袋，等着一汽往里跳。

如今，大众的建议让耿昭杰手里多了一张王牌。但是他也颇感作难，克莱斯勒488发动机"生米已经煮成熟饭"。他坦诚地告诉了哈恩，如果与奥迪合作，最重要的就是要把克莱斯勒的发动机放到奥迪100中去。这个要求对一般的厂家来说恐怕难以接受，没想到哈恩当场一口答应。

哈恩对耿昭杰说："请四周以后到沃尔夫斯堡来，我会给你满意的答复。"哈恩事先做了功课，知道克莱斯勒发动机用的正是奥迪的技术，奥迪对这款发动机很熟悉。

随后的谈判持续到凌晨1点，哈恩回忆说，我在开场白时建议在"国产化领域"合作，我们表达了对成立一家合资企业感兴趣。我强调，为此我们可以尽快以优惠价格从南非工厂提供奥迪100的成套模具。在会谈结束时，我们也讨论了生产大众高尔夫的可能性，中方对此同样表示出了兴趣。

轿车在中国是个政治产品，能不能上轿车，和哪一家合作，并不是一个厂长能够拍板的，况且克莱斯勒的合作似乎已成定局。但是，耿昭杰总是去做别人不敢想、不敢做的事。他打电话给国家机械委主任邹家华，要求在引进中同时打两张牌。同样敢于承担责任的邹家华当即给了一汽和沃尔夫斯堡谈判的随机决策权。

一个月后，耿昭杰坐镇长春，总工程师林敢为、总经济师吕福源带队，兵分两路，分别飞往德国沃尔夫斯堡和美国底特律。

在沃尔夫斯堡，哈恩博士让林敢为大吃一惊，一辆经过改装，安装着2.2升克莱斯勒发动机的奥迪轿车展现在他面前，连一汽厂标的图案都镶在轿车的前脸上，这成为德国人的效率和谈判诚意的体现。

林敢为后来回忆说，情况的确给了我们很大的惊喜。所有的连接件都是锻出来的，整个装配的质量都很好。只是488发动机比较高，所以发动机机罩的前面鼓起来一块，就像747飞机的机头一样。试车是在高速公路上进行的，最高车速达每小时205公里，各种性能都很令人满意。

代表团成员对奥迪很认可。在产品上，奥迪100的车身设计要比道奇600领先一代，空间大，乘坐舒适；奥迪100在国际上频频获奖，知名度高；与上海桑塔纳有良好的通用性，有利于零部件国产化。

而在底特律，克莱斯勒仍然咬住道奇旧装配线的要价不松口。CEO亚柯卡甚至傲慢地拒绝会见为促成谈判而来的国家经委副主任朱镕基和中汽联理事长陈祖涛。

在谈判中，陈祖涛对克莱斯勒旧生产线还价到100万美元，连对方要价的零头都不到。他直言不讳地说，这是条要拆掉的旧线，我不买，它的价值等于零；我买了对我有利对你更有利，但我们决不会给价很高。

朱镕基暗示，我们已派出代表团去大众公司，进行货比三家。但是，克莱斯勒也许太大意了，把中国人传递的信息当成耳旁风。中国人拂袖而去，经中国高层最后决策：一汽项目和德国大众合作。克莱斯勒得知中国人选择了大众作为合作伙伴，破天荒地提出把这条线的报价降到1美元！

但为时已晚，一汽和大众合作生产奥迪轿车的意向已成定局，该项目在几天后签字。

高手各有胜算

国家想把红旗重新上马，奥迪的意外参与，如同"天上掉下个林妹妹"。耿昭杰说：恢复红旗生产有两种做法，一种是把原来的红旗恢复起来，而当时什么技术也没有；一种就是和奥迪结合，时间正好赶上。

一汽要上年产15万辆轿车的大项目，资金的不足是头等的制约因素。有关部门给了政策：先装配3万辆奥迪，早出车，快出车，国家只收税，利润留给企业，"以轿养轿"，用3万辆养出个15万辆。

耿昭杰对我说，飞机起飞，要先滑行一段，组装奥迪3万辆，就是一个"先导工程"，以此导出技术、导出资金、导出经验。

其实，哈恩博士何尝不是把这3万辆奥迪看作"先导工程"，他所看中的也是那后续的15万辆。

耿昭杰告诉我，我们都在钓鱼。哈恩钓我的鱼，在奥迪的项目上作种种优惠，好抓住后面的大鱼；我也钓他的鱼，抓住他的期望值，逼他在3万辆奥迪车上做更多的让步。

双方达成的商务条件是，组装3万辆奥迪的1900万马克的技术转让费先行搁置，如果到1991年双方达成15万辆高尔夫轿车的长期合作协议，这笔钱将免收。2100万马克的模具先付1000万马克，其余算今后建立合资企业的投资。

也许，两位精明的企业家都达到了自己的目的，"钓鱼比赛"对手各有胜算。耿昭杰的精明在于：只花1000万马克就买到奥迪的整车技术，包括九种高难技术、人员培训、模具等。一汽的轿车项目终于有了一个好的伙伴，做到早起步、早出车；而哈恩则使大众公司在中国的"三大三小"轿车项目中独占"两大"——一汽和上海，为在90年代赢得中国50%的轿车市场做好铺垫。

耿昭杰和哈恩也因此成为至交。1988年8月耿昭杰应邀访问沃尔夫斯堡，哈恩亲自开车去接。他送给耿昭杰一个礼品——一个火柴盒大小的照相机。哈恩说，耿先生，你带着它，可以在大众公司的任何地方参观、拍照，大众对老朋友敞开一切。

由于双方的诚意，一汽与大众的合资谈判四五个月就拿下来了，比起上海大众谈了六年，这是一个高速度。

三个月之后数以千吨计的图纸资料由沃尔夫斯堡发到长春时，一汽3万辆轿车先导厂的设备已开始安装，15万辆轿车基地开始了前期准备，第一批散件组装的奥迪100新车也源源不断驶下总装配线。

当哈恩再次到长春参加奥迪总装线剪彩仪式时，耿昭杰送他两条织着老虎纹样的挂毯。哈恩问：中国的典故特别多，这两只老虎也有说法吗？耿昭杰回答了八个字：老虎下山，势不可当。

二十年过去，耿昭杰谈起当年通过技贸结合，引进奥迪技术，导出15万辆规模合资企业的初衷——就是在打造国际品牌的同时，壮大自己的自主品牌。他说，开放是一项长远方针，不能动摇，但是要合资与自主品牌两条腿走路。一条腿粗，一条腿细，并不是我们当年的设想。耿昭杰感叹道，从这一点来衡量，似乎哈恩在二十年后得到的更多。

从美国搬回来的捷达生产线成了一汽大众的起步台阶

3.中国轿车"三大三小"新布局

一汽大众：后来居上

1990年，恰逢一次严峻的经济调整，国内汽车市场跌入低谷，产品严重积压。恰在这时，中共中央政治局作出决定：严格控制进口小轿车，政治局、书记处成员和国务院常务会议组成人员，一律使用国产车。一汽赶上了，唯有它生产的奥迪够档次。

一汽并没有因奥迪的火爆，而放松了"大鱼"——与大众公司合资生产15万辆高尔夫-捷达普及型轿车的项目。

当得知大众在美国威斯特摩兰（Westmoreland）有一座已经停产的高尔夫生产厂，一汽派出总经济师吕福源和助手李光荣奔赴沃尔夫斯堡，就收购进行谈判。大众的要价是3900万美元，而一汽为这个项目能够筹到的钱只有2000万美元。谈了21天，大众让到2500万美元，还是谈不拢，主人只好送客了。

在分别晚宴上，精通外语的吕福源听德国人在彼此闲谈中，谈起奥迪正因产量达不到保本点而要亏损裁员。吕福源想起出国前，拜访国家计委，得知国家将进口两万辆奥迪散件装车提供给公务用车市场。于是他神来之笔地把这条信息当作筹码，在餐桌上当即向大众提出：如果我大量买你的奥迪散件，你能不能把威斯特摩兰厂的设备送给我？

于是双方重开谈判，几天后达成的协议与双方初衷大相径庭：一汽购买14500辆奥迪散件，大众把威斯特摩兰年产30万辆高尔夫轿车的全套设备无偿赠送给一汽。折算下来，一汽只用了7%的钱买了这座工厂。

吕福源当即直飞美国，组织中国进修生着手接收大众高尔夫工厂，让美国人看得目瞪口呆。随后一百多名一汽员工来到威斯特摩兰，把上万吨设备拆卸、编号、装箱，运回长春原样重建。它成为了当时中国最先进的轿车装配厂。后来这座工厂又作为一汽投资的一部分，作价进入合资企业一汽大众，成为捷达轿车的生产基地。

十三年后，吕福源担任了中国第一任商务部部长。

1990年11月20日，北京人民大会堂，一汽和大众举行合资生产高尔夫−捷达轿车的签约仪式。次年，一汽大众公司成立。双方股比6∶4。1995年11月，奥迪进入一汽大众，股比变更为一汽60%、大众30%、奥迪10%。

1991年底，一个阳光暖融融的冬日，首批在一汽大众公司生产的捷达轿车在北京亮相，我和《经济日报》一位女记者被邀请试乘。车上挂的是试车牌照，在长安街上这辆红色的捷达被警察拦住。我告诉他，这是一汽刚刚问世的国产轿车，希望能第一次通过天安门广场。警察兴味十足地把车里车外看了个够，最后打了个手势让我们通过。回到新华社我发出一条《国产捷达轿车首次驶过天安门》的电讯，向中国和世界宣布了中国汽车工业的一次新起飞。

"神龙"好事多磨

陈清泰在北戴河与决策者对话，使二汽获得轿车工业"三大"之一地位。此后，二汽派员考察了欧美日多家汽车公司，最有合作诚意的是法国雪铁龙。面对中国最大的潜在伙伴，雪铁龙公司总裁甚至背水一战地表示，与二汽的合作如果再谈不成，就要解散国际部。为这次联姻的成功，雪铁龙同意拿出将在1991年上市的最新产品ZX车型与二汽合作。法国政府更是承诺提供政府贷款，并先赠款2000万法郎，资助项目的可行性研究，1988年7月二汽与雪铁龙签订了30万辆轿车合资项目协议书。

1988年底，中国政府批准二汽同雪铁龙公司合作。

1989年上半年，双方的谈判紧锣密鼓，5月下旬，马跃、宋延光、宋祖慰飞抵巴黎，谈判进展顺利，ZX车型有望在1991年在中法同时推出。

然而，天有不测风云，6月初，就在签约前两天，一场政治风波突然发生，法国加入西方的经济制裁，并宣布停止政府间的高层接触，二汽雪铁龙项目也被搁置。起了个大早，赶了个晚集。

这样，项目一放就是三年。1992年5月19日，经过无数次失望与奋斗的回合，由二汽更名的东风集团与雪铁龙签约，成立合资的神龙汽车有限公司。东风占股份70%，雪铁龙25%，两家法国银行占5%。总投资103亿元人民币，成为当时中国投资最大的合资项目。

直到1995年9月8日，首批富康轿车在湖北襄樊下线。神龙公司随后走出神农架，在远离十堰"母体"企业500公里的武汉安了家。一个在当时规模最大、设备最先进的轿车厂在武汉经济技术开发区拔地而起。

神龙在合资轿车中首次打出中国品牌——神龙富康。车型选择90年代问世的1.36升的雪铁龙ZX轿车，保持与法国技术同步。富康车排量小，油耗低，速度快，驾驶平顺，并凝聚了风阻小抓地稳的水滴外形、后轮随动转向、抗撞击车身结构等一系列90年代新技术。

两厢车型在家庭轿车还是禁区的中国车市难以得到广泛认同，神龙从起步之初，日子就过得十分艰难。然而，在武汉1998年发大水时富康成为唯一能行驶的轿车，1999年在北京第一个获得绿色环保标志，并在国内第一个通过安全碰撞测试。富康的"第一漂""第一贴""第一撞"也为这款两厢车赚足了好名声。

"一号工程"上海大众

在90年代初期，日子最好过的当属上海大众。到1992年，桑塔纳已经累计生产10万辆，国产化超过80%，产品供不应求。腰包渐鼓的上海大众出资为中国足球队聘请了第一位洋教练——"施大爷"施拉普纳。

轿车是个赚大钱的产业，但它首先是个花大钱的产业。为了把有限的资金用在上海大众产能的快速提升上，上汽决定"壮士断臂"，把自1958年起，从前身凤凰

第二章 轿车工业获得"准生证"

上海大众，
桑塔纳200

一汽大众，
捷达

东风神龙，
富康

牌开始，不间断生产了三十四年的上海牌轿车停产，工厂并入上海大众。对这一抉择，是无奈，是惋惜，至今众说不一。

中德合资双方追加注册资本，并且投资25亿元开始了上海大众二期改造，将被兼并的上海汽车厂改造成为年产9万辆的大众二工厂。这一项目后来被确定为上海市市长亲自挂帅的"一号工程"。在中国经济新格局下，倾全市之力支持的地方企业比中央企业表现出明显的发展优势。

建设二工厂，为的是投产一款新车型。当时，桑塔纳的后排空间已经难以满足公务用车乘坐者日益提高的需求，开发新车提上日程。

1992年3月，上海大众派出的秦仲年等九人小组，远赴巴西圣保罗，参与大众、巴西拉美汽车公司的联合开发团队。其目标是按中国市场需求，在拉美公司成功开发的斯普鲁斯轿车（也是桑塔纳底盘）基础上，设计一款拉长车身，提升舒适性的新桑塔纳。这也是中国汽车业第一次参与国际轿车产品的开发设计，尽管观摩、学习流程的成分多于动手设计。

1994年10月10日，龙柏饭店，上海大众成立十周年的庆典上，中国轿车合资企业涉足开发的第一个成果——桑塔纳2000首次亮相。

我的第一次国内试车经历就是试驾桑塔纳2000。从兰州出发，沿丝绸之路驶向大漠与戈壁之间的敦煌。宽畅、舒适、动力十足的桑塔纳2000，在大戈壁上撒欢地追逐天际线上飘忽浮动的海市蜃楼，成为我一生中最难忘的驾车经历之一。

是年，上海大众已经把当初3万辆的规模限制远远甩在身后，率先达到20万辆的产能，当之无愧地跻身于中国轿车的"三大"之列。

"三小"的小康生活

在90年代，中国轿车"三小"，特指天津夏利、广州标致、北京吉普三个地方项目。

1984年，天津引进日本大发技术生产微型面包车。两年后，作为一种变形车，引进了大发刚刚投产的1升排量夏利微型轿车。邓小平看了夏利，夸赞不错，于是这个车型就小打小闹地干起来。1987年，夏利入围"三小"，更是埋头苦干，到1994年，已经形成5万辆的生产能力。

广州标致生产的标致505型轿车

天津夏利,成为唯一不是合资的轿车产品。

作为一款三缸普及型轿车,夏利的技术水平不算高,小故障多,也没有中高档轿车的舒适气派。然而,对于百姓大众来说,夏利是继"面的"之后享受轿车文明的一个台阶。夏利价格不到10万元,省油,车身短小灵活,维修成本低,颇受百姓待见。当时中国出租车保有量中天津夏利占了39%,坐了头把交椅。

90年代初的广州标致,可以乘坐七人的标致505旅行版风行一时。我去广标采访,喜好飞行伞和开快车的法方总经理孟高飞、温文尔雅的中方副总经理刘煜伟都和我成为朋友。孟高飞抱怨当时的主产品标致505比桑塔纳大,配置先进,国家审定的价格却比桑塔纳低。

广标的工厂让我印象颇深,墙面上涂着彩色波浪色块,没有一般工厂车间的沉闷与单调。广标还创造过国内轿车业的两个第一:最早的多车型混线生产——轻卡、三厢轿车和可乘七个人的旅行轿车;最早的整车出口返销。

但是3万辆的规模,多车型带来的高成本、双方股东投入不足、国产化零部件配套体系薄弱,都给它埋下日后衰落的伏笔。

北京吉普的切诺基,堪称当时的高端车型。SUV的概念那时候还没有形成,作为一款拥有越野性能、乘坐舒适、外形阳刚的美国吉普代表作，在国内不乏忠实的拥趸。

然而当年公务用车占绝对地位的市场，受国家经济政策波动的影响甚大。市场"过山车"般地变化，往往让企业伤筋动骨。

1990年春寒料峭，国家治理整顿的高潮中，控制集团购买力雷厉风行。一向门庭若市的北京吉普公司，突然变得门可罗雀。经过五年艰难的爬坡，是年，该公司的生产能力已经达到15000辆，然而时至4月中旬，各地拿到"社会集团消费控制办公室"批件允许购买切诺基的用户，购车总量只有48辆。按照生产计划，一辆辆崭新的切诺基每天仍旧源源不断地开下生产线。入夜，厂区的停车场寂静得像一座苍凉的坟场，只有西北风在黑魆魆的车影间打旋。

星移斗转，一年过去，国家只是稍稍调节了"整治力度"，形势便180度大转弯。刚过一季度，北京切诺基全年的产量便悉数订出；公司的另一个本土越野车型——生产了近三十年未作换型的"北京212"更是火爆。1995年北京吉普年销售8万辆，成为此后再也没有跨越的最高峰。

人物印象

饶斌：我愿化作一座桥

最后的交谈

1987年7月底，正是闷热难当的盛夏，已经离开中国汽车工业领导职务，年逾七旬的饶斌，带着壮志未酬的紧迫，匆匆赶到上海，去几家零部件厂调研。

从十堰参加轿车论证会回来不久，他听说，有人报告北京，上海大众的德方拿桑塔纳零部件质量问题刁难我们。饶斌，这位在汽车工业摸爬滚打了一辈子的老人，已不那么气盛。他说，生产桑塔纳，是中国建立现代轿车工业的入学考试。要先吃尽苦头抓质量，最后尝到的才是甜头。

与德国大众合作生产桑塔纳轿车，当年是他拍的板。他的初衷，就是要逼出一个不是由中国人关着门说了算的，而是世界公认的高水平。

7月30日，时任上海市市长江泽民约定当晚在衡山宾馆宴请饶斌。50年代，饶斌在一汽做厂长，是江泽民的老上级。下午，饶斌把自己关在衡山宾馆的房间里，草拟了一个谈话提纲。虽然是退下来的人了，他并没有把这次会见看作一般的叙旧。据后来看到这份提纲的人说，这是一个上海发展轿车工业的全面设想。那晚，江泽民陪饶斌回到宾馆房间，两人谈到很晚。饶斌谈了汽车，也谈了自己事业上的苦衷，最后他把江市长一直送到电梯门前。

第二天，人们就再也没有看到饶斌起来。

在撰写新华社播发的饶斌生平时，我按官方的提法，称他是"中国汽车工业杰出的奠基人和开拓者"。

外国人把他称作"中国汽车之父"。

"淬火"年代

1953年7月15日，长春孟家屯。在一片日本关东军细菌部队残杀抗日志士的废墟上，英姿勃勃的饶斌把第一锹黑土抛向奠基石。奠基石上镌刻着两行红字："第一汽车制造厂奠基纪念""毛泽东"。

在饶斌身后，有设计工厂的苏联专家，有为工厂选址四处奔走的胡亮，有驻苏订货小组成员李刚、陈祖涛，最早介入这一项目的留美汽车专家孟少农因火车受阻于洪水没能赶到。

那是新中国建设史中最纯洁、最忘我，也最有成效的年代。到了冬天，在零下30摄氏度的严寒中，十大厂房建设全面铺开，设备安装、调试，交叉进行。在歌声、笑声、读书声、义务劳动的号子声中，处处有这位不到不惑之年，却已做过哈尔滨市市长、松江省委副书记的年轻厂长的高大身影。

中国关注着一汽，从各地送来数千名干部，一些年轻有为的"县太爷"在这里只是一个科员。这是一所技术大学院，饶斌是院长也是学生。他的口号是"摘掉外行的白帽子"。他在大学是学医的，却请专家做老师，用每天后半夜的时间，啃下十几门企业管理、汽车工程课程。一汽大工地成了建设、读书的不夜城。三十年后，全国许多厂长、省长、部长、中央委员的履历表中，都有在一汽那一段"淬火"的经历。

无可讳言，一汽，是全套引进苏联技术、设备和产品的产物。苏联把王牌产品，莫斯科李哈乔夫汽车厂的"吉斯"牌四吨载重汽车在长春复制出来。1957年7月15日，第一辆解放CA10四吨卡车驶下生产线，接着，是第二辆、第三辆，一直到30年后的第100万辆。毛泽东、周恩来、朱德、邓小平等在饶斌的陪同下，先后站在这条生产线的终端，看着一辆辆解放牌卡车开下生产线。他们满意地笑了。

1958年，"一天等于二十年"的口号掀起"大跃进"的狂热，"超英赶美"随即成为报刊宣传的一致口径。美国是一个轿车王国。于是，3月，饶斌接到了中共中央直接下达的任务——立即生产小轿车。

饶斌带领一汽人创造了奇迹，从动员大会算起，短短23天，"东风"轿车诞生。5月中旬，在北京参加八大二次会议的中共领导人提出，要看看新中国的第一辆轿车。饶斌亲自驾驶着"东风"，驶进中南海。会议休息时，与会者走出怀仁堂，毛泽东拉上林伯渠老人一起乘坐"东风"轿车转了一圈，博得出席会议的代表一片掌声。

饶斌马不停蹄地赶回一汽，因为他接受了一个更重要的任务，立即试制供中央领导人乘坐的高级"红旗"轿车。他把全厂职工发动起来，把全部图纸悬挂在大礼堂里，张榜招贤，抢图试制。几天里，3400张图纸被能工巧匠一抢而空。一个月里，装有宫灯式尾灯的"红旗770"一炮打响。

不久，邓小平、李富春视察一汽。邓小平问饶斌："红旗比起伏尔加怎么样？"

饶斌回答："比伏尔加高级。"

"比吉姆呢？"吉姆是苏联专为高级干部制造的豪华轿车。

"比吉姆也高级。"

听了饶斌的回答，邓小平幽默地说："好，比吉姆还高级，你们可以多生产。油不够，可以烧酒精，反正做酒精的红薯干有的是，只要不烧茅台就行了。"

1964年，全国三年困难时期过后，毛泽东说，是建设第二汽车厂的时候了。于是，这年的11月，饶斌被调往神农架下崇山峻岭中的十堰，二次创业。

总结一汽的前车之鉴，饶斌的对策有三条：二汽不能只搞一个车型，要一至八吨各种型号系列化；由全国机械行业以"聚宝"的方式，为二汽提供最新的装备；用内地一个厂"包建"二汽一个新厂的办法建设各个专业厂。

但是在随后而来的"文化大革命"中，饶斌的这些思路都成为他"贪大求洋"的罪行。愚昧与狂热造成空前的人性泯灭，他被罚跪、吊打，脖子上挂着细铁丝拴着20多斤的大木牌进行批斗，周围是一片高举毛泽东语录的"红海洋"。整整10年，他时而挨整，时而又被拉出来工作，在"革命"的洪波里沉浮。

直到1977年10月，"四人帮"被打倒了一年以后，饶斌才真正当上了厂长，组织了东风五吨民用卡车的定型。

梦在轿车

80年代初，饶斌到北京担任了第一机械工业部部长。我在新华社负责机械工业的采访。那时候，媒体不多，专门跑经济部门的记者更少，我每天泡在被采访单位的时间，远远比待在办公室的时间要多。与眼界开阔、观点犀利而又待人平和的饶斌部长成为"忘年交"。现在回想起来，我不认同引进车型一定要加长的"中国特色"，大概就是当年受了饶斌的影响。

1982年5月8日，饶斌转而担任新组建的中国汽车工业公司的董事长。在饶斌的领导下，汽车市场在80年代终于获得积极开拓。干了大半辈子卡车的饶斌对我说过，没有轿车的汽车工业，只能是一个跛足的产业。中汽公司起步之初，他就坚定地支持上海通过引进技术，改造老"上海"，建立现代轿车业。面对主管部门的重重阻力，饶斌想到把生产轿车的报告直接交到邓小平手上。并且提出了建立合资企业生产轿车的设想。1982年6月，邓小平在中汽的报告上明确批示："轿车可以合资"。拿到邓小平的批示那天，我正好去了饶斌在中汽公司三楼的办公室，看到老人的脸上带着多日不见的笑容。

在饶斌的奔走下，北京吉普和上海大众两个合资企业得以建立。

80年代，中国市场最大的需求是官车。大众方面曾考虑提供奥迪100，但是力主选择桑塔纳的正是饶斌。他在各种场合呼吁，中国当时真正需要的车型，并非奔驰那样的豪华车，而是一款省油、不贵、安全的汽车。作为四门轿车，桑塔纳结构简单，大小适中，适合公务用车和出租车的多种选择。

德国大众当时的董事长哈恩博士后来谈到他的谈判对手饶斌时说："他是一

位天才的工程师、聪明的管理人和富有远见的战略家。尽管我们出身和经历相差悬殊，但是彼此很快就找到一种人性的联系。"

1987年夏天，轿车发展研讨会在十堰车城宾馆举行，饶斌与会。会上，众人对建立轿车工业的模式见解产生了分歧。我约请已经退居二线的饶斌作一次长谈，谈谈他的见解。后来，因为我有事要提前回北京，抱歉地去改约。他笑着说，没关系，来日方长。轿车，这才是中国汽车工业的一篇大文章。

没有想到，饶斌不顾酷暑，去上海调查桑塔纳国产化进程的时候，不幸突发心脑血管疾病，在医院昏迷一个月，于8月29日与世长辞，终年74岁。我们十堰一别竟成永诀。

在北京举行的骨灰安放仪式上，一汽的同志告诉我，在去上海之前，饶斌到一汽参加解放牌卡车换型庆功大会。会上，他突然激动地讲起了轿车："我老了，无法投身中国汽车工业的第三次创业。但是，我愿意躺在地上，化作一座桥，让大家踩着我的身躯走过，齐心协力把轿车造出来，实现我们几代人的中国轿车梦。"

台下，鸦雀无声，人们在他的眼里看到了晶莹的泪花，他哭了，老泪纵横。

饶斌走了，带走了一个时代。

第三章　家庭轿车第一声

1986年1月，在北京总参招待所举行的全国汽车行业会议已经开了三天。副总理李鹏在总结发言中非常意外地脱稿提到了家庭轿车的预期。他说：再过几年，人民富裕了，一部分先富起来的家庭就可能有买车的需求。作为应对，现在就该着手开发轻型的家用轿车了。李鹏提到家庭轿车的价格是大约五六千元，当时从东欧进口的微型轿车菲亚特126P也就是这个价位。

这是国务院领导人首次谈到家用轿车。凭着一种新闻直觉，在正常会议报道之外，我摘出这一段写了一篇消息《发展轻型家用轿车要提上日程》。新华社当然不能发表，我把稿子给了挂靠《光明日报》的一家小报《首都经济信息报》，没有想到报纸把这条消息在头条刊登，中央人民广播电台也随即在清晨黄金时段《首都新闻和报纸摘要》节目中播出。早晨我一到办公室，立即受到批评：如此敏感的问题，怎么能随便捅出去？

当时，名人、明星、社会上"有路子"的人，经过特批，可以通过友谊商店购买外国使团淘汰的"二手车"，两三万元一辆。这是"文革"后最早的私人轿车。轿车，对于每个月几十元的工薪族来说，买不起，更是无权享用，只能是一个遥不可及的梦。

中汽联理事长陈祖涛是家庭轿车的推动者

1.造梦前传

"领航产品"与"官车之累"

随着1949年新中国诞生,私家车作为资本主义的象征,被严加限制,当年资本家的那些外国老爷车虽然动得起来,却也是停多开少,直到"文革"中彻底绝迹。1966年夏,京剧艺术泰斗马连良在北京被殴打羞辱至死,其"罪状"之一,就是还保有着一部私家轿车。

与私家车对应的是公车,其实是按级别分配的官车,省部级以上坐"红旗",厅局级干部坐"上海"。按照严格规定,1984年以前,县团级不能坐轿车,只能坐"北京212"吉普。"私有"就是资本主义,就是一种反动,人们避之唯恐不及。80年代初,新华社主办的时事刊物《半月谈》,还在讨论农户是否可以拥有自己的手扶拖拉机。直到1984年,国务院文件才正式允许农民拥有作为生产资料的机动车,这竟是一个划时代的突破。

直到改革开放后的五六年，轿车不是生产资料，是"奢侈品"。尤其私家轿车，更在严控之下。除了北京、上海的个别名人购买的外国驻华机构的二手车。新车，一般人不敢想，有钱也没处买。后来通过灰色渠道，外贸部门从东欧易货贸易进口了一批微型车，投石问路。

长期以来，即使公开谈论私人轿车，也是一个禁区。

1987年6月，国务院撤销了中汽公司，由中国汽车工业联合会取而代之。陈祖涛任理事长。中汽联的一个历史性功绩，就是推进了轿车工业的建立，继而把轿车进入家庭的准备提上日程。

陈祖涛是中共早期领导人之一、红四方面军政委陈昌浩之子。11岁被从延安送到苏联国际儿童院，1951年从苏联莫斯科包曼高等技术学院机械系毕业回国，不久便被派作驻苏代表，联络苏联援建一汽事宜。1955年起，先后担任一汽技术领导工作，1965年筹建二汽，并成为二汽第一任总工程师。

中汽联刚刚起步的1988年，改革进入攻坚阶段。计划和市场的价格双轨制，引发"官倒"盛行。钢材、铝锭等原材料放在仓库没挪窝，几经倒手，价格就打着滚翻了几倍。是年春夏，国务院决定放开部分产品的价格管制，实行"价格闯关"，由此引发了一次空前的通货膨胀。老百姓恐慌了起来，为了保值，四处抢购。毛线、肥皂、火柴，甚至油盐酱醋都成了抢购囤积的对象。抢购风潮和通货膨胀的叠加让普通百姓苦不堪言，体制、利益、发展道路的多重矛盾交织，成了社会风波的温床。

为了把居民储蓄总额这只"老虎"重新关进"笼子"，呼唤一种与国家整体经济技术水平相适应，并能产生裂变效益的"领航产品"，已是当务之急。

20世纪60年代初，各地曾以五六元钱一斤的"高级点心""高级糖"回笼货币；70年代，售价百元级的手表、自行车、缝纫机成为供不应求的"三大件"；80年代，千元级的冰箱、彩电、录音机又风靡一时；临近90年代，亟待寻找一种万元级、技术含量高、产业覆盖面广的工业品，作为国民经济的"领航产品"。不少有识之士的目光锁定在以百姓消费为主的家庭轿车上。

1988年初，陈祖涛向我谈到，改革开放造就了五六百万"先富裕起来"的人，他们和百姓一起挤在狭窄的消费领域里，必定激化通货膨胀；如果10%～15%的富人选择私人轿车作为代步工具，中国轿车业就会增加40万～60万辆的需求量，并且为过于集中的消费打开一个泄洪口。开发这个新市场，有两件事情必须要做：一是政府出台相关政策，鼓励私人买车；二是应该提前安排私人轿车的生产规划。几天以后，我在新华社《经济参考》上撰文《鼓励小轿车进入富裕家庭》，详细推介了陈祖涛的思路。

当时，解开经济生活中的另一个"怪圈"，也需要"轿车进入家庭"这把"金钥匙"。

公车，公款购买、官员乘坐的轿车，曾占国内轿车保有量99%以上的绝对优势。几十年来，中国人把这一点视为天经地义。然而，"公车"日渐把经济拽进一个可怕的"怪圈"："国家"从一个口袋里掏钱造轿车，从另一个口袋里掏钱把轿车几乎全部买下。轿车造得越多，买车花的钱越多。到了80年代中期，随着"公车"数量的激增、档次的攀升，"国家"日益不堪重负。

1987年底，一则来自财政部的爆炸性新闻刊登在《人民日报》头版头条：当年1至10月，全国社会集团消费比上年同期增长20.2%，为全国性的"超前消费"带了一个坏头，亟须整顿，亟须制止。其中，购买高级小轿车尤为突出。与1981年相比，全国集团购买小轿车数量增加6.2倍，资金增加14.5倍。各单位追求进口车、豪华车、超豪华车，用巨额外汇来满足这种难以填平的欲壑，更是一种极大的社会问题。

是年，公款购买轿车年支出已经占到社会集团总支出的七成。针对公车消费攀比之风愈演愈烈，中央频频发出通知，严禁党政机关超标准用车。在中央"控办"19种严格控制公款购置的商品中，轿车被列为第一号目标。然而，严控的结果，却是国家刚刚投资建设的轿车合资企业销量跌入低谷。

只有改变官车一统天下的消费结构，引进私人消费，才能够形成从生产到消费的良性循环，走出轿车生产越多，国家负担越重的怪圈。

崇山峻岭中的会师

中汽联当时正急切地寻找着家庭轿车的"突破口"。

贵州，古有夜郎国，山川阻隔造成的地域和见识的封闭，曾在历史上落下"夜郎自大"的话柄。初冬,在绿中微微有些泛黄的山岭河谷间曲折盘旋的公路上,行驶着一支长长的车队。应航空航天部部长林宗棠之邀,中汽联理事长陈祖涛,副理事长吴时仲、李银环、薄熙永,中汽进出口公司总经理朱伯山来到贵州考察。他们把分布于13个市县、几百平方公里的飞机和导弹工厂一一走遍,各类磋商几乎通宵达旦。

贵州的新闻媒体都没有报道这一系列考察与磋商,虽然时任省委书记胡锦涛分别与林宗棠和陈祖涛会谈。参与会谈的人很少,只限于两位行业领导人的助手。我被邀旁听——作为汽车工业的老朋友,没有报道任务,只是了解情况。

60年代,"冷战"阴云笼罩全球,继而中苏关系交恶,台海形势紧张,"要准备打仗"成为统率全局的国策。军事工业成为重中之重,沿海战略工业内迁,"三线"建设如火如荼。毛泽东说,三线一天建不好,我一天睡不着觉。结果,倾注当时全部国力,选拔一流人才,来到中国腹地的大山深处,喝盐水,住草棚,一座座军工企业在"三线"拔地而起。

然而到了80年代末,世界吹起缓和之风,武器订单锐减,大批"三线"军工企业被冷落。交通和信息的闭塞,使它们在商品经济的大潮里举步维艰。在当时的许多"军转民"展销会上,这些尖端技术企业,往往只能靠推出简易面条机、磨刀器、电热梳维持生计。

在贵州的崇山峻岭中,当我们穿着白罩衫,经过三道门卫走进地下的导弹产品库,看着工厂制造的最后一批导弹静静地排列在支架上,银白一片毫无生气的时候;当我们的汽车在空旷的战斗机试飞跑道跑出最高时速的时候;当我们参观隐蔽在深山之中的风洞实验室、三坐标测量仪、数控组合机床等汽车产业尚未配备的一流设备的时候;当我们接触到那些知识密集度最高的技术队伍的时候:我深深感到,"铸剑为犁"已经刻不容缓。

考察后,一向以表态谨慎著称的航空航天部部长林宗棠十分坚定地说,面临军事订货大幅度削减的航空航天工业必须以民品养军品。作为全行业的拳头民品,汽车是最好的选择,因为只有汽车可以发挥航空航天多工种、群体化的优势。今后,中国的航空航天工业在民品生产中,要拿出50%的力量搞汽车。

汽车行业遇到一支作风过硬、人才济济的生力军,航空航天抓住了一个英雄有用武之地的主导民用产品，两大部门不谋而合。

陈祖涛和他的团队向航空航天业提出了一项重要建议，航空航天业不要拷贝仿制合资企业的现有车型，应该协作生产，进入国内尚属空白的微型轿车新领域，以此撬动家庭轿车市场。

航空航天业、汽车业和贵州省三方达成初步意向，组成联合汽车公司，先生产汽车零部件，在条件成熟时报请国家立项生产微型轿车，微型轿车的总装厂就利用贵州航空工业总公司的飞机装配厂房。

东京，"斯巴鲁360"铸剑为犁

1989年1月7日，北京奇冷。一早，从北京直飞东京。那一天，日本裕仁天皇去世，东京街头没有了霓虹灯的闪烁，在高处，只见来去一道白色前灯、一道红色尾灯连缀的相向行驶的两道车流。

这是中国派出的第一个家庭轿车考察团，目标是微型轿车。团长是朱伯山，代表团的主要成员是来自航空航天在贵州011、061、010等几个重要基地的一把手。考察团里，我的身份是中国汽车工业联合会调研员。考察的日本企业分别是富士重工、五十铃和丰田。

考察过程中，对我冲击最大的，是在群马县的富士重工总部拜会被称为"日本国民车之父"的百濑晋六先生。

富士重工所在地曾是一座飞机制造厂——中岛飞行群马工厂。曾在"二战"中偷袭珍珠港，乃至整个太平洋战争中日本海空军的主流机型——零式战斗机，就是在以这座楼房为中心的工厂里大量制造的。斗转星移，今天楼房前簇拥着一片绿色的静谧，呈现着一片历史的沧桑感。

当时78岁的百濑先生，有着清瘦而挺拔的身板，皓发银眉下是一双炯炯有神的眼睛，深蓝色条纹西装、端正的银灰色领带，显示出一个拘泥礼节的日本老人的一丝不苟。他坚持要站着讲话："诸位先生来日本，是调查微型轿车的，但是我听说在诸位中间，有飞机设计方面的专家，这正是我四十多年前从事过的老行当，应该说，我们会有更多的共同经历和共同语言。"

我身边的贵航总经理孙瑞胜，就是一位优秀的设计师。由他主持设计的歼教-7

型战斗教练机,是一种具有实战火力配置的现代化喷气式飞机,曾获得国家最高质量奖。

此刻,作为贵航一把手的老孙考虑最多的,正是由于军品订单锐减,300架飞机的年生产能力,现在只有几十架的订单。

从安顺到遵义,深山中聚集了全国科技人员比例最高的一支尖端技术队伍。这是中国最稀有的一笔无处引进、高价买不来的"战略物资"。如何运用航空航天业人才和技术优势,迅速推出一个新的支柱产品,担子压在代表团里几位老总的肩上。

人才,也是日本在战后得以迅速实现经济复苏、腾飞的关键。

"二战"结束,"中岛飞行"被解体为十几家民营小公司,转为和平产业。富士重工的前身——富士汽车株式会社便是其中之一。公司拥有的一批飞机设计师的头脑成为公司最宝贵的资产。

从1958年到1970年斯巴鲁360一共生产了45万辆

战后，日本民众的运输工具十分匮乏。1952年，曾经是飞机设计师的百赖晋六先生受命带领一个班子，开始设计发动机排量360毫升的微型轿车——斯巴鲁360。

"轿车，在当时大多数日本人看来，还是一个远在天边的奢望。"百赖老人悠悠地说，"那是一段靠红薯和竹笋充饥的日子，在战争刚刚结束的头两三年里，个人的交通工具主要是自行车，有一辆摩托车就很让人羡慕了。我们公司只有一辆老式轿车，而且还是烧木炭的，走走停停，出不了远门。当时，我们抱定这样一个很平凡的念头：要造出一种取代自行车的私人小汽车。虽然简陋，但是全家人出门，再也不怕日晒雨淋，不受风雪之苦，这也许是百姓们觉得一辈子都未必能够实现的奢望。抱有这种奢望的人，一万个日本人中间可能还不到一个，这正是我们的小汽车赖以生存的基础。"

百赖在公司的计划会议上提出新车的设计原则：一是能轻易地坐下四个大人；二是价格压在40万日元以下，因为专家们测算，每个乘员8万日元是日本摩托化的基础线（当时大学毕业生月收入是8000日元）；三是省油，发动机排量在360毫升，相当于两辆摩托车；四是耐久性、加速性、爬坡能力不低于卡车和大客车，改变人们以为微型轿车像个玩具的印象。

"战后，日本的道路非常坏。美国曾派道路调查团到日本，一看吓了一跳，有的被称为国道的路段，连美国道路的计划用地都不如，汽车60公里的时速都跑不起来。我们的斯巴鲁起步时就是瞄准这样的条件设计的——出于造福广大国民的考虑，又能为广大国民所接受。"百赖老人说。

前一天，我们曾在富士重工的产品陈列室里见过真正的斯巴鲁360，这是一辆米黄色流线型轿车。即使用今天的眼光看，它仍有许多可爱之处，小巧中似乎有一种通人的灵性。

这辆车的构思，飞机设计的特长的确发挥了优势：为了有效利用乘坐空间，刹车踏板移到前轮中央，独立悬架，发动机后置，硬把车内空间拉长了30厘米；为了减轻车重又不降低强度，外壳采用了曲面薄钢板，坐椅架是铝合金的，车顶盖采用了刚刚普及的塑料，后窗选用有机玻璃。

对每个总成的设计小组，总设计师百赖都下达重量限定。这些都是从飞机设计程序中移植过来的。据说，在同一时期，日本有另外10家公司也在设计微型轿车，但多数因为达不到预期效果而歇手。从汽车史上看，斯巴鲁360在技术上也有许多突破，对美国和欧洲的汽车设计也提供了借鉴。

50年代初，围绕日本是否应该生产轿车，通过广播电台展开了一场几乎是全体国民参与的大辩论。在通产省的支持下，由一批年轻人组成的"官厅经济学派"提出"轿车救国"的口号。他们主张，政府应该选择和扶植可以带动经济全面发展的支柱产业，把日本的劳动力优势和先进国家的科技成果结合起来，造成进出口的良性循环。只有这样，资源贫乏的岛国日本经济才能起飞。

1960年，日本通产省提出了"人人有车"的国民车构想。

从1958到1970年，斯巴鲁360一共生产了45万辆。在轿车更新率极高的80年代，全世界老爷车爱好者竟还完好地保养着9000辆斯巴鲁360。当富士重工在群马举行斯巴鲁360诞生三十周年纪念活动时，有数百辆斯巴鲁360从世界各地开来，蔚然成一大观。

在东京和群马，经过三轮谈判，中方与富士重工达成了引进技术和部分设备，在贵州生产汽车零部件和微型轿车的初步意向。

划天而过的"小卫星"

鲜为人知的是，20世纪50年代末，在北京的街头也曾出现过同斯巴鲁360大小相仿的国产车型——"卫星"牌微型轿车。

1957年10月4日，苏联发射了世界上第一颗人造卫星，在太空竞赛中抢了美国人的风头，于是"卫星"一时成为社会主义大家庭引以自豪的热门词汇。中国的工厂、农业社、产品甚至新生儿，取名"卫星"者不计其数。"卫星"又与"微型"谐音，中国第一辆微型车以"卫星"为名，更加合情合理。

在"大跃进"的那次汽车热中，"卫星"是唯一为中国普通老百姓开发的轿车。然而，它得以出世，是绕过了进入家庭的禁区。

"用微型轿车代替人力三轮车"，总理周恩来曾作过这样的批示。他甚至陪同朝鲜领导人金日成参观并乘坐了小"卫星"。注重细节的周恩来甚至规定了"卫星"微型轿车的成本，以保证作为出租汽车的小"卫星"，每公里的收费保持人力三轮车两角钱的水平。

水彩画：精巧可爱的斯巴鲁360。从1958年到1970年，一共生产了45万辆

世纪之交，在柏林街头，还可以见到东德生产的"特拉比"，国民要登记等候数年才能买到

菲亚特500是"二战"后意大利人的家庭成员。到了2005年，两个意大利青年，竟能把这个宝贝从都灵一路开到北京

波尔舍早在 1937 年为大众公司设计的"甲壳虫"原型车,成为国民车的经典,外形元素至今还是时尚

雪铁龙"二战"前开发的家庭车 2CV,被藏在一个干草棚里才逃过战火以留存。远景是未经重新修复的 2CV

宝马 1955 年到 1964 年生产的微型车 Lsetta,小巧到乘客要从车头正前方的门上下

清华大学动力机械系汽车专业的师生是小"卫星"的研制者。那是一个浮夸盛行的年代，报刊上充斥着今天凭借常识也能识破其荒唐的"新成果"，但是，师生们研制"卫星"的过程却是科学而严谨的。在老师的指导下，前后几届学生参加过"卫星"轿车的设计，并分为发动机、底盘、车身、附件、工装等多个专业组，前后试制了7个车型。

1958年10月，周恩来在中南海亲自审看了样车，并且批准了微型轿车成批生产。

后来曾经因为生产"北京130"轻卡而出名的"北二汽"，当时是北京交通局下属的"二里沟汽车修理厂"，离清华大学不太远，被确定为微型轿车制造基地。

当时的资金是充裕的，"北二汽"作为模范汽车修理厂，拥有许多技术高手，对微型轿车的试制出力不少。特别在早期设计经验不足，加工精度达不到要求时，修理技术弥补了制造上的弱点，使所有微型轿车最后都能动起来，开出厂门。

"北二汽"生产的小"卫星"是清华大学师生设计的第五个车型，长2.7米，宽1.25米，轴距1.4米；双门；重440千克；最高时速60公里；风冷对置两缸发动机，排量410毫升，每百公里耗油4.5升。

虽然中国老百姓对当时研制出的"东风""红旗"高级公务用车发出由衷的欢呼，但小"卫星"才是他们能够享受到的轿车。北京市政府首先安排"卫星"在刚刚建成的北京火车站和儿童医院等处取代三轮车运送客人，而且坚持按每公里两角钱收费——当时，人们的收入还很低。

然而，谁能想到，从某种意义上说，正是这不可动摇的两角钱，最后竟断送了小"卫星"的前程——为了降低微型轿车的成本，离合器是离心式自动离合，皮带传动，而没有运用一般汽车的齿轮传动。小"卫星"投入出租汽车运营不久，就暴露出严重的质量问题。发动机故障多，噪声大。而皮带问题更严重，三天两头出现断裂，使轿车走走停停，远不如人力三轮车让人乘着放心。

后来又开发了第六和第七个车型，第七型按照东德的"特拉比"（意译也是"卫星"）塑料壳轿车测绘，变成四门，准备提高发动机功率而终未实现。

同是1958年面世的斯巴鲁360在日本成为一代名车，而小"卫星"在中国划天而过。

到仿制"特拉比"时,"北二汽"靠多年修理汽车积累的资金被微型轿车逐渐耗尽,加上"大跃进"之后出现的大饥荒,小"卫星"只有一条路——下马停产。停产后,一些试用单位仍然把"卫星"沿用了两年时间。

少年时的我曾在北京天文馆后面的铁道边,看到荒草里堆成小山的"卫星"残骸,任凭日晒雨淋。时至今日,当年生产的200辆"卫星"牌微型轿车竟连一辆样车也没有留下。

顺便说一句,已经成为老爷车的特拉比,直至今天在德国还能见到。许多在东德长大的德国朋友,对特拉比充满感情,它是一个时代、一种制度的象征。1989年两德合并前,东德普通百姓家庭,最大的愿望就是轮候购买一辆特拉比的资格,为此也许要登记等候好几年。很像同一时期,中国人在单位抽签分配一张自行车票。尽管东德在东欧社会主义大家庭中属于最富裕的国家,但是特拉比造得小巧可爱却异常简陋,车门竟是硬纸板做的。德国朋友说,特拉比甚至没有收音机,人们在车里也不会交谈,因为轰鸣的发动机噪声压倒了一切。

30年之后的80年代中期,以"军转民"大规模生产摩托车的成功为契机,江南机器厂、江北机器厂、秦川机器厂、益民机器厂等一批兵器工业企业,在很短时间里相继研制了新一代中国的微型轿车。

1986年夏天,我去报道兵器工业"军转民"的成果展览会,农展馆广场上,最抢眼的就是一排微型轿车。尽管这些轿车设计得都过于小巧且略显简陋,参观展览的国防部部长张爱萍将军还是兴致勃勃地钻进车里,感受一下乘坐的滋味。

当时兵器工业依托引进技术生产摩托车,已经硕果累累,这一代微型轿车可以说是摩托车升级而来,它们的可贵之处是瞄准进入百姓家庭。发动机排量为450～550毫升,是真正的"小排量"。有趣的是,在当时兵器工业部部长邹家华的提倡下,兵工企业的微型轿车大多采用了复合材料,自重只有450～650千克。

然而,当时的中国军工企业尚未走出封闭,对于当代世界微型轿车的水平和流行趋势知之甚少。比如,有的车型的后排座位只是两个相互面对的方凳,显得有些简陋、粗糙。且不说,自谋生路生产微型轿车,巨额投资哪里来?市场在哪里?尤其无法获得国家的立项审批更是一个死结。在中央决策建立中国轿车工业前夜,中国微型轿车的第二轮"试跳"又告失败。

1989年1月9日,新华社《瞭望》周刊发表了李安定的文章《但愿这不是一个梦——轿车私有化的思考》,在中央媒体第一次讨论打破轿车私人消费的禁忌

2.家庭轿车第一声

我的1989:但愿不是一个梦

就在我们考察日本汽车业的同时,新华社《瞭望》周刊1989年第2期发表了我的专稿《但愿这不是一个梦——轿车私有化的思考》。那是在中国中央一级报刊上最早刊登的全面论述推动轿车进入中国人家庭消费的文章。

当时,我提出的设想主要出于经济领域的考量。从过于集中的消费投向造成的通货膨胀,从公车造成国家财政的不堪重负,从产业结构升级,从城市化发展等角度,提出了打破禁区,尽快引导轿车进入家庭的必要性和可行性。在那篇文章中我写道:

不妨做个倒推理来打破僵局：如果逐步尝试在中国实现轿车私有化，又会怎样？一部分先富起来的人赚了钱没处花，和那些工人、教师、公务员一样，都把钱投向吃、穿、用。不平衡的收入水平，过于狭窄的消费领域，副食和消费品价格不抬起来才叫奇怪！为何不打开轿车私有化的闸门？住房商品化，好比取消粮价补贴，事关家家户户；轿车私有化，好比名烟名酒提价，愿者上"钩"，非但不危及老百姓的菜篮子，反倒为平抑物价开了一道泄洪闸。

私人买轿车，并非一次性投入。养路费、保险金、停车场建设费，零件更换等仍会继续消费。目前一些新建的收费公路，跑的都是公家车，修路、买车，国家要掏两笔钱。只有轿车私有化，才能真正把人民的消费资金变成国家的建设资金。在日本，70%的公路建设费用来源于私人汽车的收费，难道不能给人以启迪吗？

今天，由公家配车上下班的官员已有十多万人。其实，国外的做法不妨引进：除了国家高级领导人和老干部，对大多数属于配车范围的官员和中小企事业负责人的公车逐步实现私有化，由国家按车价的一定比例给予补贴。提倡领导干部私人买轿车、亲自开车。一能大大压缩集团消费，二能改善干群关系，三能根治公车竞相豪华的攀比之风。日益年轻化的领导干部对这一做法大概也会欢迎。

邹家华看到《瞭望》周刊上的这篇文章，作了一段批示："已经有人买了私人轿车，也有不少人想买。现在的问题是没有合适价格的车。应该对促进微型轿车的发展制定一个规划目标，可以多利用军工企业的力量，最好走塑料或玻璃钢的路。"

今天我们不能不感慨中国经济的沧桑巨变。说实话，私家车在当年的确是个遥不可及的梦想。真像百赖先生所说1950年前后的日本，敢做家轿梦的人一万个人中间也许只有一两个。我把梦想写在纸上，还是受到皮尔·卡丹中国代表宋怀桂女士一席话的启发，她说，如果有人问我，能不能摘下天上的星星，我不会急着说不，我会说，让我们试试看。

然而，不久后发生的风波，以及事后姓"社"姓"资"的争论又波及经济领域。有人甚至把"房改"也作为"资产阶级自由化"来批判，幸而有人赶紧找到邓小平早在80年代初论及"房改"的讲话作挡箭牌，才化险为夷。在这种情况下，发展私人轿车，缩小公车比例的设想自然被束之高阁。

由远及近的叩门声

1991年底，经济紧缩政策有所松动，国家经济主管部门开始考虑微型轿车的布点。朱伯山抛下令人羡慕的中汽进出口公司总经理职位，孤身一人来到大山之中的贵州航空工业基地，担任了联合汽车公司第一任总经理。

虽然注册为"云雀"的"斯巴鲁550"已经驶上街头，但是作为中国第一个"家庭轿车"的命运依然前途叵测。且不说光是国家立项就耗时两年，也不说核准的生产能力远远达不到国际通行的经济规模，先是刻板的传统体制，就使"云雀"难以展翅高飞。

据此，我提笔撰写了一篇纪实文学《民众轿车中国圆梦》。文章中，我谈到开辟中国轿车"第二市场"的急迫，尤其当时"复关"谈判正紧锣密鼓。我写道：

> 在世界汽车的百年史上，还没有一个国家可以摆脱以下两个规律：
>
> 一、轿车和卡车并举才是完整的汽车工业。认识这个规律，在中国用了三十年。
>
> 二、汽车工业成为支柱产业的标志，一是总产量达到200万辆；二是轿车进入民众消费。美国达到这一时刻是在1920年，西德在1960年，日本在1966年……那么，中国呢？

次年，邓小平视察南方，市场经济改革坚定方向，中国汽车热再起，我随当了国务委员的邹家华去广西等地调研区域经济，在行程中，我又和这位热心轿车的领导人探讨了"官车之累"的问题。邹家华对我说："现在人们爱说汽车是支柱产业，但是汽车真正要成为中国经济的支柱，只有轿车进入家庭之后才有可能。"

回到北京，我写出评论《由远及近的叩门声》，进一步论述轿车进入家庭消费的必要性和可能性。文章先后送给两家报纸，报纸的总编辑顾虑对官员车的批评，顾虑有提倡高消费之嫌，斟酌再三而不敢刊登。只有《人民日报》经济部主任、名记者艾丰独具慧眼，不但接受了我的文章，而且安排在《人民日报》的经济版头条发表。

其后十多年，作为一个痴迷"天方夜谭"的讲述者，我遍尝了酸甜苦辣。但我总有一种抑制不住的冲动：汽车诞生百年以来，美国人、欧洲人、日本人、韩国人、巴西人，一个又一个国家的老百姓先后享受了汽车文明，成百倍地扩大了出行半径，获得巨大的社会物质财富。为什么中国老百姓偏偏没有这个命?!

3. 家轿曙光，看上去很美

私车消费写进产业政策

1990年，中汽联再度改组为中国汽车工业协会。1993年10月，其行业管理职能并入新成立的机械工业部汽车司。吕福源任机械部副部长，张小虞、苗圩分别任汽车司正、副司长。机械部汽车司成为改革开放以来，继中汽公司、中汽联之后第三个，也是最后一个有所作为的全国性汽车行业管理职能部门。

90年代，有识之士们对轿车进入家庭对支撑国民经济发展的认识越来越清醒。张小虞，是轿车进入家庭坚定的支持者。他告诉我，在一次中韩政府间交流中，对方问："贵国将在何时大力发展轿车产业？"他"谦虚"了一下："我国当前主要是解决老百姓的吃饭问题。"没想到对方十分认真地说："韩国恰恰是在老百姓还吃不饱饭的时候，勒紧裤腰带发展轿车的，如果当时只是靠种地找饭吃，恐怕今天大多数韩国人还过着像北方亲戚一样的日子，做梦也开不上自己的小汽车。"这番话对他产生了很大的启迪。我后来则把这段对话写在我所著的《家庭轿车诱惑中国》一书的衬封上。

1993年夏，我第一次访问韩国现代汽车公司，从机场沿汉江的高架路进城，往返6条车道上飞驰的车流几乎都是韩国车。韩国轿车的进口税只有10%，而当时中国180%~220%的关税壁垒，却挡不住轿车进口潮，这并非用"韩国人爱国"一句话可以解释。在汉城街头，我发现西瓜比中国贵五倍，轿车价格只有五分之一。在蔚山码头，眼前是不见边际的新车车阵，一艘10万吨级的货轮正忙碌装船，每年有300万辆现代轿车从这里运往美国。

六七十年代，日本、韩国先后依靠本国政府坚定的政策扶持，与企业的顽强拼搏，大力发展本国汽车工业，带动国民经济出现奇迹般发展的历程，给了新一代中国决策者深刻的印象。

1994年4月，中国政府公布《汽车工业产业政策》。在此前两年间，我曾参加了由李岚清、邹家华两位副总理先后主持，各相关部门参与的政策草案制定、修改的多次会议，这个文本还经过中央财经领导小组和国务院最高决策层从指导思想到具体行文字斟句酌的推敲。

汽车产业政策中第一次正式认可了在中国私人购买汽车的合法性，虽然回避了轿车进入家庭的直接表述，但仍然不失为对于几十年来限制私家车的意识形态的一次突破。

以下是《汽车工业产业政策》中一些与家庭轿车相关的条目：

第一条……2000年汽车总产量要满足国内市场90%以上的需要，轿车产量要达到总产量的一半以上，并基本满足进入家庭的需要。

…………

第四十六条，逐步改变以行政机关、团体、事业单位及国有企业为主的公款购买、使用小汽车的消费结构。

第四十七条，国家鼓励个人购买汽车，并将根据汽车工业的发展和市场消费结构的变化适时制定具体政策。

第四十八条，任何地方和部门不得用行政和经济手段干预个人购买和使用正当来源的汽车，应采取积极措施在牌照管理、停车场、加油站、驾驶培训学校等设施和制度方面予以支持和保障。

…………

第五十四条，根据本地区社会汽车保有量的增长趋势……城市道路建设的改扩建工程要作为城市规划的重要任务，抓紧予以实施。

第五十五条，从1995年度学年起，小学要将交通知识教育列入教学内容，强化交通意识。

应该说，在社会主义中国建立四十五年后，中国的最高决策层终于认可了老百姓拥有轿车的权利。然而，由于条文过于原则而始终没有实施细则相配合，条块分割，部门利益、地方利益交织，积重难返；加上基层官员的墨守成规，在轿车进入家庭的问题上，坦然地持反对意见，《汽车工业产业政策》中私家车的相关内容几乎成为一纸空文。

轿车依然是一块"唐僧肉"。在一些省市，购车人除了缴纳国家规定的不菲税费外，还被巧立名目收取购置小汽车调节基金、社控费、定编费、城市增容费、道路建设集资费、牌照费、城市教育基金等二十余种。不通铁路的江苏某市，竟然征收铁路道口通过费。这些税费总计有时是车价的1.2倍。

至于公路上的"三乱"已经到了令人发指的地步，不用说沿途交通、公安、工商、林业、环保、村镇纷纷上路设卡收费；竟有农民在路上公然挖一个坑，上面铺一块木板拦车收费。

国际巨头热捧"94家轿研讨会"

与《汽车工业产业政策》在国内遭遇的冷落相比，反应机敏的倒是各大汽车跨国公司。以中国政府公布《汽车工业产业政策》为契机，全世界几乎所有著名汽车厂商的CEO纷纷涌向中国，探寻合作的可能。

是年底，94北京国际家庭轿车研讨会在国贸中心举办。

《汽车工业产业政策》公布时，政府部门曾经宣布，在近两年内，将集中力量把一汽大众、神龙、上海大众、天津夏利四大轿车生产基地搞上去，各自形成年产15万辆的生产能力。1996年底以前，不再审批新的轿车整车项目，但中国欢迎各国在轿车零部件方面的合作。以后审批新的轿车整车厂，视中国市场及汽车工业的发展状况而定。在同等条件下，这两年间与中国汽车业在零部件合作好的外国厂商将获得优先考虑。

正是这句用了许多限制词的"活话儿"，引得世界上众多轿车界的"白马王子"躁动不安，忙不迭地争抢着获得中国家庭轿车这位待嫁姑娘的青睐。

保时捷为中国开发的C88样车

家庭轿车国际研讨会的东道主给了这些世界厂商一颗定心丸。机械部汽车司副司长苗圩在代表中国政府方面所作的报告中称：中国政府将进一步鼓励汽车工业同国外开展各种形式的合作，鼓励企业利用国外资金和技术。中国企业在选择合作对象时，将首先选择具有产品专利权，拥有产品开发技术、生产管理和制造技术，并具有独立的销售渠道和足够的融资能力的企业。在轿车项目的合作上，外国企业既可以在原来的轿车合资项目上扩大合资，还可以与中方合资合作联合开发产品。

国际轿车业为进军中国家庭轿车市场使出了浑身解数。

距离中国《汽车工业产业政策》发布只有短短几个月，奔驰公司就针对中国老百姓开发出奔驰FCC（Family Car China）新车型，并且造出样车送到研讨会参展。与奔驰展台遥遥相对，保时捷公司展出了一辆新近开发的C88，这也是一辆瞄准中国家庭开发的轿车，"中国发发"，为中国老百姓讨个口彩。

几乎所有跨国汽车厂商都以背水一战的决胜气魄，不惜重金针对中国市场进行研究开发。他们看中的不是那几十万辆官员车，而是瞄准上千万个老百姓家庭的潜在需求。其长远打算，自然是为了在这个世界上最后一块潜在大市场占有一席之地。

事后看来，研讨会只是应付跨国公司渴望进入中国的虚晃一枪，没有一家公司接到在中国生产家庭轿车的"绣球"。但是，配合研讨会的车展在北京引起轰动。从此在北京，在中国，有了第一批车迷。

FCC驶向环形跑道

1995年6月，我和几位中国记者应邀采访奔驰汽车公司。

在德国下奥克因的环形试车场。跑道边停放着一辆FCC。也许是巨大的试车场的衬托，比在北京见到时似乎小巧了许多。

艾力逊先生，FCC开发小组的负责人，把车钥匙递给我（当时我是同行记者中唯一有驾照的），请我以一个中国记者的体验对FCC做一番品评。

FCC外观尺寸和夏利相当，打开车门坐进去，驾驶座位宽敞，回头看看坐在后排的《人民日报》记者曹焕荣，他说，坐舒服了，膝盖离前座还有一拳多。

系上安全带，我开车驶向跑道，方向盘很轻，1.3升的发动机功率挺足。我很轻易地超过了两辆在跑道上做例行实验的大轿车。虽然车身小巧，可是时速超过120公里时并不飘。在第二圈冲向弯道时，我并没有减速，想感受一下冲上弯道外侧45度坡道的滋味。果然，车窗外的地平线陡然倾斜起来，"飞车走壁"对一辆性能优越、高速行驶的轿车来说，并没有什么特殊的感觉。然而，坐在后座的曹兄事后心有余悸地告诉我，他的生活里很少有手心出汗的时候，看见弯道上粗重的水泥护墙排山倒海地压过来，他的确捏了一把汗。

我把车驶下跑道，大家围过来，艾力逊先生竖起大拇指："你开了奔驰公司最昂贵的一辆轿车。"后来我才知道，研制一种新车时，奔驰一般会造出十几辆车供实验用。然而FCC是奔驰只造了一辆的原型车，价值高得无法计算。

FCC脱胎于奔驰将于1997年推出的A系列单厢轿车。遵循"三明治"设计原理，它的车身地板分为上下两层。发动机、变速箱、悬架和油箱都被容纳在下层空间里，使上部空间足以与中型轿车媲美。这样的设计还使FCC成为最安全的车型，当轿车发生正面碰撞时，一个巧妙的装置使发动机和变速箱滑到乘员室下方。为适应中国人的收入水平，又做了许多改进，力求把采用了许多跨世纪新技术的FCC价

作者和《人民日报》记者曹焕荣在环形跑道上试驾奔驰 FCC 归来

针对中国开发的 FCC 脱胎于尚未面世的奔驰 A 级车的"三明治设计"

格控制在10000美元之下。

谁说德国人古板、守旧？一个新的、潜在的巨大市场初见端倪，他们立刻作出决断与反应，而且反应得如此机敏且显出诚意。

遗憾的是，没有中国政府的批准，奔驰不可能在中国找到一家企业合作生产家庭轿车。以后我多次访问奔驰，在博物馆、设计中心都再也没有见到这辆可爱的FCC。

4.路漫漫其修远兮

与副总理的笔墨官司：不可逾越的台阶

90年代中期，新闻媒体频频传出"以发展住宅建设作为新的经济增长点"的信息。以结束低水平住房的"分配制"，转为住房逐步"商品化"为核心的"房改"，开始在全国城镇迅速推进，鼓起了多少中国人"居者有其屋"的渴望。

商品房需求多元化，必然导致人们出行的分散化。"私家车"本来完全可以作为推进住房商品化的一个"子项目"，然而，"轿车进入家庭"的呼吁，却被误解为分散百姓手中有限的购房资金的一种"分庭抗礼"而备受冷落。

1996年7月，汽车业人士在北京人民大会堂召开了一次纪念解放卡车诞生四十周年的座谈会。发言结集成册时，收入了我的一篇书面发言。

10月，机械部部长何光远给中央领导写了一封信，谈及中国轿车的自主研发，以及落实轿车进入家庭的问题。在信的结尾部分，何光远写道："最近，有关部门正在议论引导社会消费的问题，对先解决'住'还是先解决'行'的看法不一。就这个问题，新华社记者李安定在座谈会上有个书面发言，或许对领导决策有启发。随信附上，敬请参阅。"

80年代中期，我最早见到何光远部长时，他还是中国最年轻的部级干部之一。何部长观点犀利、逻辑清晰、待人厚道，在采访中我们成为忘年交。我受他耳提面命多年，观点常常不谋而合。

何部长解放战争中参军，1952年入读苏联基辅工学院金属压力加工专业，1956年进入一汽，做到一汽锻造厂厂长。"文革"后，任长春拖拉机厂厂长，1980年，

> 最近，我听说有关部门正在议论引导社会消费的问题，对先解决"住"还是先解决"行"看法不一。就这个问题，新华社记者李安定同志在这次座谈会上有个书面发言，或许对领导决策有所启发，随信附上，敬请参阅。
>
> 新华社记者的文章有文采，可能缺乏对客观的了解。一是石油差将不足（应靠进口），二是城市道路拥挤，三是动力所限，职工的居住已很难，何能为轿车盖库。以此等等，怎能提倡私有化，而主要靠轿车来解决行的问题呢！
>
> 何光远 一九九六年九月五日
>
> 镕基又及

在何光远的来信上，朱镕基总理对所附作者文章中的观点作了批注

他50岁，任农机部副部长。20世纪90年代，何光远任机械部部长，在一种"促进还是抑制"的纠结大环境中，成为中国汽车业健康发展的领导者和轿车进入家庭的积极推进者。

何部长随信附上了我的文章《车轮载来的空间》，我在文章中写道：

> 行与住，是一组不可分的对立统一体，又是消费结构升级木梯的两个相邻的木棱，少了一级，难免踏空。在十万元级、百万元级的"住房商品化"的攀登中，超越万元级的"行"的台阶，难免受到经济规律的惩罚。
>
> 今天，把推行住房商品化确定为改善住房消费结构战略的前提下，大可不必把提倡轿车进入家庭视为分庭抗礼。决策者必须清醒地看到：轿车私有化是波及国民经济各领域发展的巨大牵动力，也是加快住房商品化的巨大催化剂。
>
> 在现实生活中，有一辆经济型的家庭轿车，百姓的出行半径就会几十倍地扩展，不必再对市中心一套上百万元的住房望洋兴叹，而对郊外一套十多万元的住宅在价格和距离上更能承受。而国家投资在城市新区兴建的居民小区也就会从空置与积压转为销路走俏，如此看来，家庭轿车能够说是分散了住房建设的资金吗？

10月15日,总书记江泽民对于何光远的思考,在来信上的空白处,作出以下批示:

> 在改革开放过程中,不少问题至今仍然令人困扰,一、吸引外资与维护发展民族工业,如何找到一个较好的平衡点;二、在中国发展小汽车,在选型、价格、环境保护、停车场、道路等相关问题上,如何找到一个综合的解决途径。建议国务院组织认真研究一下,这是一个大的产业政策问题,千万不能公说公有理婆说婆有理。

我的文章很长,但朱镕基副总理显然耐心而仔细地读过——尽管他并不同意我的观点。他用蝇头小楷作了一段评语:

1994年江泽民在北京国际车展参观桑塔纳2000出租车,本书作者(前排左三)向他介绍车上的卫星导航系统

新华社记者的文章有文采，可惜缺乏对宏观的了解。一是石油资源不足（已成净进口国），二是城市道路拥挤，三是购买力所限，四是人的居住尚且艰难，何能为轿车盖库，如此等等，怎么能把"行"放在首位，而且主要靠轿车来解决"行"的问题呢！

根据江泽民、朱镕基等领导人的批示，1997年4月，由国家计委牵头，十多个相关部委开始放下门户之见，以跨世纪的发展眼光展开了综合的政策研究。最后形成了《关于目前我国汽车工业发展中几个重大政策问题的研究报告》。

其后两年，除了各单位把已经分配给员工居住的原有住房折价卖给住户外，商品房销售推进缓慢，各地建成的新住宅区"空置率"居高不下。刚刚实现了"软着陆"的国民经济急需寻找"新的增长点"。"轿车进入家庭"虽然多次作为有关专家和主管部门的建言，甚至作为国家计委的建议，然而循着国务院领导的既定思路，却一次次受阻，始终未能列入国民经济新的"增长点"之一。

直到世纪之交的"十五规划"，才把"鼓励轿车进入家庭"这个表述纳入其中。

2001，家庭轿车是一种权利

1998年3月，作家出版社推出了我的大型报告文学《家庭轿车诱惑中国》，它一时成为上榜畅销书。中国作协党组书记、著名作家陈建功说：这本书的意义远远超出了文学范畴；它提出的理念，将给中国社会打上烙印。

来自国家计委轻纺机电司、机械部及汽车司等汽车主管部门、媒体的领导和朋友济济一堂，出席了新书座谈会。一些媒体朋友吃惊地说，中国汽车业的权威人士今天全在这里了。有趣的是，回顾中国汽车，尤其是轿车工业的历程，大家提到最多的一个主题词是"悲壮"。

路漫漫其修远兮，吾将上下而求索。时代车轮滚滚向前。十年间，我对轿车进入中国老百姓家庭的认识产生了升华，从一个打破经济僵局的考虑，上升到一个"人民国家"中老百姓的基本权利。

2001年3月，新华社开辟了我个人的汽车评论专栏"门外车谭"，在开篇文章中，我写道：

今天，越来越多的中国人在圆自己的轿车梦。什么是中国人的家庭轿车？媒体上讨论得沸沸扬扬：外形应该是三厢，还是两厢？价格应该是十万元，还是八万？不过我以为，首先应该清楚家庭轿车所包含的理念。

家庭轿车是一种权利。享有轿车文明，是一个现代社会，尤其一个社会主义国家老百姓应有的权利。这种权利的实现，既不是政策压抑限制所能永远阻止，也不靠领导人明智善举所赐予。政府部门应该做的，是采取有效措施，发展汽车工业，改善使用环境，制定严格的环保与安全法规，从而保证老百姓追求更高生活质量基本权利的实现。

认可轿车进入家庭，折射出的正是中国从老百姓的义务本位向权利本位转变的一种进步。

第四章　贵在双赢

1999年9月6日，新中国成立五十周年大庆前夕。代表当时中高档轿车世界水平的奥迪A6在长春一汽大众驶下生产线。

让我记忆犹新的是，出于打造一款豪华品牌的意识，一汽大众破天荒地包下一架波音737飞机，邀请嘉宾和媒体飞赴长春参加新车下线盛典。厂家还在国内首次提供了新闻稿的电子版和互联网服务，这对大多数嘉宾来说都还闻所未闻。

发布会上，传递着"同一星球、同一奥迪"的品质理念，无疑标志着一汽大众的制造水平达到与德国高端汽车技术一致的新高度。

日益开放的中国，走到一个世纪门槛跟前。时代主题从"革命与战争"切换到"和平、发展、合作"。中国汽车业也从自尊和自卑并存的"七斗八斗"开始走向与国际汽车业"平等共赢"的平和大度。

在新世纪到来之际，双赢，已经成为一批新建合资企业的基调，别克新世纪、本田雅阁、奥迪A6轿车先后下线，从此，中国汽车业有了"中高级轿车"这个新族群。

1.帕萨特，暗度陈仓

需求，再次提出挑战

为了应对公务用车升级的需求，国家曾经在80年代后期特批进口过890台份奔驰280轿车散件在一汽进行组装，这批奔驰轿车随后分配到国家各部委、省市和大型国企，组装质量并不理想，过了几年，街上就再也看不到了。

1992年，经过几年"治理整顿"造成的经济紧缩，邓小平南方谈话一出，东风吹来满眼春，中国经济涌起一轮新热潮。一年中，新成立的公司数是历年成立公司总和的四倍，中高档轿车的需求量猛增，轿车价格攀缘而上。

中高档轿车出现了较大的需求，桑塔纳、捷达和两厢的富康，已经不能满足官员、大中型国企领导、民营企业家的胃口，丰田的皇冠、日产的公爵，进口指标在倒爷手中几经倒手，到买主手里几近天价。

供求关系的再度失衡，逐步把轿车推上走私热门货的"至尊"宝座。走私轿车再度猖獗。

亚当·斯密在他的《国富论》中写道："一种重税，有时候会减少所税物品的消费，有时候则会奖励走私。"中国的轿车市场似乎是这位英国经济学家二百年前论断的最贴切注脚。

1993年上半年，各地海关查获的走私轿车6791辆，是上一年全年查获量的4.7倍，案值15.3亿元人民币。

走私轿车的巨额利润，不但使一些不法之徒利令智昏，也使一些企事业单位竟以法人的资格跻身走私的罪恶行列。轿车走私营造了一个巨大的地下市场，十几万辆走私车不但被饥渴的国内消费所吞没，而且几经倒手，价格也层层加码。

走私轿车风险大、难度高，然而，在中国为什么竟有许多人乐此不疲？

在世界各国，轿车价格无疑居于工业产品中较高一档。但是在中国，由于人为因素，由于市场供需之间巨大的落差，轿车价格实在贵得有点离谱。

得益于改革开放的实惠，不少中国人走出国门，看到了外面的大千世界。当他们稍稍留意了国外商品的价格，都会有一个共同的体验：国外的商品样样都比中国贵，唯独轿车比国内便宜，而且便宜得多。

一位常驻海外的朋友如此概括：在发达国家，吃的、穿的、用的商品一般是国内同类商品价格的三到五倍，而轿车价格却只有国内的三分之一。

依照1993年轿车进口关税税率，发动机排量1.3升以下的轿车，进口税率180%；排量1.3~3升的轿车，税率为200%；排量3升以上的，税率为220%。如此看来，轿车一过海关，立即身价涨三倍，且不说还有车辆购置费、特别消费税、层层销售利润加上去，在中国买一辆轿车的钱，在国外买四辆都不止。

高额的关税壁垒，用意自然是挡住外国轿车的倾销，保护民族汽车工业。无奈重税抑制着消费，国内轿车业始终如温室里的弱苗，病病歪歪，成不了大气候。畸形的高价，却让另外一些渴望一夜暴富的人们按捺不住。

在发展中国家，轿车进口的平均关税大约在15%，发达国家为5%，台湾地区也曾实行过高关税，但后来随着轿车工业的发展，关税则以每年6%的幅度降下来。到1991年，已从65%降到30%，这种"不保护"政策，却使得台湾汽车产量五年翻了一番。只有中国大陆轿车进口关税居高不下，堪称世界之最。

中国人的汽车审美标准也在90年代形成，标准来自当时满街的日本车。丰田的皇冠、日产的公爵，方头方脑，标准三厢。当初，一汽大众选择引进车型，在同一底盘上，有两厢的高尔夫、三厢的捷达两种普及型轿车。投产前先用两种车型从风雪北国到海南椰林跑了3万公里，沿途80%的围观者都说捷达好，气派。

微型轿车天津夏利刚刚投产，这款源自日本大发公司技术的两厢新车，新潮、圆润，代表了其后全球小型轿车的时尚潮流，然而在中国不受待见，有人把夏利叫做"一只鞋"。天津夏利很郁闷，在1992年开发了一款三厢车。知情者言，增加一个后备箱，不但破坏了原车型的紧凑性和空气动力性能，成本也增加了两三万。厂家做了一个市场调查，答案众口一词，贵两三万不要紧，带尾巴的车乘客愿坐，司机爱开。

当时《经济日报》总编辑范敬宜要创办一张周末特刊，由李东东主编，创刊号约我写一篇随笔，我就写了《有感于夏利长"尾巴"》复命。文中说，中国人把Car称为轿车，要的就是中间高、两头低，形同中国古代轿子的那种感觉。这种心理上的满足，比轿车的快捷、灵便更重要，以至左右了中国轿车生产者对车型的选择。非但官车如此，就是老百姓结婚娶媳妇，必选三厢车。两厢车"有头无尾"

大不吉利。尽管两厢车在欧洲大都市占到六成以上，造型前卫时尚，到了中国就没人买账。我写道，何为满足市场需求？是复制、迎合人们旧有的消费口味，还是按照科学规律，引导、开拓新的消费机会？不要小看了中国人接受新事物的敏锐和灵气。

中国人轿车审美的另一个标准就是要求后排膝部空间越大越好，我称之为"二郎腿系数"。世纪之交，行政级别的中高档轿车引进中国，本土适应性开发要做的工作很多，道路条件、油品质量、南北温差、东西部湿度的悬殊，本来就叫跨国公司的技术人员煞费苦心，可是终于发现这一切都没有"二郎腿系数"来得重要。

前后磨合了十多年，外国人终于明白，引进车型的最大中国特色就是"加长"！

引进帕萨特，博弈与妥协

不断有人批评说，大众用一款桑塔纳，在中国干了十多年，而不开发新的车型进行产品升级，一门心思用老旧车型赚足了中国人的钱。其实很少有人知道，在当时的中国，一个轿车企业，甚至一个合资企业，引进什么车型，何时引进，并不是企业自己可以做主的。

上海大众，早在90年代初就捕捉到中高档轿车需求将日渐旺盛的市场信息，早在1995年就向上海市主管部门申报了同步引进大众公司最新一代B级车——帕萨特B5进行国产。申请在上海压了一段时间，后来上报到了北京，但是有关部门却一直迟迟不予答复。

曾经两度担任大众驻中国首席代表的李文波博士后来回忆说：我1996年来中国上任时，已经做了大众汽车驻亚太地区经理的马丁·波斯特特意叮嘱，让我搞清楚帕萨特B5的国产项目申报为什么得不到回应。这个问题"太中国"，波斯特一直没有搞懂。

后来李文波终于搞明白，两个原因卡住了帕萨特：一是因为中央对上新车这样的大项目卡得很严，上海大众已经有了桑塔纳2000，再批准一个新车型，会造成其他汽车厂家心理严重失衡，国家经贸委不好摆平；二是上海方面正在全力推动与通用合资的项目，什么时候通用项目通过审批，帕萨特项目也就有眉目了。

1997年，接替哈恩担任大众集团董事长的皮耶希访华，在北京中南海紫光阁见

帕萨特在上海大众崭新的汽车三厂生产

到了国务院副总理朱镕基,当面请求批准帕萨特项目。朱镕基说,你们应该专注地做好桑塔纳,桑塔纳2000就干得不错,怎么不继续开发桑塔纳3000呢?上新车型被朱镕基一口否定,也就没有什么回旋余地了。

中高档新车市场的诱惑太大了,而且经过十年的发展,上海大众已经累计生产了50万辆桑塔纳,产品结构亟待升级。

上海人就是活络。上海大众"暗度陈仓",将帕萨特引进拆分成"桑塔纳技术改造"项目,报了上去。桑塔纳是大众当年的B2(B级车第2代),帕萨特是B5,说技改似乎也说得过去。与此同时,专为生产帕萨特而建的上海大众三厂也已经动工,先斩后奏。但是国家经贸委的人很精明,说"别拿我们当傻子,这哪里是桑塔纳技改,纯粹是引进一款新车型"。箭在弦上,不得不发。最后,经上海市政府等有关部门多次协调,"技改项目"才终于放行。

既然是"技改",总要对B5原型车做一些改动。但是对技术格外执着的皮耶希不同意,他认为帕萨特B5是大众一款非常完美的车型,改动一处,就会影响整体的平衡和技术参数。当时上海一位副市长对皮耶希说,帕萨特必须改,否则就通不过审批。但是怎么改,这位副市长也说不出个道道。最后,皮耶希只好让步说:改可以,但车辆性能不能降低。两年后,轴距拉长100毫米的上海大众加长版帕萨特驶

上海大众帕萨特总装线,放眼望去尽是崭新的轿车

1999年12月15日,上海大众第一辆帕萨特轿车下线(横幅上写着"第三代桑塔纳",车牌上写着"PASSAT")

帕萨特不断换代,成为上海大众的拳头产品

下了生产线。

帕萨特上市后,朱镕基在一次接见上海大众的代表时,倒也宽容:"你们在这个车上搞了小动作,现在是既成事实,只好睁一只眼闭一只眼了。"就这样,帕萨特以"第三代桑塔纳(PASSAT)"的名义开始"半合法"地产销,直到2004年,经过一次重大升级改款后成为帕萨特领驭,在国内中高级轿车市场上才站稳脚跟。

在帕萨特上市发布会上有一个细节,当时的上海大众总经理洪积民将帕萨特称为"第三代桑塔纳(PASSAT)"。有记者询问,为什么叫"第三代桑塔纳(PASSAT)"而不直接叫"帕萨特"的原因,被告知:这个事情相当敏感,说明白了也不能写。

帕萨特的引进过程充满戏剧性,作为当事者,中国有关部门恪守自己制定的游戏规则,而上海市和德国大众方面有着各自的理念和利益,三方博弈,最终达成了妥协。——中国的改革开放实际上就是不断突破旧体制和规则限制,并形成新规则的渐进过程。

经过90年代中国经济的大起大落,轿车产业逐步成熟。有了底气,不再像一个乡下孩子念了大学,刚进大城市当上公务员,内心藏着的一种自卑,永远要用气势上的极度自负包裹着。

走到世纪之交的中国轿车，已经经历了十多年的磨砺，羽翼渐丰。除了上海大众低调试水的帕萨特，三个崭新中高端车型项目——上海通用、一汽奥迪、广州本田，不但分别建成了由全球最先进装备武装的工厂，更表现出中国汽车人观念的逐步转化。以跨世纪的智慧、远见和责任感，告别"斗争哲学""闭关锁国"，走向与国际汽车业"合作双赢"。

在此以前，由于技术和市场与欧美的发展水平相差悬殊，外国公司拿给中国合作伙伴的多是已经上市多年的旧产品。从1998年12月到1999年新中国成立五十周年前夕，别克新世纪、本田雅阁、奥迪A6轿车等全球主打产品先后下线，逼迫国际对手在后来进入中国时不得不用先进产品参与竞争。同时，"中高级轿车"这个新族群开始浮出水面。

2.磨合，从奥迪100到奥迪A6

奥迪缘何进入一汽大众

对德国大众来说，奥迪以年产3万辆的"先导工程"进入一汽，为的是拿下年产15万辆普及车型的合资项目；对于一汽来说，生产奥迪是单纯技术引进，由此把积累的资金和技术转移到第二代红旗轿车的开发生产中去。

一汽拿到奥迪100技术，利用老红旗轿车的生产场地建了焊装、油漆、总装三条简易线，从奥迪南非工厂买来生产车身覆盖件的二手设备，从SKD、CKD散件组装入手，边建设、边出车。

1989年8月1日，在一汽生产的第一辆奥迪100轿车下线，当年共组装了1922辆。

奥迪的前身霍希公司至今已经有一百多年的历史，创始人霍希一生对技术与豪华执着追求。1930年，一辆霍希853轿车的售价为14900马克，相当于一座独立豪宅的价格。1932年6月，奥迪、霍希、漫游者、DKW四个品牌组建了汽车联盟，公司的标志就是今天人们熟悉的四个套在一起的圆环。"二战"结束后，汽车联盟在东德的工厂被苏军劫掠一空，汽车联盟的员工们陆续长途跋涉聚集到西德慕尼黑附近的小城英格施塔特的一个零部件中转库，白手起家，重新创业。

引进奥迪100技术，在90年代初，一汽开始生产小红旗

其后，汽车联盟先后被奔驰和大众收购。1968年，联盟的设计师开发出第一款新车型，并坚持装上四环车标，这个新车型就是奥迪100，奥迪品牌也从此踏上复兴之路。1984年，第三代奥迪100（C3）被评为"全球年度最佳轿车"，其风阻系数在全球最早达到0.3，采用轻量化车身，以及quattro全时四驱技术，奥迪燃起了复兴著名豪华车品牌的强烈愿望。

1987年，我有一次搭乘中汽联理事长陈祖涛的车，对那辆挂着四环车标的轿车充满好奇。陈祖涛自豪地说：奥迪100，和奔驰一样高级。今天想来，这车应该是早年在上海大众SKD组装的那批奥迪100中的一辆。

根据一汽与大众1988年签署的技术转让协议，一汽以许可证和CKD组装方式生产奥迪100，期限为六年；在此期间，奥迪派技术、管理人员协助一汽控制质量，提高国产化率，逐步降低进口零部件比例。

六年后的1995年，奥迪100完成了其在中国的"特殊使命"，国产化率已达到

应用奥迪 quattro 全时四驱技术的奥迪 A6 在芬兰开普拉市以 60 公里的时速冲上冰雪覆盖的 37.5 度滑雪跳台,这个纪录至今未被打破

82%，一汽随后将车标全部由奥迪换成了红旗。

应该说，生产奥迪100为一汽重振轿车事业开了一个好头。1988年到1997年，一汽生产奥迪100轿车10万辆、"小红旗"2.3万辆，国产化率分别达到82%和93%；十年间销售收入达到311亿元，实现利税66亿元，相当于6.25亿元人民币总投资的10倍。

然而，多年来只生产卡车的一汽，无论人才、管理、装备、流程、经验，应该说都还与高档轿车的生产能力相去甚远。特别是零部件国产化的质量控制，受制于当时国内机械加工和电器制造业的水平，非短时间内所能解决。

而在奥迪方面看来，这种许可证生产的最大缺点，就是奥迪根本无法参与管理，更谈不上控制。奥迪的高层看过一汽生产奥迪100的现场，直言不讳地称为"一塌糊涂"。眼睁睁看着一汽"贴牌生产"的奥迪100质量无法达标，故障率高，品牌声誉每况愈下，实在让奥迪欲罢不能。加上技术转让到期，奥迪也不愿意放弃中国这个日渐明朗的潜在市场。

大众董事长皮耶希、奥迪公司总裁戴莫尔与一汽厂长耿昭杰为此密集穿梭谈判，常常是耿昭杰和戴莫尔分头飞到法兰克福，下飞机就到一间旅馆会谈，谈完立刻乘飞机各奔东西。最后共同决定，还是把奥迪生产纳入合资企业一汽大众。

1995年11月13日，在德国总理科尔访华期间，一汽和大众公司及奥迪公司三方在北京共同草签奥迪加入一汽大众的协议。在一汽坚持不让股比的情况下，大众从40%的股份中让出10%给了奥迪。12月18日，一汽大众公司的股比改为：一汽60%，大众30%，奥迪10%。奥迪系列产品正式进入一汽大众生产。

话语权的坚持与妥协

产品选择，是奥迪进入一汽大众后要做的第一件事。

在德国，奥迪100于1994年已改名为奥迪A6，奥迪准备对奔驰E级、宝马5系发起全面冲击，技术大幅度升级的奥迪A6（C5）——第五代C级车——身负重任，正在紧锣密鼓地研发中。

由于C5要在1999年才能问世，而当时在德国生产的C4已经进入生命周期的后半段，不值得花费巨额投资引进，一汽大众股东方几经商讨，决定一步到位地与德国同步生产奥迪A6（C5），尽管将面临艰巨的挑战。

在随后的四年里，一汽大众对老奥迪100（C3）通过选用新V6发动机和部分改造，升级后叫作奥迪200继续生产。即使如此，奥迪200也成为当时国产高档公务用车的唯一提供者。

文化差异，往往是合资企业中双方隔阂与摩擦的诱因。正视差异，取长补短，一汽大众探索着健康发展的正道。

陆林奎是一汽大众第二任总经理，多年后，他回忆往事时说：由于当时我们还在"摸着石头过河"，预算往往是今天批准了，明天、后天都可能修改。但是，大众公司做一个项目，首先是要有投资预算。这个预算一经确定，就被公司视为法律来执行。德国人做任何事情都讲究"流程"，还有就是讲究"术有专攻"，在技术、生产、销售、服务等方面有职业化的人才去钻研。这些方面都规范了，企业成功的概率就高。否则，要么难以获得成功，或者是"拖泥带水"的成功。

多年来，"话语权"是在中国合资企业最敏感，并最容易被上升到泛政治化、泛民族化的问题。人们普遍认为，由于外方提供了企业赖以生存和发展的产品、技术、品牌等，使外方占尽了优势，也令中方"话语权"缺失。

陆林奎说，严格讲，对一个合资企业来说，"话语权"的问题应由董事会层面来解决，经营层的管理人员无论是中方还是外方都应该对董事会负责。但在现实中，中外双方的经营层人员往往都程度不同地将自己视为一方的代表，情不自禁地怀疑对方某个建议完全出于"自私"的目的。弥合还是激化这种矛盾，往往决定着一家合资企业的成败。

"方脑袋"的德国人其实也是最务实的。负责奥迪在华项目的施塔特对我说：在长春的一汽大众，有一万多中国人在那里工作，来自欧洲的管理人员大概只有五十多个人。如果你能理解这种不平衡，就会理解我们其实非常注重伙伴关系，不希望"大象踩死老鼠"。

施塔特说，因为要和中国人合作，奥迪公司董事施密特经常到中国来，对我们两个人来说，最有意义的是经常要去现场，我们试图学着接受中国人的思维并和中国人一起成长，因为我们制定战略不能像某些战略家在高楼大厦里凭空想象。

在一汽大众，重要事情都是一致同意了才做。相互尊重，充分沟通，相互妥

培养一位"奥迪特"质量评审师需要十年,投入的资金,时长复杂训练相当于培养一名飞行员

在新的奥迪车间上螺栓都用电控扳手,拧紧的数据上传并保存十五年

协,是一汽大众这种奇特的股权结构顺利运转的诀窍。大股东没有利用控股地位侵害小股东利益,小股东也没有利用产品、技术和品牌优势要挟大股东。合资企业内部治理和谐,良性发展,实现了所有股东和国家的双赢、多赢。

10%的股份,100%的投入

不能不钦佩在合资公司中只占10%股份的奥迪。1995年,奥迪在全球市场上刚刚开始恢复性增长,品牌形象还十分脆弱,追赶奔驰、宝马需要大量补课,稍有不慎便有可能前功尽弃。以当时一汽大众的技术水平,生产被寄予着复兴希望的奥迪A6(C5),风险之大可想而知。

与1988年开始由一汽以许可证和技术转让方式生产的奥迪100不同,合资生产A6就意味着奥迪公司将作为股东一方全面介入国产奥迪的生产管理、零部件采购、市场营销和售后服务等所有环节,并承担相应的风险。

1996年1月,合资双方签署了"联合开发"奥迪A6(C5)的协议,中方提出了同步开发加长版的要求。根据协议,在德国的奥迪总部,针对中国市场的加长版将与奥迪A6(C5)原型车的开发同步进行。

其后三年,中方派出6人,奥迪投入这一开发的人员多达三百多人。开发费由一汽大众支付,加长车型的知识产权属于一汽大众。

对A6(C5)的同步开发,说到底就是要满足中国客户后排成员对于宽畅空间的需要。施塔特开始负责奥迪在中国的项目时,就得知中国人希望得到"加长版"。德国的工程师一开始对中国人的信号不以为然,他们认为,A6已经是一款C级行政级轿车,欧美人士都没有感到空间不足,为什么中国人就不能接受?但是,他们还是认真地进行了调查研究,发现中国和德国区别很大。在行政级轿车中,德国有90%的人自己买车自己开,但是中国往往90%的汽车拥有者是坐在后座。在一系列调查研究基础上,尤其为尊重中方的坚持,奥迪董事会决定,为中国市场开发一款加长版的奥迪A6(C5)。

为此,奥迪从A6(C5)原型车设计初期就把加长的因素和相关的数据融入进去,充分考虑了加长后的性能、安全、美学、优雅等很多方面。从头到尾很多部件,甚至到后备箱盖都是专门为中国加长版车型设计的,从而构成一个完美的整体。"不像有些厂家，他们几乎就是从中间锯开，然后再加长，因为他们在一开始的阶段并没有想过这个问题。"施塔特说。

奥迪100当初在中国的退化，让奥迪深感教训的惨痛。在奥迪A6（C5）的生产准备当中，他们坚持在质量上说了算，决不放水。当时从北京飞往长春的飞机上，坐满了来自英格斯塔特的德国人。奥迪是在一汽大众一条生产支线上组装，人们走进车间，几乎怀疑是到了德国，从管理人员、工程师到工位上的技工，数以百计金发碧眼的奥迪专家在一对一地和中方员工一起工作，手把手地传授技术诀窍。

1999年9月6日，奥迪A6（C5）在长春的一汽大众正式下线。它比全球版的轴距加长了90毫米，而整车长度也增加了约100毫米，达到4886毫米。至2005年4月被新的C6取代，这款车在五年多时间内共销售了二十多万辆，获得了巨大的市场成功。当初为加长而多投入的资金得到了丰厚的回报。

奥迪A6（C5）开始的加长版，成了中国市场这一级别轿车的标杆。2006年10月，宝马专门为中国市场开发了5系L车型，加长140毫米之后，2007年销售增长61%；奔驰也决定对新一代E级车进行加长，以满足中国用户的"特殊需求"。当然，这些都是后话了。

奥迪A6投产后，成功得到中南海的首肯，尤其是提供了领导人防弹车等衍生类型，确保了奥迪作为高端行政级用车的地位，奥迪也由此戴上了"官车"的帽子。

3.雅阁，翻着跟头增长

1法郎收购，标致铩羽而归

与上海大众同年起步的广州标致，也曾有过短暂的"小康日子"。然而到了1996年，上海桑塔纳已经年销量超过10万辆；而广州标致每年连一万辆的产量都压在手里卖不掉。标致505说起来在欧洲还算成功，来中国后做过改型，但是偏偏"鬼打墙"，产品积压到厂区里停不下，又把租用的当地黄山飞机场都堆满了。

广标是一个中方绝对控股的合资企业，中方广汽占46%，中信20%；法方标致占22%，巴黎银行4%；国际金融公司8%。说实话，当时双方对在轿车基础极为薄弱的广州，如何把一款欧洲车型造好、卖好，提升国产化，都不甚了了。即使同舟共济，挑战也不小。偏偏同床异梦，总担心对方"搞动作、占便宜"，企业的运营自然每况愈下。

直到今天，对于广标的失败，中方很少从自身找原因。当时，中方持股66%，绝对控股，始终把维护中方利益放在第一位，很有话语权。董事会往往开成斗争会，还把能够与法方沟通的管理人员斥为软弱、放弃原则，致使经营团队难有作为。

法国标致的高层缺乏大众决策者那样的战略家眼光，对中国市场没有什么信心。标致在广标所占22%的股份并非现金投入，而是以技术转让和部分设备投入折算，企业是赚是赔与它的利益关系不大。所以标致目光短浅地对中方增资扩产的建议一拖再拖，一门心思靠出售散件挣钱。

中方的控股地位，承担了筹措企业运转资金与背负债务的重担。广标十年九亏，靠广州市政府对银行的行政指令性贷款维持，以致当地银行行长说，一听市长请喝早茶，心就慌了。到1997年，广标累计亏损29.6亿元，债台高筑，广标甚至破产不起。贷款担保都是政府背景的"窗口公司"，一旦破产，甚至广州市政府的信誉都要搭进去。

1996年4月27日，广州市市委书记专门主持市委常委会讨论广标的前途，痛定思痛，作出"更换合作伙伴，让标致退出广州"的决议。

标致得知广州已经与其他汽车公司谈判接手，又对广标破产会对广州造成的压力了如指掌，因此即使广州市承诺替广标偿还进口散件的5亿元欠款，并承担一笔不小的股权转让费，标致依然软磨硬泡地赖着不退出。

最后，国家主管部门明确表态：广标亏了那么多钱，贷款全是中方担保。企业办不好，又要由我们花大钱收购，这样不行，标致的股权转让最多只能给1法郎。1997年10月31日，标致的代表在广州签约退出广标，同时退出的还有中信、国际金融公司、法国巴黎银行，每家代表拿到一枚1法郎的硬币。

2亿美元，本田拿到"进门卡"

为拿到一张"三大三小"的门票，尽管颇费掂量，本田技研社长宗国旨英还是答应了看上去有些苛刻的条件，投下2亿美元，接下广州标致的烂摊子，从而开始了后来被称为"广本奇迹"的精彩故事。

在当时严格的准入体制下，接替法国标致，与广汽合资，是进入中国轿车业的一条捷径，等在广汽门前的并非本田一家。此前，宝马、奔驰、菲亚特、福特和马自达等外国车企都表现出接替标致与广州合作的强烈意愿，但是一上来就要接手广标将近30亿元的债务包袱，实在令人望而却步。真正谈得比较深的，是通用欧宝和韩国现代两家。

到了"二选一"的最后关键时刻，本田半路杀了出来。1997年1月，本田提出"希望加入到这个项目中去"。

把本田带到广州的是由二汽改组的东风汽车集团，当时国家希望东风出面重组一筹莫展的广汽，而东风正在与本田探讨利用被废弃的惠州熊猫轿车项目的工厂进行零部件合作。广汽同意"货比三家"。

本田不负众望，在最短的时间里拿出一整套合作方案。国家管理层也在反复掂量：通用刚拿到上海一个大项目，还在建设中，前途未卜；现代在全球汽车业刚刚崛起，实力与欧美还有一段距离；本田参与后，经过二十多个项目的逐一比对，现代和欧宝先后出局。

广州与北京的主管部门不谋而合地选中了本田。1997年11月13日，广汽集团、东风集团和本田技研在东京签署了合作开展《广州汽车项目的基础协议》。今天的广州东风本田发动机公司、广汽本田汽车公司，就是这个协议的产物。

2004年我曾经在东京本田总部，采访过本田社长（董事长）宗国旨英，当年任会长（总经理）的他是拿下广本项目的主谈。宗国回忆说，至今还清楚记得每一位谈判对手的脸，当然，最让他难以忘怀的是广州主管汽车的副市长张广宁。

广标重组的最大难点有三个：29.6亿元的债务、11.1亿元的固定资产、5000辆库存车。精明无比的张广宁坚持将本田的入门费从4.5亿元提升到8.3亿元；把11.1亿元的固定资产溢价16.1亿元卖给新合资企业（本田按50%的股比承担一半，8亿元）；等于本田一共花了2亿美元（16亿元人民币）买了一张进入广州的门票。加上两个合资伙伴各自无偿承担了5亿元债务，5000辆库存车以"跳水价"一次性处理套现5亿元。当年被债务包袱压得喘不过气的广州汽车一下子"解套"，变得从未有过的一身轻松。

宗国旨英签署协议在本田、在日本承受了巨大压力。我想，这也是大众的哈恩博士和通用的史密斯董事长所承受过的压力。正是这种看上去委曲求全的让步，让本田战胜了对手，在日系企业中第一个进入中国市场，他为本田赢得的是超值的回报。

市场导向下的滚动发展

1998年7月1日，广州黄埔，在广州标致留下的旧厂房里，广州本田汽车有限公司成立。首任总经理门胁轰二，当时已近耳顺之年，却仍有一股"老骥伏枥"的韧劲。

门胁在办公室里张挂出新工厂353项改造项目的进度表，冲压、焊装、涂装、总装四大车间和公用设施，有的全面改造，有的推倒重建。为了高质量地生产本田雅阁轿车，还要引进安装许多新装备。九个月时间，新增投资5亿元，大大小小353项改造如期竣工，年产3万辆雅阁的生产线宣告建成。

总经理门胁来到广标留下的脏乱厂区，第一件事是带领员工搬走垃圾山，把广本建设成花园工厂

广汽雅阁，第六代雅阁轿车

1999年3月26日，第一辆2.3升雅阁驶下广本的生产线，前来参加新车下线仪式的本田技研社长吉野浩行感慨地说，广州本田改旧为新，生产高档轿车，是完成了一个大挑战。这样的成绩，本田在亚洲还是第一次。

在世界汽车6+3的格局中，本田是一个"独行侠"，没有"大哥大"的财势和气派；它的合作伙伴——广州汽车集团公司，是一个在合资中呛过水，不能再输一次的务实者。

广本从成立，就与主管部门立下"军令状"，十八个月完成国产化40%。这是当时中国轿车业的最高速度，对于广本首任执行副总经理陆志锋来说，除了时间紧，还要有一个高水平。与广本同步建设的东风本田发动机公司，为广本国产化的第一次达标起到关键作用。一批日系零部件厂看好中国车市走强的大势，也纷纷跟随整车厂进入广东。

在第一辆雅阁下线八个月后，机械部和海关总署审查核定，广本雅阁的国产化率达到45%，广本的产品质量评分也迅速达到本田全球17个海外工厂中的第一名。

雅阁轿车一上市就十分抢手。当年生产的1万辆远远供不应求。年底，曾庆洪接替陆志锋，担任中方执行副总经理。他和门胁共同创造并见证了广本"以市场为导向，少投入，多产出，滚动发展"的辉煌。从1999年出车，到2004年门胁退休，广本年产从1万、3万、5万、10万到20万，几乎是年年翻着跟头增长。

按照中国汽车业的一般规律，一个企业在突破10万辆规模时，最少要投资60亿元，一些大厂家甚至超过100亿元，而广本在2003年实现12万辆产能时，仅新增投资20亿元；2004年产能达到24万辆，投资也仅为50多亿元，为常规的三分之一。这些钱，全部来自广本的赢利，双方股东没有再投一分钱。

回忆广本的成功，曾庆洪的概括是：沟通和信赖是广本快速发展的基础。他介绍，通过中日双方的沟通，对市场需求、国产化、成本、服务进行认识和取得一致的判断。在广本不搞由总经理"一支笔"签字说了算，大小决定都实行中日主管的"双签制度"，从投资、采购、人事到经营费用都要双方确认联署，才能执行。

4. "新世纪"，跨越太平洋

上汽人的智慧

年产达到10万辆以后，上海的轿车业如何发展？早在1994年7月，国家同意上海再搞一个中高档轿车项目，但要自行解决资金、国产化率、开发等五个问题。

1995年上汽开始与通用、福特进行"一对二"的择优谈判。

当时已经担任上汽集团副总裁的胡茂元说，择优是个好办法，这等于是学生选老师，谈判比较主动。我们开出条件，要有一款中高档轿车，可以改型为MPV。还要有后续开发。1995年下半年，两个老师都把产品拿出来了：通用是别克"新世纪"，福特拿出的是当时在美国最畅销的金牛座（Taurus）。通用的要价比较低，除了工厂，按照中方坚持的条件，同意再建一个合资的研发基地。经过比对，上汽作出了选择通用的决定。

1995年10月31日，在底特律的通用总部大楼，上汽与通用草签了技术转让与合资意向书。通用别克"新世纪"等三个车型技术转让费4800万美元。工厂，包括泛亚研发中心的总投资15.2亿美元。随后，上汽组织了一个谈判团队，取名为"浦东轿车项目组"，由胡茂元担任组长；通用派出了有国际工作背景的墨菲；双方继续开展谈判。

胡茂元回忆说，和墨菲的第一次见面是在1996年的底特律车展。通用副总裁施雷斯介绍我们认识，在俱乐部吃自助餐，墨菲一直招呼我，帮我端菜，很友好、很真诚的那种感觉。有一次我带三位领导——曾培炎、吕福源、蒋以任访美，是专机，接机的墨菲亲自动手搬箱子。后来十多年，我们的关系一直很融洽。

谈判中难度最大的是"产品责任条款"，胡茂元说。

按照中国的规定，在技术转让协议中必须包括"产品责任条款"。在世界上，美国的"产品责任"最为严厉，包括两种赔偿，即产品责任的直接损失，需要直接赔偿；如明知产品有缺陷还要生产，这个损失要追溯母公司责任，还要有惩罚性赔偿。通用的谈判代表说：为这个15亿美元的项目，我们不能把美国通用那么庞大的资产全部压上，而承担无限风险。

为了打破这个僵局，胡茂元走访了经贸委的条法司。他们说：世界难题啊，谈不下去，你们只能放弃此条款了。而经贸委技术司的反馈是：这个条款一定要坚持，这是对中方利益的保护。

为此，胡茂元夜不能寐，心想不管怎样，这个条款是保护上汽作为技术购买方的利益，我们一定要争取。他冷静地分析了通用的顾虑：今后发生问题的责任如果在通用，它不是不愿赔，而是怕把整个公司都赔上。

胡茂元站在对方的立场上想问题，思路豁然开朗。随后提出一个变通的方案，将赔偿限定在4800万美元以内。既然用4800万美元购买了技术，将来就在4800万美元里面赔。通用消除了顾虑，双方很快就达成一致。经贸委有关人士称赞胡茂元：你创造性地解决了这个世界难题。

通用志在必得

杰克·史密斯，1994年起担任美国通用汽车公司总裁兼首席执行官，他中等个，身材微胖，待人随和，善于倾听，颇像一个与世无争的好好先生。

在他上台时，通用公司的年亏损额高达150亿美元，濒临崩溃的边缘。而自他接手之后，经过大刀阔斧的缩减成本与构架改革，在世纪之交重振了当年汽车世界的霸主雄风。

中国经济出现持续的高增长，世界上最后一个潜在的汽车大市场的远景逐渐清晰。90年代中期，当中国将在上海再建立一个中高档轿车合资企业的消息传出之后，史密斯果断地作出决定，上海项目通用志在必得。

通用使出了浑身解数。在美国公关界极负盛名的杨雪兰女士此时加入通用，担任副总裁。杨雪兰是民国外交名人顾维钧的养女，气度高雅娴静，她亲自组织了一场超越汽车的全方位公关迂回战。事后，她曾在上海老锦江公寓挂满当代顶尖中国油画的住所对我回忆：90年代初，美国向台湾地区出售F-16战机和邀请李登辉访美，让中美关系降到低谷，使得一个美国最大企业进入中国变得不合时宜。她知难而进，动员起通用集团员工中所有的华裔，通过各种渠道，对政府、科技、文化、大学等各个领域的故友亲朋进行交流游说；美国华裔精英组成的"百人团"也发挥

上海通用签约后，1997年1月，低调平实而富有远见的通用董事长史密斯在底特律的办公室会见中国记者

了积极的作用；此外，还通过通用遍布全美的经销商网，对当地的国会议员施加影响，全方位地推动中美政府间和汽车业消除误解，改善合作环境。

功夫不负有心人，通用终于击败了众多有实力的竞争者，一举夺魁。

1997年1月，就在上汽和通用草签合资协议不久，我第一次采访北美国际车展。离开底特律的当天，我们被告知，史密斯将要在他的办公室会见中国记者。

陪同我们的通用中国公关总监郝翠霞女士非常兴奋："我在通用公司工作了25年，还没有进过董事长的办公室。"显然，这一非同寻常的礼遇，表明了中国在通用心目中非同寻常的地位。

当时的通用总部还在一座始建于1927年的花岗岩建筑里，大门前巍峨的圆柱和大堂穹顶上精美的绘画，使这座大厦更显示出一种历史的厚重感。第15层更是大厦的精华所在，这里是通用最高领导层的办公区，必须乘坐专用的电梯方能到达。

走廊的尽头，是史密斯的办公室。从敞开的门，可以看到史密斯正在伏案工作。据说，他的日程是以五分钟为单位来安排的。几分钟后，史密斯站起身，走到门口和我们握手寒暄。

会见十分轻松，史密斯穿一件白衬衣，打一条深色领带，双手抱在胸前，靠着办公桌，询问我们几天来的观感。

史密斯领导通用，已经获得惊人的成绩，人们甚至把他和艾尔弗雷德·斯隆相提并论。但是史密斯本人没有沾沾自喜，他说自己的任务刚刚完成了一半。

会见比预定的安排足足超过了十分钟，史密斯送给每位中国记者一支带有通用徽记的圆珠笔，并且与大家合影留念。"新的一年，一切将会更加美好。"他用手指画了个圈，这个祝愿似乎把通用和我们都包括在内。

史密斯宣布，在北京成立通用中国公司——这是世界各大汽车公司中第一家在中国本土设立子公司的开创性举措。同时，史密斯任命了一位副手，通用公司的副总裁施雷斯坐镇中国业务，担任中国公司总裁。

施雷斯在中国上任后不久，就宣布了通用公司在中国的五条原则：一、与中国汽车业合作的长期承诺；二、提供先进技术进行交流；三、培养中国本地管理与科技人员达到国际化水平；四、全方位参与中国汽车生产，包括整车和零部件；五、帮助中国建设具有国际竞争力的汽车工业。这些承诺无疑获得中方的好评，我不止

117 | 第四章 贵在双赢

1998年12月17日，编号为"SGM-0001"的别克新世纪驶下流水线，宣告了第一辆国产中高档轿车问世，树立了中国汽车新的制造标准

1998年12月17日，上海通用的中外员工和亲手制造的第一辆别克新世纪合影

一次听到中国高级官员引用这些原则。

一切以合资企业利益为重

1997年3月25日，上汽董事长陆吉安和通用汽车董事长史密斯在北京正式签署了上海通用合资协议。

胡茂元、墨菲和陈虹分别任合资公司正、副总经理。同年6月25日，上海通用汽车公司在浦东金桥举行了奠基典礼。

1998年12月17日，上海通用总装车间，通用董事长史密斯、上汽董事长陈祥麟驾驶第一辆别克新世纪正式下线。当新车冲破一幅纸幕出现在眼前，人们个个热泪纵横。短短二十一个月，建成一个现代化轿车厂，实属不易！

时间那么紧迫，当时只能立体施工。外面下大雨，把雨篷撑起来，下面脚踩泥水继续干，就是我们过去讲的大庆精神啊。

上海通用建立初期，员工来自不同国家，不同文化背景，矛盾很多。

1997年下半年，胡茂元到美国底特律开董事会。倒时差睡不着觉，他静下心来，对上海通用企业文化建设做了一个通盘考虑。在董事会上，他作完总经理报告，又按早晨理顺的思路，提出建设上海通用企业文化的"一二三四"。

一、"一个声音"，目标统一，步调一致。

二、合作双赢，不能是单方面赢。

三、"约法三章"。龙头出问题，龙尾就不知道拐到哪里去了。和墨菲两个人不能闹矛盾；不得在下属面前公开对立，不上交矛盾；关起门来吵架，吵过之后沉默两分钟，之后不能赌气不讲话。

四、4S合作理念。合资双方相互学习；以合资企业利益为重；规范行为；灵活务实（英语都是S打头）。

"以合资企业利益为重"是一把尺子，碰到任何问题，不是说对哪一方有益，而是以合资企业为重，做到公正合理。放眼长远，有利于合资企业可持续发展，能做到这一条很关键。

多年后，胡茂元和我谈起当年自己的思想斗争：多少年我们都是说以党的利益为重，国家利益为重，人民利益为重。公开说"以合资企业利益为重"，放在反右的时候肯定是右派，对不对？当时我想通了，合资企业的利益都是可以按投资比例分配的，只要合资企业有利了，那么大家的利益都有了。

  胡茂元说，合作共赢的企业文化大家都很珍惜。墨菲和中国工人关系很好，我们交谈时，他经常跟我讲工人有怎样的要求，我开玩笑说，你倒是像个工会主席了。他有美国企业那种以人为本的理念。为什么上海通用后来提出价值管理，满足用户需求？就是因为在国际交往当中把人家好的东西都吸取了。

  通用汽车作为当时全球最大的跨国公司，在进入合资的一开始，就展示了十分开放的态度。他们集成了通用全球销售专家的经验，专门组成一个顾问团队来中国，毫无保留地传授给中方伙伴。有了他们那样一个启蒙，引进了市场竞争机制，其后影响了整个中国汽车工业。

  1999年，应通用全球副总裁杨雪兰女士的邀请，我为通用的三部电视片《世界的通用》《科技之光》《通用别克在上海的诞生》担任了撰稿。有一点给我留下深刻印象：我的文字稿确定后，美国制片方一字不改地去配合画面和音乐。三部电视片由通用在中央电视台和重要地方台买下广告时段播出。两个月后通用汽车在中国公众中的知名度，在第三方调查中大幅提升。而由我策划的MTV《轮子上的中国》则是一首交响乐队伴奏下的大合唱，在新中国五十周年大庆期间中央电视台的"每周一歌"中接连播出。这首歌气势磅礴，超越品牌与产品，歌唱了中国汽车时代的到来。

史密斯的世纪眼光

  2000年，世纪之交。6月，我作为唯一中国媒体代表，飞到意大利的布莱西亚，参加通用汽车"21世纪，通用和世界汽车工业的未来"研讨会。与会的是通用全体高管层，以及来自全球50位最有影响力的汽车媒体人和金融分析家。

  布莱西亚环抱意大利最大的淡水湖。阳光明媚却不灼热，水天一片湛蓝，清风阵阵，红瓦黄墙的古堡掩映在苍翠欲滴的绿树丛中。也许世界汽车业的全球化进程过于火爆，选择这样一片安谧的净土，倒能让人心平气和地回顾以往，畅想未来。

  会场的坐席呈椭圆状排成外高内低的三层，有点像古罗马元老院开会的布置。没有既定的座次安排，更没有领导席。每个座位的桌上有一个桌签，空白的，与会

在上海通用车身车间里,底盘和车身被焊在一起,业内把这一工序称作"结婚"

上海通用冲压车间，先进的冲压成型技术直接关系到轿车的成本和产品品质

上海通用动力总成加工线，自动化设备广泛运用，几乎看不见工人在操作

者随意选定座位，然后在桌签上填写自己的名字。

人们坐定，担任主持人的是时任通用CEO的瓦格纳，他请求从门边的先生开始自报家门。我注意到通用董事长史密斯毫不张扬地坐在后排的一根柱子旁边，挨着一位美国记者。

瓦格纳拿着话筒，在会场中央一边踱步，一边作主旨演讲。他说，我们迎来了20世纪20年代以降最大的一次兼并浪潮，一次重大的关键性转变。如果说，20世纪20年代的兼并是在工业化国家内部，在一个国家里几百个汽车厂合并为几个大公司；而这次重组却是全球性的。今天各大汽车生产商寻求的深层目标是：适应新的市场细分以取得增长、提高规模效益，以及依靠前瞻性的行动掌握自身的命运。

随后进入自由发言，出乎我意料的是，接连几位来自华尔街的金融分析家纷纷对通用不久前投资中国项目提出强烈质疑：中国当时中高档轿车的需求只有几千辆——作出这样的决策，似乎通用的决策层把股东的钱投到泥潭里。史密斯以及他的搭档承受着巨大压力和嘲讽。

"看来我不能从这个话题滑过去了。"史密斯从他后排的座位上站起来，平静地说，"中国有十三亿人，并非所有人都买得起汽车，但是我们看到，中国已经有一部分人达到相当高的消费水平。中国沿海地区人口约4亿，该地区的购买力与大多数中欧国家相仿。波兰人口4000万，去年轿车市场销售总量为50万辆。而人口、面积、国力遥遥领先的中国，轿车销量仅为65万辆。这难道不能引起我们的思考吗？对于一个有管制的市场，最先进入的企业是一种低成本的进入，会获得可观的回报。但是，我们有个原则，一定把最强的技术和管理带到中国去，要在中国把事情做得最好。"

史密斯告诉那些持怀疑态度的金融分析家和媒体："中国市场化的进程很快，去一次上海，就有想象不到的变化。那里24小时都在修路，建设新的设施。通用作为第一个全面进入中国的美国汽车企业这一点很重要，我们的许多标准正在成为那里的新标准。"

当时，有谁能够想到，上海通用项目，对日后的通用汽车的命运沉浮将意味着什么？

2004年夏天，行将结束在通用长达41年的职业生涯，即将退休的史密斯来到上海，我对这位可敬的老人作了最后一次专访。在史密斯与通用上海员工的告别酒会上，通用中国公司董事长墨菲高举酒杯说："在座的很多人都为通用汽车在中国的发展做出了贡献。然而，只有一个人可以当之无愧地被称为我们在中国业务的奠基人——那就是史密斯。"

人物印象

门胁轰二：在人家的花园里工作

戒酒立誓

门胁先生喝酒了。

门胁轰二，62岁，即将退休离开广州本田汽车公司总经理的位子，中方员工私下亲切地称他"老门头儿"。2004年4月，我从日内瓦车展回来，直接飞到广州给"老门头儿"送行，那天晚上，我们一起喝下一小坛陈年花雕。

一年前，全球同步上市的本田新雅阁轿车在广本下线，从1万辆起步的广本，也一步跃上5.9万辆的规模；人们以为门胁会因功成名就而畅饮。然而，在新车下线的宴会上他拒绝喝酒。他当众宣布说，请原谅我保留一个个人的心愿，广本正在进行年产24万辆轿车生产能力的改造，在能力形成之前，我决不喝酒。

采访汽车工业多年，我深知年产24万辆对于一个生产中高档轿车的中国工厂来说，是一件多么不可思议的事情。后来门胁告诉我，日本人有一个习惯，当决心做一件大事的时候，就牺牲一个平生的爱好，时时提醒自己，全力以赴去实现那个目标。

门胁成功地实现了他的事业上最后的一搏。2004年春节过后，广本实现了新建24万辆生产线的成功切换，成为中国单一生产线产量最大的轿车企业。在门胁戒酒的一年里，广本还创造了中国车市的三个奇迹：产量当年翻番达到12万辆；生产的各种车型全部供不应求；经济效益同行业第一。

圆了中国梦

门胁年轻时在大学里学的是中文。毕业后进入本田一口气工作了三十九年。早先一直在美国、比利时、加拿大的工厂和日本本田本部工作，成为市场开拓方面的专家。他本来以为一生恐怕要与中国没有缘分了，没承想，过了"知天命"之年，被委任为本田公司的中国总代表。在北京幸福大厦的办公室，采访中我们曾几次见面。

门胁平时很低调、很淡泊，话不多，却能静静地听别人讲话，圆圆的眼镜片后面一双眼睛定定地望着你。他在本田与广汽谈判的后期介入，1998年7月，广州本田成立，门胁担任首任总经理。用他的话说，终于有了实现中国梦的幸运。

上任时，门胁和一位比他年长的部下同车，站在工厂门前，面对广标留下的破败厂区，他有几分悲壮地对同伴说，看来这里就是你我一生中最后的一个任所了，一定要全力做好。

门胁熟知中国的成语，"身体力行"是他的行动准则。工厂改造，是从他带领全厂工人清扫厂区卫生开始的。门胁在全体员工大会上宣布："进口和出口（指食堂和厕所）我来负责，中间环节就拜托大家了。"两周后工厂焕然一新：办公大楼的三层上，可供1000人同时就餐的职工食堂开始营业；所有厕所全部疏浚；厂区积年的垃圾山被清运一空。今天的广本，完全是一座花园式的世界一流轿车厂。

2003年1月，广本推出换代的新雅阁，水平配置上去了，价格反而降低了四五万元。我曾写文章称赞广本推倒了车价"多米诺"，引发了中国车市的一波降价浪潮。门胁退休前，广本又生产了一款灵秀的小型车飞度。门胁说，老实讲，我们推出飞度，目标是想让刚刚进入有车族的年轻人也能用上一款世界水平的好车。

为此，我们先确定了飞度10万元的目标价格，然后按一种倒推的办法安排一切。照说零部件采购、生产成本加上不低的进口税，这个价格是很难做到的。但是人们一旦有了一个目标，团结一心去努力，就会发挥出无限力量。尽管压力很大，我们还是实现了飞度的价格承诺，而且万幸没有亏损。

精髓在于沟通

问起门胁，这一切是预先规划好的吗？门胁摇头，不，是我们赶上中国汽车市场高速发展的好时机，快速作出反应罢了。门胁自嘲地说：两年前我带着广本年产24万辆的改造计划书回到日本的时候，总部的许多同事觉得不可思议，吃惊地说，门胁是在痴人说梦吧？按照常识来看，他们说得不错。

门胁笑了，笑得很舒畅，为他圆满地实现了他的中国梦。他告诉我，就任总经理的时候，他也没有想到广本能有今天，他看到了比梦想还美好的现实。我曾请教门胁先生，以你丰富的海外工作经历，你以为，跨国合作取得成功的秘诀是什么？

门胁沉思了片刻说，合作的精髓在于有效沟通。作为一个身在海外的日本人，我时时留意一件事——我是在人家的花园里工作，要尊重人家的文化习惯，让花园变得更美丽、更丰富。

尽管全球化让世界日益变得"平坦"，在跨国合作和交流中，了解、适应、尊敬彼此的文化往往是成功的前提，虽然这只是一个软条件。

后来，有一次我在中央电视台做节目，面对一位把自主品牌轿车成功卖到欧洲去的老总，主持人让我谈谈对中国汽车走出国门有什么忠告，我就把门胁的话转告给他。我说，请记住这位日本人的话，中国汽车企业也要开始培养"在人家的花园里工作"的心态了。

第五章 "新世纪轿车"叩门声

外国人恐怕不会理解，20世纪后半叶整整五十年里，在中国，哪个企业可以生产轿车是由主管部门，乃至最高决策层说了算。不要说民营企业，就是一般地方国营企业，要想获得轿车生产的资格，都近乎痴人说梦。

世纪之交，还真的跳出来几个一心钟情造轿车的企业，被人们视为"汽车疯子"和不断扑腾的"鲇鱼"，搅活中国汽车业一潭死水。当时没有人能够预见，多年后"新生代"们会成为中国轿车业的脊梁，成为"自主品牌"的先行者。

长达半个世纪的高关税壁垒，使政府有十足的理由担心汽车国企的羸弱。十几年的"入世"谈判难点和成果之一，就是给中国汽车工业争取到一个长达六年的"缓冲期"。

然而，保护的范围是有限的。按照当时国家经贸委出台的汽车发展战略规划，重点保护对象是一汽、东风、上汽三大国企。利用六年缓冲期，政府首先是要保住三大国企，而当时初露锋芒的非行业内企业，尤其是民营企业，则被严格的"准入制"挡在门外。用当时的话说，不能前门拒虎，后门进狼。对于竞争的恐惧，竟到了如此地步。

在某些人士的冷漠和毫不妥协中，呱呱坠地的"新生代"们，千辛万苦地把车造出来，却由于迟迟拿不到产品合法问世的"公告"审批，危在旦夕。

我，不能坐视不管。

1. "新生代"命悬一线

WTO：淡定与惶恐

1999年11月15日，中国中央经济工作会在中南海怀仁堂召开。按照惯例，只有新华社等两三家媒体参加。担任新华社经济新闻采访室主任的我负责撰写会议的新闻通稿。

当时，中美政府代表正在进行关于中国入世的双边谈判。会议的当天上午，面带倦容的总理朱镕基从谈判现场赶来参加开幕式。他简单通报说，谈判已经进行到白热化的最后阶段，磋商正在夜以继日地紧张进行。

总书记江泽民开始做主旨报告时，朱镕基又匆匆离席。

江泽民在报告里分析了中国经济在即将到来的新世纪所面临的形势，其中谈到全球化的三个特点：一、科学技术的迅猛发展，是经济全球化得以发展的动力；二、跨国公司在全球进行投资、经营、贸易、生产，成为经济全球化的载体；三、产业调整不再是在一个国家内部，而是在全球范围内进行，表现的形式是全球范围的产业大转移。

全球化在中国日后说了十多年，内涵是什么？许多人不甚了了。这恐怕是我亲耳听到的中国决策层在权威的会议上所作的最权威的表述。

直到下午4点，朱镕基再次出现在怀仁堂会场的主席台上。这一次他朗声宣布：中美之间关于中国入世的双边谈判刚才终于达成了协议，最后的门槛已经跨越！中国入世大局已定。他在随后的讲话中透露了由石广生和巴舍夫斯基分别为团长的中美代表团连日来的一些谈判内幕和谋略，让到会的中国经济界高层人士们时而屏住呼吸，时而开怀大笑。

当晚，在怀仁堂举行了例行的与会代表和工作人员非正式联欢。让人们意想不到的是，江泽民、朱镕基等常委亲自出席，朱镕基还前所未有地亲自登台，自拉自唱了一段京剧老生，神态惬意而松弛。

当时中国经济改革进入推进中的胶着状态，旧的体制、格局、利益盘根错节，难以突破。积极推进中国加入WTO，说白了是"为了打鬼，借助钟馗"；用全球化、市场化的游戏规则，去打破几十年来旧体制留下的观念桎梏，引入竞争机制、市场规则，使中国经济在全球化的双赢中获得一片新天地。

用参加世贸谈判的中国首席代表龙永图的话说：许多事情积重难返，仅仅凭自身的力量去解决往往不行。一个健康有效的外力，则可能推动我们完成那些想做却迟迟做不成的事。

狼，终于来了。并非所有人都能解读战略家们目标达成后的淡定。

当时，国企改革已经搞了十二年，各种办法都用过了，然而，国企的亏损面越来越大。我记得当时每年参加全国国企改革工作会，各地体改委的代表都是老面孔，相见多有几分无奈，调侃说，抗战不过八年，国企走出困境却始终遥遥无期。

多年来闭关锁国的思维定式让人们普遍认为，随着市场的日渐开放和跨国资本的蜂拥而至，早已摇摇欲坠的国有经济体制将不堪一击，一些长期靠国家保护而毫无竞争力的产业将被逐出市场。中国汽车业就是一个对此前景颇感惶恐的产业，高达180%～220%的关税保护，产品相当于国际市场三四倍的价格，面对严酷市场却不知竞争为何物。

2000年中国汽车业年产值3000亿元，带动相关产业年产值2000亿元，涉及1000万人的就业。政府部门考虑的是，作为国民经济的"支柱产业"，绝不能轻言放弃。入世谈判旷日持久，其中的一个难点，就是对中国汽车业的保护。当时主流思想的担心是，一旦打开国门，把世界汽车产品放进来，长期享有高关税壁垒保护下的中国汽车业就会全军覆没。这种担心根深蒂固，以至于如何把中国汽车描述为"幼稚产业"，以获得六年的关税壁垒逐步降低的"保护期"，让中国代表们费尽了心力。

按照最后协议，中国加入WTO，将逐步降低进口汽车的关税，直至2006年7月1日轿车进口关税税率降至25%，零部件进口关税税率降至10%。

帮助"鲇鱼"求生

入世在即，我和几家行业外的"新生代"们开始密切沟通，出谋划策。他们为中国百姓造轿车的那份执着让我感动。应该说，他们是中国企业家中最优秀、最精

十年前的国际车展上从来没有中国自主品牌轿车的身影

明的一群;他们好似"鲇鱼",以全新的市场机制,搅活中国汽车工业一潭死水。又是九死一生地以血肉之躯,碰撞花岗岩般死硬体制的幸存者。以詹夏来和尹同耀、仰融、李书福的高智商和丰富阅历,明知不可为而为之,他们个个是不折不扣的"汽车疯子",是他们撑起了日后"自主品牌"的脊梁。

90年代末,机械工业部撤销,汽车业的行业管理功能主要通过两个部门来实现。一是国家计委的项目审批,确定一个汽车企业能否合法存在;二是国家经贸委对汽车产品目录的管理。决定汽车企业的产品车型是否可以上市销售。前者好比颁发一个家庭的"户籍";后者如同允许该家庭生育婴儿的"准生证"。

我在当年把汽车业的管理称为"计划经济的活化石",市场与竞争被排除在外。1997年国务院24号令就明确指出,今后全国上下,无论何种资本结构,都不得再批准汽车项目。

当时中国在册的汽车厂几十年积淀了多达120家,比全球汽车厂的总和还要多。其中80%的企业年产量不到1万辆,还有十多家企业的年产量是零到10辆。这样的企业却死不了,靠倒卖产品"目录",依旧过着清朝末年"八旗子弟"般滋润的日子,今天听来真是匪夷所思。

而在体制之外,民营的吉利、奇瑞、华晨、悦达等当时已经通过买壳、换股等灰色渠道，成为拿到"户籍"的汽车企业，并且用非轿车的6字头改装车、客车名目进入了生产轿车领域。而要名正言顺地通过产品审批，拿到7字头的轿车的"准生证"——生产公告则难于登天。

到了2001年，中国"入世"在即，国家经贸委出台《汽车战略发展规划》，提出，要重点扶植三大汽车集团，要在资金投入、项目审批、兼并重组上给予支持。

当时中国汽车的管理部门，身兼管好行业和搞活国企的双重责任，"忠孝两全"的办法似乎只是回头走老路。明明加入WTO在即，却要在典型竞争行业搞排斥民营汽车企业，力保国企"三大"。2001年5月22日，国家对于汽车产品从目录改为公告管理，国家经贸委发布了重新认定的第一批《车辆生产企业和产品公告》。而那些"准轿车"企业，尽管产品物美价廉；尽管环保安全双双达标；尽管受到渴望享受轿车文明的平民百姓的欢迎；但是他们的产品却依然榜上无名。新产品无法投产销售，濒临绝境。

汽车工业界元老陈祖涛评论说：中国汽车产业历经五十年而长不大，症结就在"只准我干，不准你干"的行业垄断，新兴企业难以进入。

当时，我对主管部门的这种冷漠感到愤慨。我在专栏"门外车谭"的一篇文章《"准轿车"们何罪之有》中写道：

> 有人公开表态，牺牲是不可避免的，"回头去补竞争的课，时间搭不起，国有资产损失不起"。我以为，"准轿车"们用自己合法挣来的钱，千难万难地去圆中国百姓做了半个世纪的轿车梦，何罪之有？凭什么叫他们牺牲？"准轿车"们曾很不服气地说："美国公司可以在中国干汽车，我一个中国企业为什么却不行？用国家的钱干汽车，赔了可以'债转股'接着干，用自己的钱干汽车为什么却不行？"
>
> 国家作为出资人，引导大型国企从脱困起步，进而打造"国家队"，顺理成章。但是主管部门应该有这样的眼界和心胸：允许"行业外"的汽车企业参与竞争。起码为"国家队"留下一批"陪练"。如果连跟"陪练"都不敢过招，置之死地而后快，"保护期"一过，能在全球化竞争中

生存，岂非一厢情愿？

这篇文章，我专门送给我的老朋友，当时国家计委主任曾培炎一阅。他是中国轿车发展，尤其是轿车进入家庭的坚定推动者。他把我的文章批转给计委有关部门，表达了对"准轿车"们的支持。

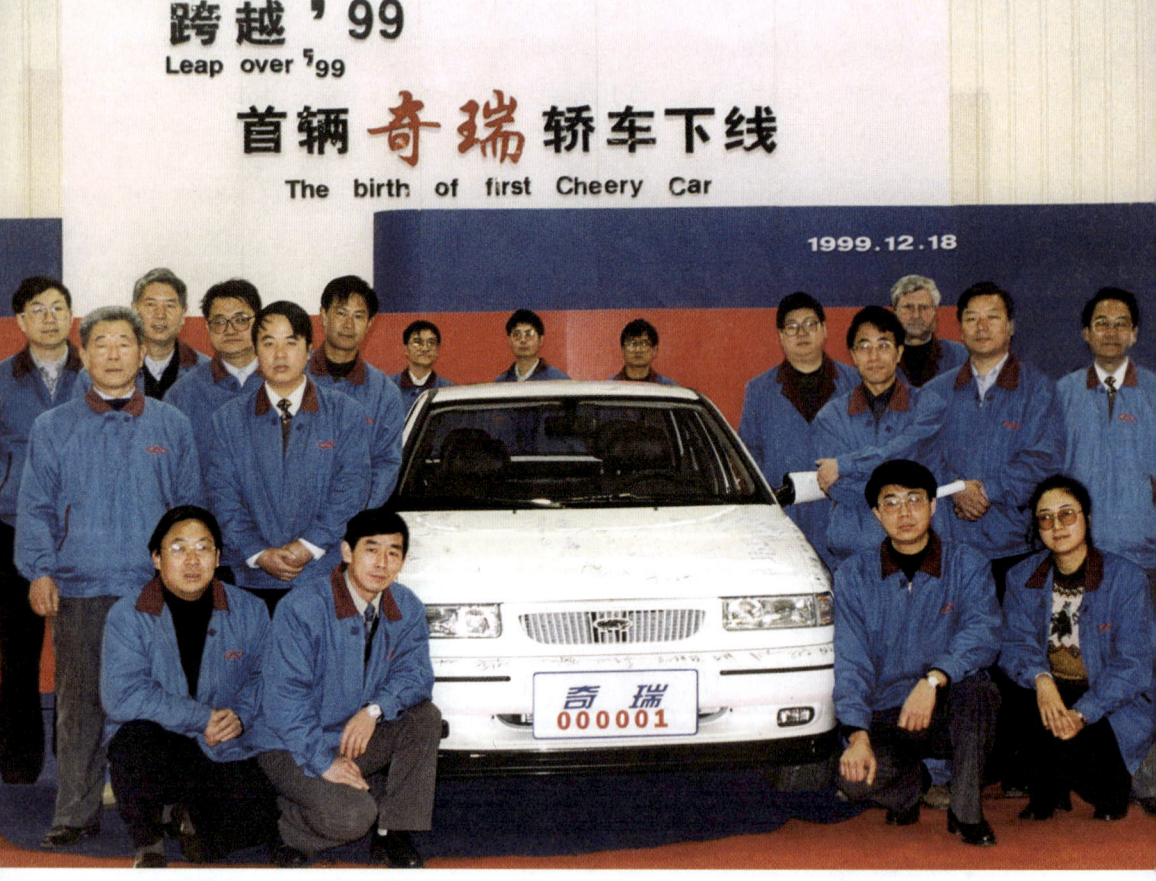

1999年12月18日，第一辆奇瑞轿车下线，虽然没有"准生证"，上市的路很漫长。创业团队和新车合影，后排左一是尹同耀，前排右二是总经理助理金弋波，后面的那位老外，叫奥特曼，是尹在一汽大众的搭档，退休后来到奇瑞，整整干了十一年

2.奇瑞，借腹生子

执着打动拼命三郎

安徽奇瑞是被挡在门外的"体制外"四个企业之一。属于中国轿车业"无心插柳柳成荫"的一个"另类"。

2000年11月7日，傍晚飞到南京，我在公路上颠簸两个小时到了芜湖，文人气质的书记兼市长詹夏来礼贤下士，很晚了，还一直在铁山宾馆等我。作为一个地区的党政一把手，为制造轿车，他正承担着巨大的压力。

位于芜湖经济技术开发区的安徽奇瑞汽车公司，厂区广阔，绿草如茵，给我留下了深刻的印象。后来听说，这一大片草坪是企业扩建的预留地，暂时租给社会上的草坪公司使用，既绿化了厂区，也能增加一笔收入。

奇瑞没有总经理，副总尹同耀见到我，头一句话就是：我们在这里干轿车，是一帮"亡命徒"，一步一个坎地走过来的。

1997年，属于安徽地方财政的安徽省投资公司、安徽省担保公司、芜湖市建设投资公司和芜湖市开发技术投资公司，四家股东筹资17.72亿元成立了奇瑞汽车的前身——安徽省汽车零部件公司。拍板建奇瑞的是时任芜湖市市委书记的汪洋。当年3月，奇瑞在芜湖开发区破土，一年后厂房竣工。

既然顶着零部件企业的帽子，奇瑞从发动机干起自然也就顺理成章。他们花了4500万美元从英国DP公司买了福特一个发动机厂的二手设备。当时负责设备安装的是一家英国公司，从没有离开过欧洲，到了中国处处抓瞎。比如欧洲工厂的工业用电是450伏特50赫兹，中国是380伏特60赫兹，让英国人一筹莫展。但他们却非常傲慢，把中国看得连非洲都不如。尹同耀曾是一汽大众捷达总装车间主任，当年带着自己的团队去美国拆装过大众威斯特摩兰工厂，二手设备易地搬迁早就成功干过一把。到11月，他们赶走了干活松松垮垮的英国人，自己24小时连轴干了150天，终于在1999年4月18日造出第一台发动机。以后，上马干轿车，总装厂的四大工艺各个车间也都是量体裁衣，自己搞设计。

尹同耀回忆说：我是巢湖人，安徽工业学院毕业后，被分配到一汽工作，后来做了一汽大众捷达总装车间主任。奇瑞创办之初，詹书记到一汽参观，一汽耿厂长向他介绍我，都是安徽老乡嘛。晚上詹书记请我吃饭，一开始我不愿去，说饭就不吃了，谈谈就好。可是一谈，被詹书记搞汽车的那份执着感动了，他问我工厂应该怎么建，我边谈想法，边画图。谈着谈着，干一番事业的前景让我欲罢不能。最后冲动地下了决心，带上几个志同道合的同事投奔了奇瑞，这几位也大都是安徽老乡，后来被人们称作奇瑞早期创业的"八大金刚"。后来我当了副总经理，耿厂长非常支持我，把林敢为等老专家派来，一对一地给我上课，教管理、教经营、教技术。

尹同耀当时年近不惑，却是一张头发蓬松的学生脸，在一汽大众当选过十大杰出青年，质朴而又有一副拼命三郎的性格。奇瑞当时没有总经理，尹同耀说，虚位以待，欢迎能人加盟。

1998年2月14日，奇瑞在台湾福臻公司开发第一款轿车车型，奇瑞派人死盯死守地一拨拨参与进去，从设计直到模具开发，1999年10月在台湾搞出螺钉车，60辆份冲压件运回芜湖。1999年12月18日第一辆奇瑞在芜湖下线。

股份换来的"准生证"

我来到中共芜湖市委，一座大概建于70年代的简朴小楼，和詹夏来深入交谈了一个下午。詹夏来虽然学中文，却和尹同耀一样，一望可知都是"车痴"。他对我说，选择了汽车，就选择了苦难和艰辛，没有尽头。看得出来，他们不是那种把企业当人生跳板，去挤官路的干部，这一点让我十分认同。

作为奇瑞汽车幕后真正的灵魂人物，当时被四家股东推为董事长的詹夏来，更多的是从宏观上把握奇瑞的方向。詹夏来把奇瑞的精神概括为："远想、多干、快跑、少说"。他和我谈起"中国人能够造出最好最便宜的家庭轿车"的理念。他说：比起国际汽车业，中国有人工成本低、开发费用省的后发优势；中国有十多亿人的大市场，几乎还是一片沉睡的处女地；经过二十年的改革开放，已经建立起比较完善的轿车零部件配套网络，经济规模和技术水平已经完全可以适应中国轿车市场和国情；另外中国轿车企业还有好的机制，没有发达国家汽车业存在的职工高福利、强势工会和劳资矛盾。

然而，当时奇瑞的当务之急，是车生产出来了，却上不了国家的轿车目录。这是奇瑞请我来芜湖的主要原因。

奇瑞轿车脱胎于大众子品牌西亚特正在生产的A级车，在我看来，做得有模有样，搭载自产的1.6升发动机，车长4370毫米，三厢，售价8万元，比当时的捷达便宜5万元，有很大的市场竞争力。后来我冒雨从芜湖赶往南京，开的就是这款奇瑞轿车。在机场路我曾把车开到150公里时速，依然很稳。

奇瑞当年已经形成年产6万辆的生产能力，由于行业准入的限制，拿不到轿车厂的合法身份，更别说上轿车目录了。仰仗安徽当地的"土政策"，轿车生产出来，可以在省内销售，芜湖市满街跑的出租车都是奇瑞。另外就是家庭轿车的先驱城市成都，允许物美价廉的奇瑞车带着安徽的牌照在成都卖，但是不久就被公安部通报全国明令禁止。在奇瑞的厂区里，停满了大量销不出去的奇瑞轿车。

詹夏来向我透露，获得合法身份的一个办法是和上海合资，转让20%的股份，投靠到上汽集团旗下做一个"小兄弟"，以换得"上目录"的出路。但是詹夏来不甘愿让奇瑞担当一个被别人规划、作为技术梯级转移的基地。他提出，希望我能写一篇内参报给中央领导人，谈及奇瑞投身中国轿车业的思路和实践，争取获得中央和主管部门的理解，从而能够获得一个正式轿车企业的资格。

由于当时经常跟随中央政治局常委外出考察和参加重要会议，我对他们宏观经济的发展思路有所了解。尽管觉得这种尝试的胜算不大，还是愿意试一试。2000年11月28日，我去中南海参加当年中央经济工作会。会上朱镕基总理谈到2001年中国经济的10项重点工作——我在后来的会议报道中称其为"十全大补"。他对经济形势的调控思路是，入世在即，增强国家骨干企业的活力成为重点，对新建在建工业项目的审批，将严格把关，停建、缓建。

傍晚，走出怀仁堂，我立刻拿出手机给詹夏来打了一个电话，告诉他我对宏观形势新走向的看法，建议奇瑞立即加入上汽集团，不要寄希望靠我的文章打动领导了。我说，现在看，是奇瑞的生死抉择。让出20%的股份，获得一条生路。光是在大众和通用之外，成为上汽的另一个新品牌，这个钱就花得值。詹夏来说，上汽也正等着我们的最后决定，有你的电话，我们就能拍板了。当晚，获得股东授权的詹夏来就给上汽集团总裁胡茂元打电话，通知他奇瑞决定加入上汽。

奇瑞是幸运的，以一个中国"体制外"轿车企业，出让20%的股份，获准在

2001年初加入上汽集团，公司改名为上汽奇瑞汽车公司。上汽也很有气度，给了奇瑞充分的发展空间，并为其申报了轿车目录，奇瑞由此获得在中国市场销售轿车的资格，在"准轿车"们中第一个得到了生存权。

奇瑞不负众望，依靠产品雍容的外形、可靠的质量、平实的定价，在次年销售火爆得一发不可收拾，几乎每个月都以50%的幅度递增，累计销售4万辆，创造了中国轿车单一车型上市当年销售之最。

3.吉利，力量在风中聚集

永远寻找新商机

1998年初，我在作家出版社出版的《家庭轿车诱惑中国》一时成为畅销书。李书福读后派人找到我，就吉利想造轿车的计划向我咨询。我让来人转告他，此事轻易不可为。轿车是大投入、大产出的产业，尤其在中国，水太深。作为一个刚刚挣了第一桶金的民营企业，风险太大，只怕多少投入，都会打了水漂。

后来，李书福多次在公开场合谈到我的提醒。但他是一个不按常理出牌的人，依然按照他的思路做下去。两三年过去，吉利的豪情和美日满街跑，而且质量不是我所担心的要有"一不怕苦，二不怕死"的胆量才能驾驶。在清华大学一次和奔驰轿车同台做碰撞试验中，吉利完全合格。尤其可贵的是，他打破了原有"行业内"轿车企业的"价格神话"，造出老百姓能够承受的三万元轿车，给我上了一课。

李书福1963年出生在浙江黄岩海边一个很富裕的村子，那里的人们都很有挣钱的头脑。中学毕业后，他开过照相馆，干过从工业废料中回收贵金属的营生，开过冰箱厂。80年代末，生产电冰箱、冰柜的企业已经做得很大了，等着拉货的车子在厂门口排成长龙。

作为一个没有任何背景的生意人，李书福精明地躲闪着一次次可能翻船的风险。像许多浙江民营企业家一样，他是中央电视台《新闻联播》的忠实粉丝。1989年那次风波后，民营企业"姓社姓资"的争论甚嚣尘上。李书福和几个合伙人就把工厂的土地、厂房、设备全都无偿送给了乡政府，然后跑到深圳，一边在大学里进修，一边关注国家的形势走向。到了1991年底，李书福在《新闻联播》中看到农业部部长何康重提鼓励和支持乡镇企业的发展,他敏感地觉察到,国家政策出现了调整,新一轮经济的快速发展即将开启。他立刻收拾行装,赶回家乡再次创业。

李书福回忆说,当时我们做铝塑板,品牌就是吉利,市场非常好。手上有了一笔钱,到了1993年,就打算造汽车,进入一个比较大的产业做一番尝试。我每次做什么,马上就有人跟着学,搞低水平竞争。所以我就想,如果做汽车,别人要学就难了。

李书福愣头愣脑地去家乡找市经委主任,说是我们要搞汽车,希望能批准。主任笑了,说是不可能;李书福又跑到杭州,找到省机械厅,也说不可能,就是找到北京也根本没门。国家不立项,不能建汽车厂,把车造出来也不能上牌。一下把路封死了。

这条路走不通,李书福就迂回想造摩托车。他明白,搞摩托车也不会被批准,于是找到一家濒临倒闭的摩托车厂,买下人家的品牌,开始做跨式摩托车,但卖得并不好。

一个意外让事情出现转机。公司派一个员工去采购,借了一辆台湾生产的光洋踏板摩托车,不料出了车祸,公司为此赔了两万元,撞坏了的摩托车就扔在公司。踏板摩托车当时国内还没有人能够生产,李书福发现这辆车与跨式摩托车相比,就是塑料覆盖件多一点。当时,生产摩托车已经有一定实力,黄岩的塑料产业又很发达,也有引进的雅马哈发动机,这几样整合起来,用了一年多的时间摸索,吉利就把踏板摩托车开发出来了。

李书福说,踏板车造出来,市场火得不得了。一年三四十万辆,市场占有率全国绝对第一。造踏板摩托车的厂家也多起来,价格从一开始进口的两万元,降到后来的两千元。我们又兼并了临海鹿城摩托车厂,开始使用吉利品牌。

成功的李书福不忘造轿车的初衷,他用造摩托车的名义,在临海市经济技术开发区买了800亩地,决心大干一场,建厂生产轿车。

从奔驰、波音到脚踏实地

李书福的另类,就在于头脑里没有框框,他在1997年造的第一辆轿车,就是一次高水平的"模仿秀"。那时候,奔驰E系列刚刚换代,李书福买回了几辆奔驰

E280，拆散测绘，开始圆他的轿车梦。

李书福买了一汽红旗轿车的底盘，包括前后桥、发动机、变速箱。车身采用玻璃钢工艺，完全仿造奔驰E280外形，最后扣在红旗底盘上。他还专门跑到香港，买了奔驰的方向盘、前后灯散件，亲自带过来装车。

第一辆轿车就这样造出来了。李书福很得意，开着他的"奔驰"招摇过市。

李书福后来回忆说："当时，很多人要买我的车，要不是主管部门不同意，我马上可以大批量投产。问题是，在许多人眼里，我好像犯了法似的。

"机械厅厅长批评我：你胆量这么大！造轿车是由国家政策严格限制的，你不能搞，想都不要想！我不死心，跑到北京找机械部，为造摩托车，那里我已经跑熟了。我拿着我的'奔驰'照片给他们看，机械部的人说，你生产这样的汽车，国营企业怎么办？就是这么一句话。

"我当然不能跟他们强辩，只能跟他们磨啊：'那我们可以生产什么车呢？你给我指条路。'

"他们也没有给我指路，就是不许干。但是我弄懂了一条，造汽车必须要上国家'目录'，轿车的目录肯定就别想了，但是客车目录各地好多企业都有。

"汽车产品目录是一本书，我就翻书，发现其中有一个生产6字头客车的德阳汽车厂停产了，但是目录还保留着。于是我就通过四川的朋友，问买它的目录行不行，回复说只能合作生产。入门费是一个惊人的数字，花了几千万元。工厂更名，我说叫'四川波音汽车公司'。

"汽车企业站住了，生产什么车型呢？在北京有好心人告诉我，你搞出来的车不能跟大企业竞争，车要小，前面不能有车头，后面不能有屁股。按照他们的思路，我们就在夏利车的基础上，搞了一个'子弹头'，车身还是用玻璃钢，外形很漂亮。"

1998年8月8日，打着客车"擦边球"的"豪情6360"在浙江临海的波音分厂下线。豪情定价6万元，对当时国内10万元左右的经济型轿车很有竞争力。

李书福欣喜无比，备了100桌酒宴，遍请各级官员。民营企业造汽车，太不靠谱，大多数人不敢去，只有浙江省副省长叶荣宝一个人前来祝贺。望着空落落的九十多桌饭菜，李书福再次尝到世态炎凉。

媒体报道出去，杀出一位程咬金。美国波音飞机公司找到国家经贸委，尽管它的产品中没有汽车，也不许李书福叫波音。后来李书福买下德阳的股份，目录也移到临海，在临海工厂生产"豪情"轿车。

接着，李书福又把宁波汽车拖拉机厂的壳买下来，在宁波北仑征地1000亩，1999年8月18日打下第一根桩，直接在宁波建立一个汽车厂。公司从此更名为浙江吉利汽车。2000年，吉利旗下另一款四缸电喷环保型轿车"宁波美日"在宁波下线，售价仅为6.58万元，再次创下全国同类轿车最低价位纪录。

吉利有了两个车型，一个宁波美日，一个吉利豪情。李书福因此也出了名。

"我渴望阳光出现"

李书福作为一个创业者，有几分无畏，甚至几分浪漫。无论在什么场合，他总能语惊四座。听上去不靠谱，但是跨越时空，却发现他的预言竟往往成真。

记得2001年他参加在北京中国大饭店举行的业内高层论坛，我是发起人之一。说起全球汽车格局变幻，他放言：通用、福特，还有丰田，都会垮——当时这三家正是世界汽车的三大；有人抨击吉利最初的车型是"模仿秀"，他反击：不要把汽车说得那么神秘，一百年来，轿车都是"两个沙发，四个轮子"，谁开发过5个轮子的轿车，所以全球都是模仿秀。

当然，因为他的草根，他的口无遮拦，他的民营企业出身，注定了"正统"中国汽车业对他的排斥。WTO的脚步越来越近了，2001年，国家经贸委出台了《汽车战略发展规划》，提出发展轿车，以三大国有企业为主，坚决不批新的项目。

车虽然在卖，戴着6字头客车的帽子，名不正言不顺。吉利和其他行业外"准轿车"企业都使出浑身解数，想拱上轿车目录，求得一个平等的市场竞争待遇。吉利甚至养了一支甲B足球队以求增加企业的知名度。

为了求一条生产轿车的生路，李书福从省里到北京，跑遍众多衙门，遭受的冷眼和讥讽已经让他麻木。他甚至对领导们发出了这样的恳求："能不能给我们一次机会，即使失败了，也算体现一次公平。"

这一年，汽车产品由"目录"审批改为"公告"制。对于经贸委7月的那一批《公告》，李书福寄予了太大期望。2001年年中，中国即将加入世贸组织，7月份国家经贸委发布的那次车辆产品公告,吉利轿车依然榜上无名。

入夜,清风习习。李书福和几个媒体朋友走在北京亚运村附近的街道上。万事俱备,决定吉利生死的,就剩下生产权这一道坎。抬头望着天上半钩残月,英雄气短,李书福吁叹一声。本以为吉利上报的两款新车应该得以放行。然而,这一次希望依然落空。以至于当别人告诉他,在轿车生产企业和产品公告中吉利榜上无名时,李书福甚至再没有勇气翻开刊登《公告》的报纸。

为了帮助李书福,我和《中国企业家》的朋友们策划了该杂志2001年10月号《生死李书福》的封面故事。

我在为这组文章所作的点评中说:政府的这种回避竞争的管理政策,最后会害死李书福,也会害死中国汽车工业,白白耍了五六年的保护期,全浪费掉了!

李书福在与《中国企业家》记者的访谈录中说:"有人说,我像堂·吉诃德,但我会避免他的结局。我希望中国早一点入世。今天,吉利和'三大'的造车环境有天壤之别。入世后,这些'不一样'将不能被允许了;吉利不怕竞争,甚至不怕跨国公司的竞争,我们有我们的生存空间,三万元的低端车,哪个跨国公司做得出来?资本、人才、技术、零部件,人家可以利用我的,我也可以利用人家的;加入

中国入世前夕,李书福在《中国企业家》的专访中说,我渴望阳光的出现

WTO，好处太多了。"

李书福说："我现在渴望阳光的出现，这也是人们关注吉利的焦点。只要我们获得生产权，资金、技术都不成问题。中低端轿车以后被中国企业大量制造，既供应中国市场，也供应外国市场，这是肯定的。"

2001年11月9日，国家经贸委突然增发了一批汽车新车公告，搭载着吉利自行开发的发动机，金属冲压车身的"吉利JL6360"终于榜上有名。在中国加入世贸组织前仅仅一天，在国家批准的第一批轿车合资企业二十六年之后，才对一个执着地要"生产老百姓买得起的好车"的民营企业予以放行。

中国的自主品牌用降价迎接中国的入世。一直和吉利摽着劲的天津夏利，从十多万的价格，一路下调，入世那天宣布惊人的新价格三万元；吉利随即响应，豪情最低价格两万九千八。"中国入世"和"李书福入局"，几乎出现在同一天的报纸上。

当时我写过一篇专栏文章祝福李书福：吉利拿到了"准生证"的确不容易，但是孩子生下来，让他健康成长，长大，长结实，更不容易。当然这是后面的故事了。

4.华晨，大象无形

另类"中华"

1999年初冬，我在清华大学第一次看到"中华"轿车，第一次见到华晨董事长仰融。

雍容、圆润，比起当时世界最成功的车型设计，这辆国际范儿的黑色样车造型也毫不逊色。它的造型曲线、组合前灯、窄而上挑的侧窗有一种动感的超前设计。车头是一个围绕圆环"中"字车标。今天还记得看到这辆"中华"轿车时的感受：目瞪口呆。

那几年，本土开发的样车，看过不少，大都是比较粗糙的小型车。出自乔治亚罗大师之作的中级车，中华开了中国轿车设计的先河。

仰融，个子不高，发型吹得一丝不乱，浓眉大眼，目光炯炯有神。

"李先生，今天请你来，是因为开发'中华'，是受你的文章启发搞起来的。"仰融非常诚恳谦逊地告诉我。

1993年，华晨刚刚接管了金杯面包车的生产管理权，百废待兴。思路活跃的仰融看到我发表在《瞭望》杂志上一篇韩国现代汽车的访问记，触动了他立即着手搞轿车的念头。董事会开会，他复印了我的文章，每位董事人手一份。民族品牌，高起点开发，用好国内外两个市场的资源和人才，把发动机掌握在自己手里。仰融说，文章里总结现代汽车的这些路数，完全可供华晨借鉴。在他的说服下，董事会作出了投身轿车的重大决策，开始了中国轿车史上唯一以金融运作为主导，集成全球资源，高起点，自主研发本土轿车的另类传奇。

1997年6月，华晨开始启动"中华"轿车开发工程。仰融概括华晨自主开发轿车的理念为"中华在我心中，世界为我所用"。

同年，仰融聘请意到大利设计大师乔治亚罗主持中华的设计，设计费6200万美元。中国人在乎有头有尾；格外看重"坐轿"的感觉；崇尚中庸、写意，车身长度为吉祥数字4888为宜……乔治亚罗心领神会。

华晨是开发的唯一出资人，因而拥有"中华轿车"的全部知识产权。仰融对中华的定位是：中高档轿车，零部件全球采购，进口车一半到三分之一的价格。

中华起步，是自主品牌中的大手笔：在沈阳工厂，库卡公司的焊接线，杜尔公司的涂装线，申克公司的总装线，与美国通用、德国大众在上海的新厂是同样的设备。后来宝马坚持和华晨合资，一是看中华晨公司的市场机制，再就是看中这条世界一流的生产线。

2000年12月16日，中华轿车在沈阳下线。两辆中华轿车穿过地球和国旗组成的背景板登台亮相。当天，仰融对我说，李先生，今后请你做我的顾问。

纽约上市第一股

华晨介入汽车头十年，有九年保持绝对低调。尽管旗下金杯、丰田海狮的销量已经占到同类车市场60%的份额，利润在国内汽车厂家中仅次于上海大众位居第二，直到中华的问世才让华晨进入更多人的视野。一本财经类杂志，更把华晨称为"迷宫"。仰融淡然一笑，听之任之。

仰融，安徽人，西南财经大学金融学博士。从中国早期股市淘得"第一桶金"，到香港开设了华博财务公司。

1990年，仰融邂逅沈阳金杯董事长赵希友。赵在汽车业率先尝试股份制改造，还把金杯的股票卖到中南海。但是几年后，总额一亿股的股票中还有小一半没有卖掉。仰融以每股1元的价格买下这余下的4600万股。那时候是记账式股票，装在几十个纸箱里，空运回上海，放在市委东湖宾馆七号楼地库，还专门有武警在那看守。

股票4600万，上市如果按溢价10倍算的话，就是4.6亿；如果上不了市，就是一堆废纸。

当时沈阳金杯旗下有一个好项目——引进技术生产丰田海狮面包车，但是缺乏启动资金。仰融看好这个全新产品的成长性，又借款投资1200万美元，华晨以港商的身份与沈阳金杯成立了合资企业华晨金杯客车公司，生产丰田面包车。

1992年7月，仰融发挥金融特长，推动合资伙伴沈阳金杯在上海证券交易所上市，后者成为当时沪市最大的异地股。他在沈阳金杯的4600万股也随之套现，还清了此前的借款。

然而，仰融以金融资本进入汽车业后，最精彩的第一笔，当属1992年华晨中国

中华轿车刚刚面世，就有人把仰融暗示为借汽车作投机的金融大鳄

汽车控股有限公司在纽约上市。也许这个案例过于超前、过于神奇，以至于许多官员、经济学家也对仰融"拿不准"。

仰融的过人之处，在于他对国情敏锐的判断和不同凡响的应对。1992年的1月份，邓小平上海度假，皇甫平文章刊出，仰融立即想到由此可能引发新的改革开放浪潮。他对赵希友说，我要到海外上市去。

仰融总是拣最难做的事做，而且一定要做成。他选中了海外资本市场最规范最严格的纽约股票市场。他带着几个年轻的副手到了纽约，在华尔街找了几家著名的投资银行：第一波士顿、美林证券……讨论上市的可行性，把整个华尔街折腾起来，但是正式启动这个工程的导火索是小平的南方谈话。是年秋天将召开中共十四大，邓小平推动的改革浪潮将交班给新一代领导人。为此仰融通过某部门给中央最高层写了一个研究报告，论证一个中国公司到纽约股票交易所上市是可行的，以此来说明中国在邓小平后继续走改革开放之路。这个题目非常之大，但是获得了批准。

其后，华晨以与沈阳金杯换股的方式获得了金杯客车51%的股权。

仰融以在金客中持有的股权在百慕大群岛注册了一家公司——华晨中国汽车控股有限公司（上市后代码CBA）。华晨100%持股。

当时，一个中国民营企业在美国上市完全没有可能。为了给海外上市的公司安排一个"社团法人"的股权持有者，1992年5月，由华晨、中国人民银行教育司、中国金融学院、华银信托发起，成立了中国金融教育发展基金会。基金会注册资金210万元，其中200万元由华晨出资，10万元为人行教育司拨款。上市之前，华晨以"捐赠"方式把CBA的控股权转给中国金融教育发展基金会。

这样，CBA的一切文件材料规范、清晰，经美国安东和嘉会计师事务所（ACC）审查完毕，9月18日获得上市批准。

1992年10月9日，华晨中国汽车控股有限公司在纽约证券交易所成功挂牌上市，成为历史上第一家在海外上市的新中国企业。CBA也是当时社会主义国家在纽约上市的第一只股票。CBA的控股股东为中国金融教育发展基金会，持股55.7%。CBA发行500万股普通股，每股的招股价16美元，首日上市劲升两成半，成为当时纽约交易所最活跃的股票。

华晨在纽约成功上市后，募集资金净得7200万美元。这是仰融送给笔者的银行支票复印件

11月28日，上市所获资金的支票交接仪式在北京举行。CBA成功上市股市共获8000万美元，扣掉成交费、律师费，净得7200万美元。中央领导人在中南海会见了仰融和协助CBA上市的三大著名投资银行的代表。合影后，仰融留下，把股票样本交给这位领导人，当被询问股权算谁的时，血气方刚的仰融回答：是国家的。

此后，国家国有资产管理局致函中国金融教育发展基金会称：CBA所有股权及股票收益均归国资局所有。投资1530万美元由国资局支付，委托该会代表国资局投资于CBA。基金会无须承担风险，也不享有收益（意即挂名而已）。国资局另给基金会300万美元设立各种金融教育奖金。

函中所称国资局的投资就是来自华晨的"捐赠"。也就是说，基金会是华晨捐款的名义持有者，华晨把CBA的股权捐给了国家，国资局作为这笔资产的接收者，补办了这个文件，并委托仰融全权管理经营CBA。仰融曾和我谈起过当时的想法，年轻气盛，一心报国，不求所有，但求所在。

三天后，中共十四大召开。CBA不但成为中国第三代领导人坚持改革开放的一个注脚，也是日后众多中国企业在海外上市的一次经典范例。

湿手沾面粉

中国汽车工业在很长一段时期最稀缺的资源是钱。仰融是第一个给汽车产业接通金融管道的人。

汽车工业的"大哥大"们艰苦地在主管部门争项目、跑投资时，从来没遇见过

华晨的人；技改资金、税费减免，更没有华晨的份。但是仰融搞汽车似乎有用不完的钱。

华晨总经理，曾经一手把金客从亏损带向复兴的苏强说，钱从哪里来？无非是市场经济的通行做法。一是来自原始资本积累。二是资本市场筹集，比如从股市上融资，光是三次从海外证券市场为金客募集的资金就有近20亿港元。三是企业盈利。

赵希友说，有人说华晨搞汽车是玩观念，为的是到股市圈钱，最后会抽了资金走人。其实无论华晨在金客的投资，还是后来海外上市吸收的资金，都百分之百投到了金客，扎扎实实做企业。两个大股东一开始就约定，不分利润，继续滚存作为投入，一分钱也没有往外拿。

华晨搞汽车也到银行借钱做流动资金，但是存借平衡，信用优良。一位商业银行的董事长考察了金客的财务状况后大吃一惊说，如果企业都像华晨一样，中国的金融业就没有风险了。

不知是巧合还是必然，世纪之交，世界五大汽车产业资本都已开始与华晨的合作。三江雷诺、金杯通用、丰田海狮、三菱发动机都已经是华晨的合资或合作伙伴，宝马与华晨的合资项目当时正呈报国家计委，华晨在中国的汽车业留下了一串巨大的惊叹号。

木秀于林风必摧之。就有人在呈报中央大型企业工委的报告中，把仰融说成是一个侵吞国有资产的"金融投机家"。仰融对我说，要赚钱，在金融市场搞投机最容易，一旦进入汽车业，资金变成厂房、设备、车型，钱就沉淀在那里，"湿手沾面粉，甩也甩不脱"，只有埋头苦干若干年，直到把汽车干出点名堂。

知变则胜

"知变则胜，守常必败。"在靠近黄浦江外滩的28层的华晨大厦，仰融和我谈到他的座右铭。他说，从《孙子兵法》参悟出的这番道理，十年股海商场征战中，屡试不爽。

对于中华完整的自主知识产权，当时流行的嘲讽是：华晨有产权没知识。主管汽车产业的一位领导曾经发问：中华车的下一代产品何时开发？仰融坦然答曰：中华车的第二代、第三代都有了，中华的下一代敢于跟国际上同等级的名车竞争。

然而，中华轿车的立项和公告还在报送有关部门等待审批。仰融说，从1997年决定投资中华车那一天起，他就没有把审批当作一个障碍，他当时预见，中国"入世"不可阻挡，而待到入世之后，审批问题自然迎刃而解。

仰融是精明的，他把握着中国汽车工业的变化，深知竞争早晚有一天会到来；仰融也会"冒傻气"，有一种偏向虎山行的冒险精神。

尽管华晨和宝马的谈判还在紧锣密鼓地进行，仰融的思绪已经跳到另一个也许大上十倍的项目上了。应对"入世"，仰融做了一个常规思维下几乎不能尝试的冒险——担当起根治中国汽车产业"心脏病"的重任——分两期建立一个年产150万台的发动机工厂，生产即使今天在世界仍然处于领先水平的涡轮增压直喷发动机。

内行人都说这是"痴人说梦"：引进谁家的技术？几十亿元的资金哪里来？那么多发动机你卖给谁？

然而2001年在浙江宁波北仑开发区，投资50亿元人民币的华晨新发动机厂已经破土动工。对比暮气沉沉的沈阳，仰融对宁波的经济实力与市场经济氛围情有独钟。当时华晨已经与德方签约，发动机由德国亚琛著名的FEV公司开发，莱因公司提供加工设备。机加工自动化水平直逼奔驰、宝马。2004年底试生产。一期规划50万台，二期100万台。2005年1.8TFI涡轮增压直喷发动机投产。产品将全部打中华的LOGO，60%供应中华，40%供应英国罗孚。

仰融当时的另一个大手笔是英国MG罗孚（MG ROVER）项目。罗孚1877年在英国伯明翰建厂，1993年被宝马收购，因经营亏损，宝马退出，10英镑卖给英国凤凰公司，被视为英国汽车工业最后一块全资的净土。

仰融说，是宝马把罗孚介绍给我的，罗孚活得很艰难，自己有技术，却没有钱开发新产品。罗孚与我们一拍即合，政府、王室都支持与华晨的合作。我们现在独举自主开发的大旗，太累，世界汽车生产能力五分之一过剩，我的新思路是把世界资产再生利用，海外购并，减少物流。仰融的这番谋划是在2001年！

双方谈定先合资建立产品开发公司。华晨出资4.5亿美元，罗孚出资3亿美元加技术，资金全部来自海外银行贷款，股权50∶50。共同开发罗孚新45系四个车型、新25系两个车型，分别在2004年、2005年投产；新75系在2007年换型。2001年3月

12日合资合同和18个子合同已签约。中华和罗孚双方用各自品牌生产。每生产一辆25系银行提成100英镑、45系提成400英镑，直到把双方投入的7.5亿美元和利息摊掉。

同时在宁波建立30万辆产能的汽车厂，罗孚的所有车型都将在中国生产。2003年投产，生产25系15万辆、45系10万辆。次年罗孚在英国停产25系，宁波产量中8万辆返销海外。内销用中华品牌，外销用罗孚。

如果这一切顺利推进的话，中国轿车业将是另一番格局。海外资本购并，世界顶端技术的引进与掌控，进程将提前八到十年。

仰融出走

2002年3月初，我得到消息，经中央最高层过问，某部把挂靠的华晨下放给辽宁省。

对于亲手打造的，市值200亿元，六个上市公司的华晨系，仰融也从早期单纯满足于"所在"转求部分"所有"。于是，某部不但把CBA，而且把多种股权关系纠结的整个华晨系一起打包交给辽宁。

起初，馅饼从天而降，辽宁如获至宝，对仰融礼遇有加。而一个庞大的华晨系，下放地方后，对重新明晰产权也是一个好时机。按仰融的说法，华晨虽然没有一分钱国家投资，但是它的海外上市，的确依托了国家资源；另外也有仰融把CBA股权送给国家的承诺。因此辽宁省与仰融等高管层在华晨系的产权明晰过程中是六四开，还是七三开，当时也有几种方案在探讨。

然而，这时风波骤起，发生了华晨按合同给宁波发动机项目分期打款的事。此举被辽宁新任的省长解读为抽逃资金，掏空金杯，双方由此翻脸。风云突变，5月，仰融被迫出走美国，华晨系全部作为国有资产落入辽宁方面囊中。

华晨自此成为辽宁省的国企，"中华"轿车项目、华晨与宝马合资企业项目终于顺利获得审批。2002年8月，在所有待批的"准轿车"自主品牌中，中华最后上了《公告》。而辽宁方面没有能力，也没有兴趣顾及宁波发动机和罗孚项目。华晨易主，与罗孚的合资开发最终流产，让人痛惜无语。

中华，是1999年自主品牌中最早利用国际资源高起点开发的车型

第六章 "入世"成就了井喷

2001年1月1日，我比北京的亲人们早了四个小时迎接新世纪的到来。世纪之交的子夜，我正在澳大利亚的阿德莱德观看亚太勒芒汽车耐力赛的最后一站比赛。阿德莱德闹市区的广场挤满了人，临近子夜，人们大声数着倒计时。零点的新年钟声响起，鞭炮齐鸣，礼花腾飞。人们欢呼、鼓掌、拥抱，不相识的人也真诚地相互祝福。

对于中国来说，这一年还是一个新的起点：中国终于打破五十年来经济体系孤立的樊篱，加入世界贸易组织，承诺接受全球化贸易规则的约束和享有通畅互惠的开放。对于中国汽车业来说，另一个五十年禁忌被打破：中共中央和全国人大以决议的方式，首次正式提出了"鼓励轿车进入家庭"。

当时人们几乎完全没想到，"加入世贸组织"和"私家车"，会成为两大推举力，成就了中国汽车市场在其后长达十年的"井喷式"增长。中国汽车业迎来了发展最快、最好的十年，从"自行车王国"，一跃成为汽车产销量世界第一的"汽车大国"。而加入世贸组织前，担心中国汽车"全军覆没"的梦魇很快被人遗忘。

1.入世与家轿：两大托举力

2001，中国家轿起步年

为赶到底特律采访北美车展，2001年1月2日，我一个人从悉尼搭机回国。在飞机上欣喜地遇见老朋友吕福源，他是以教育部副部长身份，刚刚与北京副市长张茅一起率团去新西兰，用新世纪第一缕阳光为将在北京举行的世界大学生运动会点燃火种。

旅途漫长，海阔天空，最好聊天，聊得最多的是我们俩的共同关注点——汽车。谈及即将面临加入世贸组织考验的中国汽车业，吕福源说：全球化同时是政治、经济的多极化——欧盟、日本、东盟、北美贸易区。参与全球化，中国必须有自己的骨干行业和骨干企业。对于汽车合资企业国家把控很成功，必须建立在双赢的基础上，按中国的长远利益搞。我们有巨大的市场，我们有资格要利润、要技术。人民关心中国汽车能否走出一条成功路。

吕福源说，中国汽车业不必妄自菲薄，其实过去五十年的时间没有白费，汽车业的大规模建设，聚集了人才，培育了市场。"八五"期间投资588亿元，80%投在13家骨干企业，集中度有了，13家没有重复，可以通过兼并逐步组建大集团。美国、德国、日本、韩国都是这样走过来的。如果现在不迎战WTO，行业地方继续搞条条块块，搞春秋战国，就难免被各个击破。留给我们的时间不多了，不能等到兵临城下再调兵遣将。现在有人幻想把汽车工业打扫一下，卖给外国大集团，让人家控股，跟着人家发展，对于中国这样的大国不可取。不久前，大众一位董事关于买断中国合资企业的谈话在英国《金融时报》登出来，话说得很直率，让中国汽车界好多人从梦里醒过来。在中国汽车工业还不够强大，还处于弱势的今天，不占50%的股份，跨国公司掌握着技术，尤其是产品开发，随时能让你滚蛋。被奔驰兼并后，克莱斯勒高管被提前解职就是前车之鉴。

次年，吕福源调任外经贸部。2003年，任新组建的商务部首任部长。2004年5月，吕福源因患癌症病逝。这位在业内获得普遍尊重的汽车人未能看到，加入世贸组织十年后中国汽车业竟然摘取了全球汽车业的产量之冠，中国老百姓终于在汽车文明的物质方面获得了"尊严"。

2001年，是中国家轿的起步年。

3月15日，全国人大九届四次会议闭幕。会议通过了关于国民经济和社会发展第十个五年计划纲要，纲要中首次写进"鼓励轿车进入家庭"。虽然在两万字的纲要中，只有这短短的八个字，却是新中国汽车工业建立半个世纪后，第一次找到了真正的大市场。纲要从1994年《汽车工业产业政策》中对于老百姓拥有汽车文明权利的"认可"升级为"鼓励"。

4月25日，为进入中国而屡败屡战的美国福特汽车公司，终于与中国兵器工业在重庆的基地长安集团联姻，长安福特汽车有限公司签约成立。福特在中国寻找伙伴，从当年的二汽，到南京的跃进，到上海与通用争雄，到落脚重庆，转战二十年实属不易。

5月10日，国家计委宣布放开对于国产轿车价格的控制。不过，此前这种旧计划体制早已被愈演愈烈的轿车"价格战"所冲垮。

6月8日，在市场预热半年之后，上海通用推出了引进南美欧宝可赛平台，进行了一百多项本土化改进的小型车"赛欧"。这款通用在中国的第二个车型，在当时的合资轿车中首次下探10万元，主打家庭轿车，并以ABS等当时的高端配置，迅速在市场上攻城略地。两年后，赛欧的销量突破10万辆，占到小型车市场份额的27%，独占鳌头。

7月13日，莫斯科，国际奥委会高票通过了由北京举办2008年奥运会。是夜，北京市民的车流自发地涌向天安门狂欢。

9月11日，一个签证上的差错使我一个人滞留在伦敦，等着一周后飞到布拉格与中国记者会合。当天，从大英博物馆回到旅馆，看着电视画面中被劫持的飞机撞向纽约世贸大楼；听着恐怖分子扬言第二天上午袭击伦敦金融街的传闻；然而我看到周围人们不是恐慌，而是在互助，即使对于我这样一个被卷入困境的中国人也充满关切。我感到了一个新时代的切换，中国不再是对抗的一方，中国融入全球化，对世界、对中国都是机遇。

11月，宝马董事长米尔贝格博士在北京宣布，宝马集团已经选定华晨作为伙伴，国务院高层领导对宝马的选择表示了尊重。此举使国人颇感意外，若不是加入世贸组织在即，以华晨非主流汽车厂商的身份能在与一批"国家队"的竞争中脱颖而出，几乎不可想象。

11月10日，世界贸易组织第四届部长级会议在卡塔尔首都多哈以全体协商一致的方式，审议并通过了中国加入世贸组织。

当天，我在我的新华社"门外车谭"专栏发表评论《"缓冲期"莫虚度》，可以从中看到当时百姓、政府、企业、外商对中国汽车加入世贸组织后的期盼，以及感受上微妙的不同：

中国汽车今天迎接"加入世贸组织"。对中国汽车工业将带来什么样的机遇和挑战，"狼来了"一样讨论了多年，终于尘埃落定。

入世后，中国轿车业开始学会从生产向市场延伸。东风雪铁龙赛纳和毕加索问世后，组织媒体和用户参加"龙行天下"拉力行，从北京沿丝绸之路一直到南疆的红其拉甫山口。图中为甘肃嘉峪关

加入世贸组织谈判成果之一，就是给了中国汽车业一个六年缓冲期。此举为的是给已过"不惑之年"，仍属"幼稚产业"的汽车工业一个健体强身的过渡期。

老百姓对"民族汽车工业"的险境并不怜香惜玉，恨不得"缓冲期"尽快过去，明天就买上物美价廉的进口车，或者一夜之间就让国产车价格打个对折，降至国际水平。也难怪老百姓这么"绝情"，多年的"汽车情结"屡遭关税、价格高门槛的打击，确实伤了他们的心。加入世贸组织的压力将逼迫中国轿车价格逐步和国际接轨，中国老百姓与轿车文明的距离进一步缩短。

政府部门考虑的是，汽车作为"支柱产业"绝不能轻言放弃。如何在五六年内把汽车工业做强做大，成为不可回避的课题。国家计委一位官员清醒地判断，加入世贸组织之后是两个"不可阻挡"：一是轿车进入老百姓消费不可阻挡；二是民营企业、国外厂商对中国汽车产业的参与竞争不可阻挡。正视现实才会有相应的对策，政府部门转变观念，转变角色，是迎接"加入世贸组织"的第一步。

身处生产经营第一线的汽车企业都有一种"只争朝夕"的紧迫感。我国汽车业最大的合资企业——上海通用汽车公司总经理陈虹说，加入世贸组织后，国产轿车价格立即出现"拐点"似乎不大可能。降价是个过程，我们要把价值链延伸，从工程开发、采购、物流、营销到社会服务全面提高竞争力。

西方国家欢迎中国加入WTO，是因为中国市场的吸引力。我们必然要让出一部分市场，但是让出市场需要进入市场一方做出补偿，就是资金和技术的流入，这要看我们如何利用这个条件，学好技术和管理。

当然，加入世贸组织之后，能够生存的并非是中国汽车工业现在一百多家成员。欢呼加入世贸组织的是那些有活力、有市场的汽车企业，加不加入"三大"倒不是生存的必然条件。那些早已不生产汽车，靠行业保护卖"目录"过活的"八旗子弟"，还是早做打算的好。

中国获准加入世贸组织前一天的11月9日，国家经贸委发布了第六批《车辆生产企业及产品公告》，一款名为"吉利JL6360"的陌生车型榜上有名。在中国汽车史上，这是一件"破天荒"的事件，民营企业造汽车第一次得到政府的认可。李书福和吉利，在中国入世的节点上享受到和国企、合资企业相同的"国民待遇"。

吉利、夏利、赛欧、捷达、富康，此时都把销售的主战场转向私家车。2001年于是也被称为"中国家庭轿车起步年"。

这一年，日本通产省发布的白皮书中首次提到，中国已成为"世界的工厂"，在彩电、洗衣机、冰箱、空调、微波炉、摩托车等产品中，"中国制造"已在世界市场份额中名列第一。然而，2001年中国汽车产量234万辆，只占世界汽车市场的4%；其中轿车还只有70万辆，微不足道。但是，这一数字成为其后长达十年的市场成长的一个基数。

国家统计局统计，2001年中国人均GDP为7543元。按当年汇率1美元兑换8.27元计算，是年中国人均GDP为912美元。国际上把车价／人均GDP称为R值，把R值为3作为轿车进入家庭的临界点，以国内平均车价10万元（1.2万美元）计，当年只有上海的R值为2.7，超过轿车进入家庭的临界点；北京的R值是4.0，处于轿车进入家庭的边缘；而全国各省市的平均水平R值高达13.3。因此有关权威机构判断：我国整体离轿车进入家庭还很遥远。

当时我撰文说，在加入世贸组织和家轿解禁的双重推动下，市场是动态的。在中国，轿车进入家庭注定从沿海大都市起步。随着GDP的逐年提高，车价逐年下降，R值下探到3以下的加速度越来越快，私家车的普及浪潮将逐步向内地成梯级状迅速扩展。

十年"井喷"定位中国车市

入世后的2002年，中国轿车产量从上年的70万辆增加到110万辆，增长了53%！让全球汽车业目瞪口呆。从此"井喷"一词，几乎陪伴了中国汽车市场整整十年。

12亿人口的中国，每年只卖70万辆轿车，与年销量1500万辆的美国不可同日而语，谁都会看到这中间的发展空间有多大。对国际汽车大厂商来说，争夺这其中的甜头是必然的。中国加入世贸组织后，对国际汽车跨国公司的准入限制逐步放开，美国通用、福特，德国大众、奔驰、宝马，日本丰田、本田、日产，法国雷诺、PSA，意大利菲亚特，韩国现代、大宇、起亚，几乎全世界主要汽车品牌都在中国找到了合资伙伴。

以前人们关注着，又有谁来到中国？现在悬念没有了，该来的全来了，汽车"世界杯"转移到中国举办，余下的将是更加激烈的竞争。

新中国的汽车工业当时已经走过了半个世纪的历程。五十年来，曾经是"只有卡车没有轿车"的汽车工业，是"只有公车没有私车"的汽车工业，然而在2002年，"全球化"和"轿车进入家庭"，两大推举力让中国汽车工业发生了史无前例的大变革，成为中国汽车工业一个旧时代的结束和一个新时代开始的分水岭。人们几乎转不过神来，那么多"没有想到"迎面而来：

一是没有想到轿车进入家庭的势头会如此迅猛，老百姓长期被压抑的购买力释放出来，市场出现"爆发式"行情。春节期间，北京亚运村汽车交易市场前的马路被云集的选车者完全堵死。当时北京交管部门平均每天办理新车上牌500辆，光是1月15日这一天，就上牌708辆。各企业推出新产品的频率加快。一年里，三十多款新型轿车令人眼花缭乱。赛欧、夏利2000、派力奥、POLO开创了紧凑型家庭车细分市场；年中，中华、宝来1.6、西耶纳问鼎中档车市场；年末，威驰、索纳塔、嘉年华、高尔夫、千里马挟强劲的宣传攻势而来。尽管中国老百姓的汽车消费还远不成熟，但是终于第一次可以在市场上像选购彩电一样选购轿车了。

二是没有想到2002年轿车各厂家的价格战一触即发，并且立刻短兵相接。2002年1月29日，菲亚特小型车派力奥在南京投放的当天，夏利2000和赛欧宣布降价，双双跌破10万元，南京菲亚特董事长恰巴和总经理茅晓明在投放仪式前紧急研究对策，当晚宣布派力奥1.3升基本型以84900元的最低价迎战。1月份的头20天，单车降价一万元以上的轿车就有富康新自由人、海马、红旗、赛欧、羚羊等。重庆奥拓和吉利分别以3.8万元和2.9万元创下主流车型和新生代的最低价格纪录。持币待购的老百姓终于放开了钱袋，轿车销量的八成以上为私人消费，两三年前这个比例想也不敢想。

三是没有想到跨国公司热衷的不是出口整车，而是纷纷进入中国合资建厂。"准入"变得平等，世界汽车6+3格局中几乎所有的跨国公司都在中国找到了合资伙伴，中国和国际汽车业形成"你中有我，我中有你"的局面。

四是没有想到困扰汽车工业多年的顽症——"散乱差"的产业结构——正在得到改观，依照市场规律进行的兼并重组取得突破性进展。上汽集团持有韩国大宇10%的股权，开创中国汽车工业进入世界汽车资本市场的先河。上海通用作为一家合资企业以50%的股权重组烟台大宇，更创造了国内汽车兼并的新模式；东风集团与日产的全面合作，不但获得轿车新的增长点，更为主导产品载重汽车的崛起赢得了新契机；一汽兼并天汽，进而与丰田联手。沈阳、广州、南京、重庆、北京、宁波等一批独具实力和特色的轿车基地与三大集团比翼齐飞，形成3＋N的新格局。

尽管如此，"爆发性行情"当时还只是轿车进入家庭消费的导入期，只是"点"上而不是"面"上的旺销。"面"上多数中小城市，轿车私人消费远远没有成为汽车消费的主流。在内地城市，普通市民买私家车甚至会被视为露富，因怕单位和邻居怀疑钱的来路不明而却步。我看过湖南卫视的一档节目，说的虽然是家庭轿车，可是主持人问及几位嘉宾，家里买了车没有？刚才还说得热热闹闹的嘉宾们顿时变得支支吾吾。

说是"导入期"，企业还在市场的增量上"跑马占地"，真正的竞争还没有开始。当时我提出中国消费市场的"金字塔"理论：产品价格每往下走一个台阶，主流消费群体的底座面积就会呈几何级数增加。家轿普及期的到来还有待于轿车在车型、价格方面继续走下"金字塔"。如果普及到了金字塔基座的乡镇一级，市场之大恐怕将是一个天文数字。2002年，几个大城市中热销的主流车型价格在8万～15万元，打开更大市场的车型价格恐怕在5万～10万元才更有冲击力。

我曾经把家庭轿车比作"踮起脚才能摘到的果子"，但是人均GDP3000美元的城市和GDP1000美元的城市，老百姓能够"摘到的果子"无论车型和价位必然有很大不同。我去天津开会，看见街上跑的大部分汽车还是久违的"小面"。距离北京只有一百多公里，却仿佛回到十年前，中国经济发展的不平衡性和多元性由此可见一斑。

中国有了"年度车"

从一个较长的时间段考察，民俗与时尚都是反映一个时期社会与经济的镜子。多少年来，北京人路上见面，总招呼说："吃了没有？"而到了2003年，人们彼此

第六章 "入世"成就了井喷

年度车2003

中华 Zhong Hua

中国人靠中国的力量和理念去大胆的设计这样一辆车。在中国历史上还没有。以16万元出台。它价格真正压下来不留余地。作为公务车。它既能显示企业的身份。又能节省开支。如果中国的轿车都按这个价格定位并都有技术创新。那么中国汽车极具市场前景。从创新理念上讲它为现代中国汽车产业指出一条自主发展的道路。车身外形设计典雅大方。有冲击力。符合国际流行趋势。车身外观做工好。行走机构的设计出色。动力性能表现好。给人信心。失分在于发动机匹配不好。噪声大。平顺性差。内饰加工粗糙。材料低档。与其中大型轿车的级别定位不匹配。这些都反应出一个新企业对质量。对产品把握的欠缺。很值一下做得完美。中华作为非常好的品牌。尤其是在价格上极具竞争力。但因为这个品牌不同于其它品牌有跨国公司作为基翼。在售后服务。产品质量可靠性等方面。用户都需要一个观察。认可的过程。

以赢得中国历来第一个"年度车"荣誉。其决定性的因素就是在最重要的"创新性"评价因素上表现突出。正如专家评委。新华社高级记者李安定先生所说。"它是一个理念上的创新。而理念创新比一个车型的创新更不得了。"

这个理念是什么呢？我们必须注意中华出现的背景：中国进入了市场经济的时代。加入了WTO大家庭。而华晨汽车是我国第一个在纽约和香港证券交易所上市的。国有资产控股的汽车企业。这就走出了我国传统国有汽车产业的氛围。它告诉我们。对于民族汽车工业的概念必须在现实的背景下。从新的角度理解。

中华轿车的创新性就是诠释了这种新的理解。市场经济。全球化之下的"民族性"应该怎样体现？它勾画了一条脉络。即资本控股－自有品牌－主导开发－全球资源整合－技术产权占有。其中的新意就在自有品牌跟整合全球化资源主导开发。

汽车是个产品。市场经济条件下。对产品的控制权是最根本的。韩国汽车产业的崛起正是遵循了这个原则。中华车是继当年的红旗和上海之后。第一个我们"控制权"的产品。所以说。中华是中国现代化汽车工业的一个里程碑。它指出一条"现代民族汽车工业"的发展道路。它的上市销售已经在中国汽车工业的史上写下了重要的篇章。

理念的创新无法独立存在。必须有产品在实际水平上的支持。评委对中华的评价当然是以中华的技术。性能和制造水平为基础的。与其它4个优秀的入围三

由《AMS车评》杂志组织的2003年度轿车评选是中国车界的"第一次"

爱问:"您买车了吗?"过去被人们视为天方夜谭的轿车,忽如一夜春风般地进入了寻常百姓家。

中国轿车业忘掉了"入世"前"狼来了"的担心,感受到的是中国汽车市场在"整个世界从未有过的活跃"。

2003年,是中国轿车业在历史上增幅最高的一年。是年,轿车总产量203万辆,比2002年的109万辆又增长86%!一年跃上一个百万级台阶,一年成就了半个世纪没有做成的事。

年初,中国首次评选出"2003年度车"。华晨公司生产的自主品牌"中华"轿车获此殊荣。这次开创性评选由一家与德国著名汽车杂志AMS合作的媒体组织,我是评委之一。

"年度车"在欧美是由生产厂商和消费者之外的第三方每年一次评出的汽车大奖。评选方式一般是汽车类专业媒体或汽车记者协会出面组织专业人士从本年度众多的新车,包括进口车和本地车中推选出一辆(仅此一辆)最具影响力的新车型作为下一年度的"年度车"。能够获选有两个重要的因素:一是技术上有创新;二是物有所值。因此豪华车能够评上"年度车"的并不多。

当年自主品牌在中国市场还很弱小,中华轿车当选"2003年度车",评委认为它是继20世纪50年代"红旗"和"上海"之后,第一款按现代国际汽车产业模式研发、中国自主品牌的全新车型。中华轿车大气的造型设计、先进的车身平台、优良的操控性能,以及远远低于合资产品的实惠售价,都令它在候选车型中略胜一筹。

回想当年好执着。"中国年度车"的评选十分注重与国际接轨,有很强的专业性和公正性。记得那天天气奇冷,在京郊的交通部汽车测试场,评委们在卵石路、搓板路、错位路、绕桩急弯等复杂路况下对候选车型一一测试,并对候选车型款式及风格设计、动力、操控、安全、环保、舒适性、价格经济性、主观满意度八个方面严格打分并做出评议,最后进行投票。

我至今还很珍惜"中国年度车"评选在中国的最初亮相,比起后来评比遍地开花,它反而最规矩、最完美。记得第二年,一款装了新发动机的车型希望参评,杂志主编夏东坚持"更换新动力系统不属于新车型"的条款,面对种种许诺不为所动,拒绝其入围参评,极力维护评选的严肃性。

第一年"中国年度车"评出来以后,我曾撰文提出,不同媒体,因受众和价值取向不同,分别评出各自的年度车无可厚非,但是我希望有一天会和"欧洲年度车"一样,由众多媒体共同参与,评出唯一的一款跨越车型和媒体的"中国年度车"。

随后的几年,国内汽车的评比多起来,直到某电视台参与其中,利用其传播的垄断优势,开创了分诸多车型级别,评选诸多年度车,以扩大广告收入的不良先例。自此每年雨后春笋般地出现N多个以营利为追求的"中国年度车"并存,且一发不可收拾。倒是如果有一天,某厂商来点"黑色幽默",学习郭德纲自称"非著名相声演员",推出新车型以"中国非年度车"标榜,没准更能招徕消费者的眼球。

甲A联赛和"四小花旦"

A级车的竞争如同足球场上的甲A联赛,在中国车市的竞争中最有看头。2003年5月,东风雪铁龙在昆明推出"赛纳"2.0轿车,国产"老三样"终于全部有了换代车型。

"老三样"叫法似乎有些贬义,但它们的历史功绩不可抹杀:一是实现了中国轿车大规模生产的从无到有;二是确立了国产轿车的主流地位。

2002年,桑塔纳生产16万辆,捷达生产12.5万辆,富康生产8.5万辆。在全国

2003年4月,上海通用发布别克凯越,中级车价格初探10万元

上海大众的新polo以"激光焊""空腔注蜡""热压高强钢板"等技术,开创了国产"精品车"制造的先河

二十多个轿车品牌中遥遥领先。而且在2003年第一季度，三个品牌的销量都有三四成的增长。"老三样"风头不减。

"老三样"引进时的目的是作为量大面广的公务用车和出租车（当时老百姓的私家车尚是禁区），所以都是标准的A级车。车长4米上下，排量从1.4到1.8升。90年代中期，公务车乘用者的眼光提高，国家于是批准奥迪A6、别克新世纪、本田雅阁在中国落脚。三种车都是B级车，高级归高级，市场规模不能和"老三样"同日而语。加入世贸组织之后，世界各大厂商纷纷挤进中国汽车市场时，"老三样"已经达到经济规模，服务网点遍布全国，主流地位似乎难以撼动。

2003年，A级车的最大"搅局者"是上海通用的别克凯越，这款车的原型来自通用刚刚收购的大宇。这是通用旗下具有明显成本优势的韩系新车中，向上海通用输出的第一款车型。然而上海泛亚研发中心的内饰设计、底盘本土再开发和调校让这款车脱胎换骨，现代、优雅，体现了通用副董事长鲍伯·鲁兹的预言：有一天，中国人挑剔内饰的精明程度会超过日本人。

鲁兹亲自飞到上海，在泛亚研发中心新址的广场上，试驾了通用在中国的产品和潜在对手的产品，敲定了上海通用这款新车的设计。有同行问他，如果由他为中国人设计一款轿车，将有哪些考虑？鲁兹回答："在中国无论设计什么车型，都要注重市场细分。首先，为中国人开发的轿车，将来不能在北美设计，而必须在中国设计。我在泛亚看到的几款新车型，具有很高水平。今后不但是为中国市场设计的轿车，就是其他市场的产品，也要听泛亚的意见。"

2003年，凯越投放市场后，定价跨越10万元，消费者趋之若鹜。在当时的降价大潮中，不惜加价提车，一时成为中国车市的新明星。

我至今记得上海通用总裁陈虹在凯越新车发布时说的一句话："我们已经站在了巨人的肩膀上，现在要做的，是如何使自己成为巨人。"的确，当时的中国汽车业已经有了如此有抱负的厂家。

面对A级车生产厂家既有的强势，新车型大都采取了迂回战略——引进低一档的A0级小型车。上海通用的赛欧、上海大众的POLO、南京菲亚特的派力奥、天津的夏利2000，在2002年短短一年间相继问世，或大或小掀起车市一片波澜。被市场以京剧靓丽年轻女性角色——花旦为比喻，誉为"四小花旦"。

"四小花旦"是中国汽车史上第一批专门以普通老百姓为消费对象而引进的车型，推动了中国轿车从以公款、大款消费为主，转向以百姓家庭消费为主的结构性转变。"四小花旦"在价格上形成了一个10万元级的价位，使十年前还宛若梦境的家用轿车成为越来越多工薪阶层"可以摘到的果子"。

然而，往往被媒体和消费者忽略的是，"四小花旦"对于产品与世界当代最高技术水准同步的刻意追求。上海大众为争做"领跑者"，推出的POLO第四代，与德国大众公司仅有半年的时差。许多新技术的采用、零部件和标准的改动，都是在动态过程中进行的，技术运作和管理难度远远超过一般人的想象。如果当初引进POLO第三代，技术是现成的，有二手设备，要省力得多，价格也会更有竞争力。但是，他们宁愿选择一条更难走的路。

争做领跑者，的确需要投入巨大的财力和精力。为生产POLO第四代，上海大众投入了34亿元，建立了一个全新工厂，采用柔性化生产技术，能够混线生产POLO系列的多种车型；他们采用激光焊接和焊接机器人，确保焊接的精确控制；车身选用双面镀锌钢板，还采用了空腔注蜡技术，可以确保整车十二年防腐；所有这一切消费者看不见的投入，只是为了让老百姓在市场上多一种达到世界先进水平的选择。

"家轿"是面向广大老百姓的，因此市场必然是多元的。三五万元的吉利、夏利、奇瑞QQ，安全、环保都能达到国家标准，自有他们的热情客户；而"四小花旦"作为先进技术的"领跑者"，所追求的也许正是让中国人像享受数字彩电、宽带上网一样，开上美国人、德国人、日本人今天开着的同一水平的小型轿车。

奔驰二十年执着花落北京

2003年9月，戴姆勒－克莱斯勒与北京汽车控股公司达成总投资10亿欧元的全面合作协议，合资生产奔驰轿车和卡车。此前，奔驰为进入中国汽车制造业，执着努力了近二十年。

80年代，奔驰曾向中国的兵器工业转让技术，在内蒙古生产奔驰重型卡车，开创了中国生产高级大吨位卡车的先河；其后，一汽曾经组装了890辆奔驰轿车，在国内用作高级公务用车，随后就没了后续的合作；1994年中国《汽车工业产业政策》公布，奔驰利用正在开发中的A级车先进技术，背水一战地开发出小型车FCC，却难以在中国落脚；原本已获批准的奔驰厢式车中国南方合资项目又不欢而散；最后，只拿到一个扬州客车合资项目。执着的奔驰多少有些沮丧。

20世纪末，戴姆勒兼并了美国汽车第三大企业——克莱斯勒，组成戴克集团。雄心勃勃的戴克曾与一汽探讨生产奔驰商用车，由于一汽总经理竺延风坚持保留"解放"自主品牌，双方陷入了僵局。戴克于是转向利用北京吉普作为滩头阵地进入中国汽车业，把旗下的三菱SUV引进到北京，对于是否把奔驰轿车放在北京生产还在犹豫不决。

到了2003年，峰回路转，戴克下决心与北汽集团合作，成立北京奔驰－戴姆勒·克莱斯勒（BBDC）公司。推动因素有三个：一是中国轿车市场的爆发行情；二是北汽通过与韩国现代合资，迅速崛起，成为一个有实力、可信赖的合作伙伴；三是奔驰的老对手宝马与华晨合资后，国产3系、5系新车纷纷下线，直接威胁奔驰进口车的市场份额。

BBDC决定停产吉普，在北京亦庄建新厂，把奔驰和克莱斯勒轿车集中生产。2005年，国产奔驰E系列在亦庄开发区亮相，基本是SKD散件进口组装，由于享受本土化生产的税收优惠，价格实惠，销路甚好。

然而，此时中国《构成整车特征零部件进口管理办法》出台，把过去合资产品必须达到40%国产化的指标，改为做到2＋3，即发动机和车身两大总成加上三个小总成——或者做到一大五小的1＋5——必须本土化。这道门槛对于进口整车散件，只在中国装轮子，从而享受本土化优惠税率的合资外方，显然是一种有效制约。

一个只有两万多辆小规模的高端车，做到2＋3、1＋5的本土化谈何容易。而如果转为进口，在中国建厂的巨额投资岂不打了水漂。且不说，对手奥迪、宝马的零部件本地化采购已经搞得风风火火，国产奥迪、宝马会更有竞争力。此事让奔驰好不纠结。

然而奔驰就是奔驰，其后数年，奔驰一方面成立奔驰中国销售公司，强化奔驰品牌，扩大全系奔驰车型的进口；另一方面通过将克莱斯勒剥离后的产能并入北京奔驰工厂，埋头苦干地提升本土化零部件供应商的技术和质量水平，为C级车和新的长轴版E级车的国产创造条件。

有趣的是，随后欧美加拿大等国向世贸组织诉讼中国进口汽车零部件管控违规，官司打了三年，最后原告获胜，中国撤销了《构成整车特征零部件进口管理办法》。而官司原本的受益者北京奔驰，国产化却已经达到了该办法的要求，尝到了降低成本的甜头。这也是中国加入世贸组织后各国博弈的一个结果。

2.竞争从此变得血腥

好日子走到"拐点"

尽管媒体和消费者像迎接节日一样涌进2004年北京国际车展的展馆，但是连续两年增幅保持50%以上的中国车市，2004年5月份的总销量下滑20%，全国轿车的库

2004年7月，奔驰新A系别出心裁地在希腊爱琴海上的豪华游艇"阿依达"号上发布

存占到总产量的20%以上。

是"牛市"蓄势盘整，还是好日子遭遇"拐点"？但是有一点是肯定的，不管什么样的汽车，只要生产出来就能卖掉、就能赚钱的好日子一去不复返了。

中国人接触汽车文明，相对欧美国家滞后了约一百年，随着中国家用轿车产业迈向成熟，市场增长势头真是厚积薄发。有人统计，在第一批买车的老百姓中，60%的人没有打开前舱盖看过发动机是什么样子。

面对一个从零到"爆发"的汽车市场，各生产厂家饕餮着市场几乎无尽的增量，从三五万元的吉利、夏利，到应该申报吉尼斯世界纪录的1000万元天价宾利、劳斯莱斯，没有一种车不是卖得火火的。坊间一则笑话说，您什么都不会干，那就卖车去吧。

正在遭遇全球"寒流"的国际汽车大厂商看得眼睛发绿，拼死拼活要挤进中国市场，合资生产，建销售网络，中国市场也给了他们超常规的回报。上海通用、广州本田在规划建厂之初，曾被外国媒体和投资分析家视为疯狂之举，今天却成为国外母公司的摇钱树；最早进入中国的大众集团，在中国的盈利与产量竟支撑起大众在全球的半边天。然而中国汽车市场的膨胀并非没有尽头，增量很快被吃尽，跑马占地很快没有了空间。

车市正在"拐点"来临的恐慌中。6月16日夜，大众在中国车市突然扔下一颗"重磅炸弹"。此前多年，接受中国媒体采访，一听降价的问题，就断然顶住的大众中国公司携手在华的两个合资伙伴———一汽大众、上海大众，对其大众品牌产品全系降价。一场残酷的、你死我活的价格战在中国全面打响，竞争从此变得血腥。

跨国公司看中国：还是一块"香饽饽"

2004年5月份以后，中国车市出现的回调，让几年来习惯于产销持续高增长的业内人士惊诧莫名。然而有趣的是，一些跨国集团的领军人物却频繁造访中国，完全没有因为中国车市出现的暂时低迷而扫兴。在他们眼里，中国汽车市场依然是一块"香饽饽"，只不过竞争更加白热化罢了。

7月20日，日产汽车公司首席执行官卡洛斯·戈恩到访北京，被中国记者问到，车市下滑，东风日产会不会下调今后四年产量规划？他满脸轻松地回答：今年

福特在2005年针对中国市场开发了三厢福克斯,请中国媒体到欧洲观看了研发过程和试车

上半年,美国汽车市场增长1%,欧洲是零增长,日本是负的4%,而中国六个月增长21%,答案不是十分清楚吗?中国汽车业连续两年实现50%的增长,这样的高增幅是不可能一直持续下去的。不要说20%,就是10%的增长率在世界上也是最让人振奋的。我们的规划就是建立在年均增长10%的基础上,看不出有什么需要更改。

曾让日产起死回生而声名鹊起的戈恩,刚刚乘着专机掠过半个中国,一天里马不停蹄地来到广州花都、湖北襄樊、十堰,考察新生产线,讨论生产规划,又连夜飞到北京。第二天,与东风有限公司董事长苗圩会谈、到经销店和职工一起吃工作餐、接受媒体的采访,傍晚出席即将推出的豪华轿车"天籁"上市活动,行程之紧凑让人咋舌。

另一位车界大哥大——美国福特汽车公司首席运营官吉姆·帕蒂拉在戈恩露面的同一天,正从北京赶往南京,参加长安福特的第二个工厂落户南京江宁的签字仪式。这是继蒙迪欧轿车在重庆投产大获成功之后,长安福特顺江而下,建立的第二个20万辆规模的新工厂。人们还注意到,日本马自达汽车公司总裁井卷久一的身影也意外地出现在签字仪式上。由于马自达当时是福特的子公司,可以预计,长安福特的南京新厂可能会生产福特面向亚洲开发的三厢福克斯,以及同一平台的马自达3。

而几乎完全避开媒体视线的是,在长江中游的南昌,福特持股的江铃汽车也在进行着产权和车型的调整，福特的"泛长江"布局已浮出水面。此举是福特汽车董事长比尔·福特在2003年10月宣布投资10亿美元，在中国进行业务扩张的主体部分，也是对不久前美国通用宣布在华增加投资的迅速反应。

而在十天前的7月10日，德国大众负责中国事务的副总裁魏智博飞到长春，与一汽集团总经理竺延风共同为"大众一汽平台零部件有限公司"奠基。这是大众进入中国后，第一次建立的先进轿车平台生产厂。平台厂预计将在两年后投产，年产能40万套。

这个投资14.2亿元人民币的工厂，主导产品是大众的新一代A级车生产平台——PQ35的主要部件，包括轿车的悬架、转向和制动系统。PQ35平台部件将能装配大众全球最先进的车型：第五代宝来（速腾）、奥迪A3、新甲壳虫、途安和开迪等车型。使大众在中国的两个合资厂产品竞争力后劲大增。最先进的PQ35平台的引进，也结束了大众在中国二十年来，零部件认证只能拿到沃尔夫斯堡进行的历史。

大众还和一汽在大连共同投资兴建一个新发动机厂，生产具有国际先进水平的小排量、低油耗的涡轮增压发动机。在过了二十年的好日子之后，面对来者不善的新对手，德国人终于明白，如果再墨守成规，大众在中国市场上的份额，可能就不再是高开低走那么简单了。

新掌门人和新产业政策

2004年前后，中国汽车企业的领军人物已经全面实现年轻化。三大集团的一把手，分别由一汽的耿昭杰、东风的陈清泰、上汽的陆吉安交棒给竺延风、苗圩、胡茂元，当时三人都是不惑之年，被称作"三少帅"。其他国企集团也分别由同一年龄段的奇瑞的尹同耀、长安的尹家绪、广汽的曾庆洪、北汽的徐和谊接掌。

加入世贸组织和鼓励轿车进入家庭，催化中国汽车产业加速了结构调整，从过去计划经济的"活化石"，转化为一个最深度竞争的市场化产业。十年前的一版《汽车工业产业政策》已经明显跟不上形势。2004年6月1日，由新组建的国家发展和改革委员会发布了新一版的《汽车产业发展政策》，颇有许多与时俱进的地方。

新产业政策取消了与世贸组织规则和中国加入世贸组织所做的承诺不一致的内

2003年度车评委合影。左起：李安定、苏辉、吴道予、王凯明、陈群一、夏冬、林建、张桐春

容，比如取消了外汇平衡、国产化比例、出口实绩等要求；大幅度减少了行政审批规定，转而依靠法规和技术标准引导；首次提出了品牌战略、鼓励企业开发拥有自主知识产权的产品；提出引导企业兼并、重组，促进企业集团做大做强；要求企业改变过去销售上的粗放方式；鼓励发展能源环保型汽车和新型燃料汽车。

这些条文，外行人看上去有些笼统、有些枯燥，但是对照其后数年的实践，中国汽车业发展的大方向和大事件，大都没有跳出这些条文的框架。一个好的城市规划，恰恰在于不用年年改、月月改，如同美国芝加哥的城市发展还在严格执行五十年前的经典规划一样。

2004年中国汽车产业增长将近20%，轿车增幅只有13%。虽然在全世界也算独占鳌头，但是大多数汽车厂家、经销商、零部件供应商的实际感受却是另一番滋味。

加入世贸组织的"保护期"行将过半，中国汽车业面临的严酷现实是，降轿车价格易，降成本难。在劳动力成本上，尽管中国要比日本等国便宜80%，但是，采购、生产、管理的成本居高不下，合资企业在中国造车要比国际平均成本高出两三成。其中，零部件采购成本比国际平均高出50%，制造成本是国际的两倍，日常运营成本是国际平均水平的八倍！

此外，明显滞后的汽车消费环境，如能源、道路、停车场承受能力被压得喘不过气，哪能容得轿车"狂飙突进"式的增长单兵突进。如果一个城市的道路拥堵得如同一个大停车场，难道还会有人去买车吗？

就像有经验的老农种麦子，不是一开春就让麦苗大水大肥地疯长，而得有一个"蹲苗"的阶段，让麦苗长得更健康、更壮实。经过这次车市的"蹲苗"期，聪明的汽车厂家开始从上产能、拼价格，转而向重市场、降成本求生存。好日子再也不会不加选择地落在每一个汽车企业身上，"跑马占地"式粗放的增量竞争的好日子一去不复返了，"此消彼长"的存量竞争将变得无情。在不断优胜劣汰中，有进有出，有死有生，竞争从此成为一种常态。

2005年，中国轿车年产量276万辆，增幅为20%；2006年，轿车产量387万辆，增幅为40%。中国汽车产业终于安然度过加入世贸组织后的缓冲期，站稳了脚跟。

人物印象

好人吕福源

吕部长走了。朋友在电话里告诉我。

半晌说不出话来。尽管早知道他的病,这一天已经在意料之中。

作为一个多年采访宏观经济的记者,我对汽车产业情有独钟,缘由之一,就是在这个产业的许多朋友人品好、学问好、大气、有大家风范,吕福源是其中的一个。提到他,我每每脱口而出:好人。

草根部长

认识吕福源是90年代初,他刚刚调到再次组建的中国汽车工业总公司当副总经理。到公司采访,或者一起出差,平时以朋友相处,他没有半点哼啊哈啊的当官架子,倒显得儒雅而有些书生气。

谈起汽车,他的视野总是很宽阔,观点非常独特,而且常常把中国汽车放在国际大背景之中,在那个相对封闭的年代格外难能可贵。我常常和他开玩笑说,和他聊天必须带上本子记,他说话的信息量太大,丢了什么都是我当记者的损失。

他是一位"草根部长"。"文革"中从吉林大学物理系毕业,被分配到吉林梨树县一个小镇粮管所做电工,靠对调进入一汽红旗轿车厂。从冷气装配工做起,靠着读书钻研,他安装调试了一汽最早的三坐标仪,学会了计算机编程。从工人到技术员、工程师,并在1982年被派到加拿大蒙特利尔大学做交流学者,回国后任一汽技术科副科长、副厂长、总经济师。在一汽,主持了许多重要的技术革新和引进谈判。他思维敏捷,英语纯熟,是大家公认的谈判专家,被称为"一汽的基辛格";作为行业领导,他的战略眼光、大局观念、细腻作风,很快就为各地汽车厂家所认同。

书迷的段位

中国的官员,把泡图书馆作为假日消遣的恐怕不多,吕福源却乐此不疲。当时还没有互联网,吕福源周末往往会在国家图书馆泡上一天,查阅世界汽车产业最新资料。他对我说,北京有中国最大的图书馆,这是到北京工作的一大乐事。

他的夫人苗老师告诉我,他们一家人搬到北京的第一个周日,夫妇俩带上儿女,背着面包和水壶,兴冲冲地直奔国家图书馆,吕福源带着儿子在中外文阅览室整整流连了一天,女儿小,办不了阅览证,跟母亲学着查阅目录。吕福源出国的公务之余,最大的爱好就是逛旧书店。当时出国公家发的外币零花钱,一般人攒下来购买彩电、冰箱等"大件儿",吕福源则全部用来买书。

许多人也爱读书,比如我,但是远到不了吕福源的段位。有一次他在国外一家旧书店看了一天书。结账的时候老板说,我喜欢观察顾客,看人选什么书,我就能猜出他的职业,但是你看书很杂,猜不出你是干什么的。吕福源调侃说,我是当教师的。老板说,我这里有一本绝版书,你要是说得出内容,今天你买的书我全部给你打对折。老板取出那本书,吕福源不但说出了内容,而且说出一些相关背景,老板深为折服。原来这是一本"二战"后谈及全球经济走向的书,很有见地,但是作者去世得早,书印得少,存世的已经没有几本。吕福源曾看过这本书的评论,后来在英国一家图书馆找到这本书,看得入迷,专门复印了一本带回国细读。

从长春到北京,从工程师到部长,吕福源搬过几次家,客厅里摆的始终是80年代一汽安置知青的工厂做的简易人造革沙发,添置的家具,是摆满书的几个大书架。

轿车也是生产力

当官而不说违心的话,恐怕并不容易。90年代中期,某部门召开媒体吹风会,要刹一刹当时并不存在的"轿车热",请主管汽车产业的机械部副部长吕福源到会发言支持他们的观点。吕福源对着别人准备的稿子念了一段,就放下了,然后坦率地谈了自己对汽车产业推动国民经济发展的看法。我后来多次引用他在讲话中的"名言":为什么要发展载人的汽车,12亿人的中国搞现代化,人流比物流更重要。拉4个人的轿车比拉4吨石头的卡车有更大的生产力。

1997年北京汽车保有量激增到80多万辆,交通出现拥堵,限车、"总量控制"的呼声甚嚣尘上。多年呼吁轿车进入家庭的我曾直问主张"总量控制"的人:合理的"总量"应该是多少,你们心里是不是有数?他们个个语焉不详。对于北京机动车"总量"规划最早提出量化建议的,恰恰是当时的机械部副部长吕福源。他鲜明地提出,北京市如果不按照300万到400万辆汽车保有量进行规划建设,可能会产生更多的问题。他说:国际上属于经济、政治、文化中心的大都市,汽车保有量少的400万辆,多的700万辆。且不说这些城市还有发达的地铁。一个城市的经济总体规模,总是与汽车的保有量相联系的,没有足够的汽车保有量,经济就不可能充分活跃起来。

还是一个汽车人

吕福源对待朋友亲近而坦诚。1998年,在拙作《家庭轿车诱惑中国》杀青之前,我约他作一次关于汽车产业长远发展的长谈,那天因为路上意外堵车,我让他空空地等了两个小时。赶到机械部,我内疚得不行,他却连寒暄都省略了,把我按在椅子上,立即开讲。因为后面电子部党组成员造访机械部的活动已经排定,他抓紧时间，把准备好的观点一股脑掏给我，意在让我能有更实质的收获。

后来，他转行做了教育部副部长，不再公开评论汽车。我们在一些会议上碰到，他说，搞教育很有意思，他正在拼命钻进去。对于我对汽车业的一些问题，他也一一作出回答，只是说明这是朋友间的探讨，不要公开引用。

我们最后一次深谈，日子记得很清楚：2001年1月2日。那天我从澳大利亚回北京，在飞机上意外遇到吕福源。

我们谈及全国大纵横的公路建设缓慢，吕福源说，原因是各城市热衷先修环城的小圈子，对大纵横不够上心。说到北京的城市改造，他说北京应该最有条件修卫星城，这样可以卸掉城市包袱，改善环境与居住条件。在卫星城建设大的MALL，引进名牌连锁店，造就与市中心同样的购物环境，就能吸引人们居住，交通拥堵也会迎刃而解。

谈到华晨当时自主开发中华轿车。他说，一个新车，出点问题不可怕，奔驰A系列也出过大问题，翻过车，关键是企业解决问题的机制。企业要重经营，但是一定要有技术最高负责人和一个班子，处理制造和工艺方面遇到的问题，这方面请外国人都行。企业要有一位权威的总工程师，否则企业风险很大。

吕福源对我谈到当时人们关心的全球化，谈到中国必须有长远利益目标，谈到大市场是个什么概念；他说，美国就是一个大市场，5%的汽车更新，就是200万辆。在新世纪，中国是全球唯一可以和美国比肩的大市场。

和吕福源的谈话，被我记在当时的日记里。几年过去，真知灼见依然掷地有声。

2003年全国人代会上，吕福源被任命为新设立的商务部首任部长。当年9月，他被检查出患了癌症，急需马上进行手术治疗，但是他还是率领中国代表团第一次以正式成员身份赴墨西哥坎昆参加WTO第五届部长级会议。会上，他参加了25场双边和多边会议与磋商。回国第二天，他又飞到柬埔寨。这样，耽误了一个多月后，他才住院接受手术。但是手术的最佳时机已经错过，2004年5月18日，59岁的吕福源去世。

我最后一次见到他，是他出席国内某汽车集团与一个跨国公司战略合作的签约仪式。他问我为什么好久没有消息。我说，是你搬家了，我从教育部要不到你家的电话号码。他当场拿过我的笔记本,写下手机和家里的电话号码,并在旁边大大地写下"吕福源"三个字。

没有想到,墨迹未干,一位好人,一位中国优秀的汽车人,竟这样过早地离开了我们。

(这篇文字的初稿,是他去世的次日,一清早我接到噩耗,跳下床,趴在电脑前一气呵成的,并且立刻发到网上。稿子发出,我才发现,一直光着脚踩在地板上。)

第七章　当自主品牌成为国策

直到2004年，汽车自主品牌在官员和媒体面前似乎还无足轻重。

是年2月20日，"两会"即将召开，奇瑞在北京政协礼堂举行新闻发布会，宣布600辆奇瑞"东方之子"获得了全国政协的大会"指定用车"资格。两天后，新华社一位女记者突然发表了一篇报道，芜湖市委书记、奇瑞董事长詹夏来在文中被称作"红顶商人"，此文引发一场政治风波。政协有老同志发话，"我们不坐红顶商人的车"，出租车公司也马上用红旗取代了已经运抵北京的"东方之子"。詹夏来辞去了奇瑞董事长的职务，转由尹同耀兼任。那一阵，奇瑞的压力可想而知。

然而否极泰来。就在这年夏天，中央决策者对汽车业的自主品牌、自主创新做出肯定和支持。一时间，作为自主品牌国企代表的奇瑞，得天独厚地获得各方青睐。领导考察，高端论坛，政策支持应接不暇，奇瑞过上了彻底扬眉吐气的好日子。而前些年的"国家队"——合资企业，却被弄得灰头土脸。

三十年河东，三十年河西，支持轿车自主品牌成为国策。

1.决策层热捧自主创新

自主品牌"咸鱼"翻身

2004年起,决策者开始把创新理念提升到举足轻重的地位,多次提出"把提高自主创新能力作为推进结构调整、促进增长方式转变和提高国家竞争力的中心环节"。在汽车产业,自主品牌企业一时声名鹊起。

汽车业前些年几近被扼杀的自主品牌企业,突然"咸鱼"翻身,成了"香饽饽",成为官员、媒体追捧的对象。尽管两三年前,奇瑞、吉利、华晨、悦达们还在各政府部门为生存权而申请、求告、公关;如今,各种荣誉、政策支持,以至贷款和专项资金"及时雨"般落在以奇瑞为代表的自主品牌企业身上。

我始终感到颇有些奇怪,自主品牌们前两年怎么就没有遇到这些慧眼识珠的好官员、好媒体呢?当然,革命不分先后,尤其当改革开放达到一个新阶段,决策者确定了新的航向。

轿车自主品牌在中国汽车史上,曾是相互几乎没有血统关联的两代。

1958年的"大跃进"热潮中,一汽的东风、红旗,北京的井冈山,上海的凤凰等,在当时国际封锁中,硬是依靠拷贝进口样车,用手工敲打车身造了出来。这些轿车不是商品,只是作为当时政治热情的一种体现。随着"大跃进"的泡沫破灭,中国轿车只留下两个品牌得以维持,一个是红旗,年产最高300辆;一个是由凤凰改名的上海牌,年产3000辆,一直维持了二十多年。进入80年代,大量进口轿车涌进国门,第一代轿车自主品牌红旗和上海先后被停产,实在是一件憾事。

始于90年代后期,野草般涌现出来的第二代中国轿车自主品牌,如吉利、奇瑞、华晨等,全部是汽车行业外的民营企业或国企。它们创业过程中最大的艰难和无奈,恰恰来自行业准入的高门槛,以及一些官员的冷漠。直到入世前后,跨国公司尽数得以进入中国搞合资,自主品牌轿车才获得生存权。

中国人造轿车,从1958年的自力更生,到1980年代的引进合资,到入世后的自主开发、自主品牌,历经三个发展阶段。80年代中期,没投资,没人才,没技术,没市场,说自主开发只能是一句空话;90年代末,在引进合资积累的人才、技术、零部件基础上,开发才终于有了可能。华晨借助全球资源开发中华轿车,奇瑞、

| 吉利自主研发的全球鹰 GX2

吉利推出"中国人买得起的好车",遗憾的是这些草莽中"无畏者"遭遇的是猜忌和责难;时至2004年,中国轿车产量超过200万辆,在决策层的推动下,有关部门才开始转而支持鼓励自主品牌、自主开发。晚虽晚矣,但还是赶上了瓜熟蒂落的好时机。

来之不易的机遇

中国轿车业从引进合资起步,自有当时的历史背景,而且成绩难以否定。但是一度偏离掌握国际先进技术,迅速形成自主创新能力的初衷,甚至压制新生自主品牌的,恰恰是一些政府部门的失误,并非当年合资企业决策者、创建者的本意。

一汽大众的奠基人、一汽老厂长耿昭杰曾和我谈起,当年引进奥迪技术,继而建立合资企业的目的,就是要学习全球汽车先进技术,用于再造"红旗第二代",

这是一汽人做了几十年的梦。这种执着,外人很难体会。他强调说,合资企业与自主品牌,两条腿要一般粗。一条腿粗,一条腿细,并不是我们当年的初衷。

上汽总经理陈虹说:今后二十年的发展,如果我们不能通过自主创新,主动地找准自己的定位的话,就只能等着别人帮你定位。我们要做制造业,必须要进入价值链的核心部分,增强我们的技术研发能力。一开始全面竞争不可能,可以先从局部突破。我们现在搞自主创新、自主品牌,和60年代不一样,是在一个开放的条件下进行的。我们讲合作,但是"自主"这个要素我们不会放弃。

2004年,中央决策层把自主创新提升到国策的高度,自主品牌终于从"姥姥不疼,舅舅不爱"的尴尬境地走出来,挺直了腰杆。它们珍惜来之不易的机遇,只争朝夕地奋力拼搏,频频爆发出新的"亮点"。

奇瑞、吉利、华晨、长安、长城、江淮等一批"草根"自主品牌开始进入一个

丰田博物馆里当年手工造车的情形。办这个博物馆的初衷,是试图告诉下一代,制造业才是一个国家经济的基石

快速上升通道。在品牌打造、技术研发、产品出口、海外建厂等方面多有可圈可点之处。力帆、比亚迪等转行进入轿车业，也以其特有的核心竞争力，在激烈的市场竞争中站住了脚。在底特律、法兰克福、东京的国际车展上，中国的自主品牌轿车也开始崭露头角，而且成为众多国际跨国公司CEO们专门前往的展台。

值得一提的是，在中央对自主品牌的高调倡导下，多个国企汽车大集团，充分运用多年来引进合资的资金和技术积累，厚积薄发，在集团层面进行自主研发，别开生面地创立以中高端车型为主的第三代自主品牌。上汽集团先后参股韩国大宇，入主韩国双龙，收购英国罗孚的技术，创立了自主品牌荣威；一汽、南汽也分别推出奔腾、名爵等自主品牌的中高端产品。

中国人口众多，地域差异大，消费水平的多元化层次超过整个欧洲。众多的细分市场，使自主品牌在与跨国公司的竞争中，获得了宝贵的生存空间。

到了2007年，国内乘用车500万辆的总销量中，自主品牌的销量已经占到近四成。而在汽车出口市场，几乎成了自主品牌的一统天下。

自主品牌开始享受到政府部门的政策支持。在改革开放初期，为吸引外资进入，国家对外资投资与合资企业提供了优惠政策。在汽车行业，合资企业平均税负为11%，内资民营企业为22%，国有企业为30%。为适应形势的变化，到2007年中国终止了外资与合资企业的"超国民待遇"，各类轿车企业得以在一个公平的税负平台上开展竞争。

市场不会同情弱者。中国自主品牌轿车最终能否在强手如林的全球市场立得住，还要在竞争中见分晓。因此，自强是自主品牌立足的关键，靠企业自身的核心竞争力、靠产品质量、靠贴心的服务，才能在激烈的竞争中胜出。

2007年，成为中国自主品牌的一个高峰。

2.自主研发才是硬道理

奇瑞："相持阶段"尚未到来

2007年，奇瑞成为中国最高决策层提出的"自主创新"道路成功典范。詹夏来和尹同耀双双当选代表，出席中共十七大。大会期间，我在北京和詹夏来、尹同耀

奇瑞的高品质全球车型——星途瑶光SUV，奇瑞首款诞生于星途M3X火星架构2.0的旗舰车型，驾乘体验优越，造型极具未来感

多年来,詹夏来和笔者的交谈总是充满哲理

就自主品牌的发展进行了一次深谈。

"中国正在成为全球最大的汽车市场,对所有跨国公司来说,也是最后一个大市场。这对自主品牌是个好机遇,在自家门前就是一场全球竞争。"詹夏来说,"从文化角度讲,德国和日本两个民族在历史上都有称霸世界的野心。从经济上、产业上说,他们处处要争第一的追求,一点儿都没有变。和德国人、日本人打交道,哪怕一个小产品。他总说,他的产品是世界第几,目标是第几,总目标最后都是要争个第一。"

大众和丰田在中国市场拼命争夺第一的地位靠什么?詹夏来提出:"靠新技术。一个规律是,市场竞争越激烈,新技术的进入速度越快。大众头十年,在中国没有对手,桑塔纳一干二十年;现在竞争如火如荼,大众最先进的FSI发动机,双离合变速箱,PQ35、PQ46平台一下子全进来了;丰田也把凯美瑞、新卡罗拉拿到中国;竞争的需要,让他们使出浑身解数。"

中国已经成为国际市场竞争最激烈的一个组成部分,自主品牌的形势相当严峻。詹夏来说:必须清醒地看到,中国汽车自主品牌还在夹缝中寻找市场空白,以获得生存空间。自主品牌参与竞争,人工成本、效率有优势,但是不能把打价格战当作唯一手段。必须对准产品开发、对准质量服务,长久坚持下去,要和跨国公司做得一样好。今后一段时间，自主品牌一定要沉得住气，要有一套策略；确定一个产品和一个系列的关系，完全如同一场战略布局，而且是持久战，不是一天两天的事，也不是一年两年的事。

2005年，奇瑞研发费用占到总销售收入的7%。奇瑞董事长兼总经理尹同耀认为，正是这7%的投入，使得奇瑞开发了全新的发动机：两个汽油机家族和柴油机。2007年8月16日，奇瑞第100万辆车下线，成为一个战略转折点。

此前，是奇瑞发展的第一阶段——自主创新打造自主品牌。奇瑞品牌的轿车出口56个国家和地区，奇瑞连续三年蝉联中国汽车出口冠军。奇瑞人称：把势做起来。

奇瑞接着弄出"大动静"，开始发展的第二阶段：——坚持开放创新，打造自主国际名牌。本来是一杆自主品牌、自主开发的"大旗"，却回过头去与捷豹路虎搞合资。尹同耀说，奇瑞不满足做一个国内品牌、区域品牌，从今天起，奇瑞要走出去，参与全球化价值链的广泛国际合作，跻身世界强手之林。

詹夏来以毛泽东当年在《论持久战》一书中的观点做比喻说，八年抗战的"相持阶段"还没有到来，还是"敌强我弱"的严酷局面。

吉利：到海外车展去亮相

中国人开始造轿车时，轿车已经在全世界飞奔了一百多年。一开始真是"无知者无畏"，用李书福的话说，都是"两个沙发，四个轮子"。"模仿秀"在所难免。学写毛笔字的人都知道，一开始要"描红模子"，靠地道的"模仿秀"起步可以理解。

2005年夏，我到宁波，吉利汽车董事长李书福告诉我，正考虑是否去参加法兰克福车展。我一听，立即说：好呀，这可是吉利品牌上个大台阶的好机会。自主品牌首次参加一流国际车展，本身就是头条新闻，你就等着新华社、中央电视台驻德国的记者上门找你吧，外国媒体就更别说了。

当时李书福刚刚造出了一辆完全自主开发的新车"自由舰"，从发动机、自动变速箱到底盘都是自己的。他要让自己的"宝贝儿子"在海外车展亮相，让全世界的汽车老大们亲眼看一看，中国吉利告别了"模仿秀"。他当时已经意识到，正向开发，自主创新，是获得生存，获得竞争力的必要条件。

草根出身始终困扰着吉利和李书福，中国人的门第观念，让官员、同行、媒体乃至消费者，长期都把吉利排在中国汽车业的垫底位置。跨国公司则对这家民营企业充满戒心，一旦发现吉利成为一个潜在对手，出手往往很不厚道。

2001年吉利豪情起步时，曾经搭载天津丰田的8A发动机。当时丰田在中国投放的小型车威姿没有上批量，发动机能力富裕，和吉利签的合同很宽松，每台发动机1.76万元，以后如果买得多，价格还能优惠。但是后来吉利产量大幅提升，与丰田小型车正面交锋，丰田于是违背合同，每台发动机涨到2.15万元，供货量严格控制，而且不再执行质量索赔条款。倔强的吉利深感产品的心脏依赖外人的处境险恶，立即开始了自主发动机的研制。一年后，吉利的MR479Q发动机问世，价格只有丰田的一半。"技术水平如何？"我问过李书福。"比起8A，一点不差！"他

吉利的轿车在法兰克福车展的展台亮相，是为中国自主品牌轿车在国际A级车展上的"处女秀"。李书福用国画工笔牡丹和京剧人物，作为展车的烘托

说。从此，吉利锲而不舍地研发发动机。到2005年，吉利开发的1.8升发动机，升功率达到57.2千瓦，与当时世界最高水平相当。

没有什么事是李书福不敢干的。自动变速箱，简称AT，跨国公司对这一技术把持得特别紧。国家原来有意要研发本土自动变速箱，安排上汽和天汽分别搞，是国家立项的国债项目。投资八个多亿，组织上百位专家，搞了两三年，到2002年前后，钱花光了，项目没搞成。难度太大，不如进口，所以就停了。当年，从废物垃圾里回收贵金属起家的李书福，认定失败之中有黄金，八个亿学费都付了，放弃了太可惜。他就找到攻关团队中的专家，天津齿轮箱厂的总工程师徐柄宽，问他继续干下去，能不能搞成？徐说，有50%的可能。李书福就请他到吉利来，建立自动变速箱公司。制造设备中检测线是吉利设计的；高精度的探头、探测仪器、精密机床和加工中心分别从德国、日本进口。

进口日本的设备，要去日本验收，可是李书福和徐柄宽赴日签证连续被拒签，人去不了，设备一直进不来。"一点也不大气。"李书福评论说。2005年，三速、四速自动变速箱造出来了，装在新车"自由舰"上。李书福说，这还不能算做成了。后来吉利成功收购全球第二大独立自动变速箱厂——澳大利亚DSI公司——一举成功，和吉利对自动变速箱技术的了解是分不开的。

2005年，李书福宣布，到2015年，吉利汽车年销量将达到200万辆，三分之二用于出口或在海外生产（那时候收购沃尔沃还是没影的事）。而在这一年，吉利只卖出美日、豪情、优利欧等低端轿车14万辆，出口4846辆。需要跨越的增长幅度很难让一般人相信。既然海外市场十年后将占到吉利的三分之二，亮相法兰克福这样的世界顶级车展也就变得顺理成章。

中国民企要到法兰克福参加车展，连德国人都没有思想准备，李书福带领的参展团队，几乎一半人，包括李书福本人，被德国大使馆拒签。李书福最后再去签，也只给了六天的停留时间。对此，李书福不大介意：德国人还是讲道理的，中国车去了，就把代表中国的五星红旗交给吉利。五星红旗第一次在法兰克福车展升起，李书福收获的并不只是爱国主义的自豪。

2005年9月的法兰克福车展，我一进展馆，就先去看吉利。找了又找，最后在非主流品牌展馆的一个拐角，看到了吉利的展台。面积不算小，背景板画着大朵牡丹，设计得很有民族特色。台上摆放着五辆车：豪情203A的右舵出口车；吉利第二代跑车"中国龙"；配置中国首款自动变速箱的"自由舰"；最新开发的吉利顶级车型FC-1等。取代美女车模的，是全副京剧行头的演员，格外引人注目。吉利的发布会排在媒体日的第二天下午，被各国记者挤得满满的，李书福亲自揭开覆盖在"中国龙"上的红旗，闪光灯闪成一片。我注意到，像通用CEO瓦格纳这样的世界级汽车大哥大，一般是很少进这个展馆的，这次也专程带着一队人马，来到吉利展台。

法兰克福亮相，吉利花了1000万元。全世界汽车业得知"中国龙来了"。印度有个"塔塔"，中国有个"吉利"。时任福特全球传播经理的许国桢说，此后，吉利的国际能见度将是持续的。

大集团：高举高打

轿车市场是一个全球化市场，中国市场如同国际大赛的一个赛区。光靠"草根"自主品牌单打独斗，越来越难以招架国际品牌的竞争和挤压。2005年后，政府经济部门，积极引导央企、国企大汽车集团创立自主品牌。

大型企业集团资金、技术实力雄厚。在创立自主品牌之初就看到，此时再从低端入手，会让其品牌的后续发展遭遇瓶颈。因此，一入手就搞高起点，产品战略有着清晰的长远目标。

一汽轿车公司开发的自主品牌奔腾，以日本马自达6为蓝本。在品牌推出之前的品车会上，我曾向一汽集团总经理竺延风建议：就叫"解放"如何？中国汽车品牌的No.1，有极高的认知度，又有五十年的积淀。但是一汽的朋友们不认可，说"解放"是个卡车品牌，做轿车起点低。其实，奔驰、沃尔沃、日产这些名牌，同一品牌下都是商用车、乘用车并存，反而彰显实力。直到多年后，曾任一汽轿车总经理张丕杰对我说，今天看，当初你的建议不无道理。

一汽轿车借助马6平台的策略，虽然让人担心奔腾会丧失独立研发平台的后续空间，也难以招架马自达本身大幅降价的冲击。但是几年下来，奔腾不负众望，依托一汽集团半个世纪积累起来的开发体系能力，在奔腾B70成功之后，又推出B50。奔腾集丰田、大众两个合资伙伴的管理、开发所长，的确在消费者中间树立了"源于马6，高于马6"的良好口碑。

张丕杰告诉我，在奔腾B70开发过程中，一共做了518项台架试验，300万公里的路试，78辆实车碰撞和侧翻试验，并进行了独一无二的真人侧翻和集装箱静压等试验，高刚度车身达到国家新车碰撞测试五星级标准。为确保产品质量，奔腾设定了8个领域55项管理目标，进行严密的质量控制，使整车评审分值达到或超过国外同级别产品水平。

同时，一汽轿车更注重人的能动性，提倡职工参与的全员质量意识。他说起，质保部有一名年轻的女员工，被派到宁波一家零部件供应商工厂验收产品。那家工厂离她娘家只有30公里，母亲每天都做好晚饭等她回去，可是她连续工作11天，也没能抽空回家看看，工作一结束就带着合格零部件返回了长春。

上汽作为中国汽车业最大、最有技术和资金实力的国企汽车集团，2006年推出自主品牌上汽荣威，走出一条完全有别于吉利、奇瑞等从零起步的新模式。

3. "耐住寂寞二十年"

自主开发是"第十个馒头"

全球汽车技术在过去一百多年的锤炼里，已经成熟到一个如同中国围棋对弈的完善境界。有一批九段围棋高手在，一个初学入门者要想赢，绝不是三冬两夏就能一蹴而就的。

中国汽车研发能力的培育，正如曾任一汽集团总经理的竺延风所说，是一场"耐住寂寞二十年"的攻坚战。此言当时不合舆论大气候，饱受媒体和网民的攻击。然而这是一句实实在在的真心话。十年生聚、十年教训，卧薪尝胆二十年，能够形成九段棋艺的开发能力也绝非一件易事。

当今轿车已经是一个全球化的产业，产品开发是轿车王冠上的宝石。

1958年，面对国外的封锁，中国人发挥自力更生的精神，测绘国外样车，一锤一锤敲打出车身，制造出东风、红旗、上海牌。这些车批量小，技术落后，可靠性差。当紧闭的国门刚一开启，它们的市场顿时就被进口轿车冲垮。

今天我们所说的自主开发已经和当年不可同日而语。现代意义上的自主开发能力,必然是在全面掌握轿车制造和管理技术,形成庞大零部件体系的基础之后才能形成。三十年前说自主开发是一句空话。1998年仰融提出开发中华轿车,人们仍然充满疑惑。只有到了今天,中国轿车产量超过千万辆,自主开发才到了瓜熟蒂落的时候。

自主开发一直是中国汽车业的"软肋"。怀着一种"恨铁不成钢"的急切心情,政府和舆论一直在敲打中国汽车业自主开发的步子迈得太慢。直到2010年以后,北京、上海的车展上,自主开发的轿车频频登台亮相,让国人好生振奋。在欢呼之余,就有不少"聪明人"质疑,二十年来,中国轿车起家于"引进合资"是否明智?如果二十年前就启动轿车的自主开发,中国今天岂不早已是汽车开发大国?

这让我不禁想到一个故事:一个饥肠辘辘的"聪明人"得到一大盘馒头,吃了一个不饱,吃了两个不饱,吃了九个还不饱,吃到第十个馒头终于吃饱了。他非常气愤地说,早知道这个馒头一吃就饱,前面的九个馒头根本就用不着吃了。

汽车业的发展有其内在的客观规律。日本、韩国当年自主开发一步到位主导国

大众顶级轿车辉腾,车身线条简洁,仅有三条而已

内市场的时机中国也曾有过，可惜那时国民经济的重点还没有转向轿车产业。过了那个节点，在汽车市场全球化到来之际，再想这样做，既不可能，也没必要。

实践证明，中国轿车自主研发今天能提上日程，恰恰是有"引进合资"在前面垫底的九个"馒头"。

回忆20世纪八九十年代中国轿车产业引进合资项目的第一个十年，汽车业的老人往往用"悲壮"来形容。底子薄、基础差，达到跨国公司的技术标准谈何容易。但是攻下一个又一个制高点，就是有了轿车业的第一个馒头、第二个馒头的逐年积累，中国人不但掌握了当代一流的轿车制造技术，也形成了庞大而配套的一流零部件产业。并且初尝了本土开发的滋味。

二十年的引进合资功不可没。上海大众、一汽大众、神龙等合资轿车企业培养的人才、积累的管理经验，尤其是逐步接触到的开发流程不但使今天本土品牌的自主开发成为可能，也使后来的加入者大受其益。无论本土品牌奇瑞、吉利，还是风头正健的上海通用、北京现代，担纲的管理人和技术骨干大都有在第一代轿车合资企业中接受洗礼的经历。二十年来形成的庞大的零部件体系，不但使后起的本土品牌和跨国品牌大大降低了投资成本和采购成本，并将在今后数年逐步让中国轿车业获得像中国家电业、通讯业一样的世界竞争能力。

严格说，第十个馒头才刚刚放到嘴边。我曾经在三亚见到意大利著名设计大师乔治亚罗的儿子。他告诉我，中国人对轿车设计的理解还不够透彻，往往坚持要许多复杂的线条，其实像大众辉腾这样的旗舰车型，也不过三根简洁的线条而已。

在全球化的今天，我们的官员、学者，也犯不着为跨国公司没有把看家的核心技术、把开发技术的"源代码"无偿交给中方而耿耿于怀。外国人是在做买卖，他们不是活雷锋。换作你，不是也得留一手吗？市场化的一个原则就是公平。通过学习、竞争、创新和积累，中国轿车业最终形成系统的研发能力才是硬道理。

随着自主品牌在成长，尤其产品已经开始出口，知识产权的纠纷势必成为障碍。于是，放弃"模仿秀"，学习当年仰融的做法，堂堂正正地花钱请意大利的设计公司代为设计，进而形成自主的正向开发能力，已经成为中国轿车产业的主流做法。

海派汽车"火候"到了

提起培育汽车自主研发能力,大可不必妄自菲薄。改革开放以来,上海汽车根深叶茂,"海派汽车"的根基不可小觑。

"海派"一词缘于清末画家任伯年、吴昌硕的"海上画派"。他们是中国文人画向市场转化的鼻祖。其后"海派"扩大成为上海本土文化,乃至商业文化的概括。

上海,本身就是一部完整的中国汽车百年史。

这里曾是远东轿车保有量最多的都市,老上海曾有"万国汽车博览会"之称,留下开放、时尚、追求技术精湛、品质高端的汽车基因。

1901年(清光绪二十七年),匈牙利人李恩时运入两辆奥斯莫比轿车,是上海有汽车之始。从制造汽车零部件、发动机,到组装整车。到了1947年,全上海共有各种汽车26.8万辆,是1949年北京汽车保有量的五倍多。

1958年9月28日在上海诞生的"凤凰",是新中国自主开发的第一代轿车,其后更名为上海牌,一度是中国唯一的量产轿车。鲜为人知的是,即使在"文革"中的混乱局面里,上海还曾自主研发出国际汽车发动机另类技术的转子发动机,搭载于2吨汽车上,曾有150辆的规模。

2011年,汽车登陆上海整整一百一十年。百年历史沉淀造就了上海汽车的"海派"内涵:开放、市场化、讲诚信;精工细作、品质上乘;兼收并蓄,善做中西桥梁。"海派汽车"文化是一种建立在深厚底蕴上的广博与自信。

这种风格的包容性让中国的合资企业、自主品牌在上海这片沃土上都能茁壮生长,同时顽强的本土化风格也给哪怕最强的合作伙伴打上"海派"印记。无论上海大众,还是上海通用,都是中外双方沟通得最好的汽车合资企业。

早在90年代末,上海大众的自主开发就扎扎实实开始起步,开创了中国轿车自主开发的先河。1997年,上海大众投资30多亿元,在合资企业中建立了第一个技术研发中心,先后派出两批年轻有为的工程师和技术人员到德国进行"开发全过程培训"。上海大众耗时四年,建成当时国内唯一,也是亚洲最大的专业轿车试车场。世纪之交,上海大众已基本具备了德国大众的开发标准和流程,开展车身、电气、底盘、驱动传动系统与整车匹配开发的能力。进入21世纪,朗逸,是上海大众中方

195 | 第七章　当自主品牌成为国策

上海大众研发中心1：油泥模型是外形设计的真实体现

上海大众研发中心2：台架试验模拟轿车行驶中的各种复杂路况

上海大众研发中心3：噪声实验室用于研究如何降低车内噪声水平

主导开发的一款成功车型，其后多年在中国汽车生产保持单一车型销量第一的桂冠。外形设计的流畅、和谐、一气呵成，既不是大众某车型的改头换面，更不是多个车型局部的大拼盘。

2015年，上汽和大众基于德国大众最先进平台及发动机技术，面向中国市场开发出一款C级别的高端轿车"辉昂PHIDEON"。这一车型成为全球大众品牌产品中首款C级别的高端产品。

成立于1998年的上海通用，按规划本来以中高端车型为主打，但是在2000年底推出中国第一款小型家庭轿车赛欧。随后十年，赛欧带动家轿这一门类占八成中国轿车市场，总保有量已逾2000万辆。

2009年秋，在上海泛亚研发中心，我见到了全新开发尚未面世的雪佛兰新赛欧。搭载1.4升和1.2升发动机，外形设计灵动，内饰做工精细。车身是拥有完全自主产权的SII平台。车头却仍然是雪佛兰的"金领结"商标。

上海通用总裁丁磊很有棋高一着的战略眼光。他对我说，我不认为我们是美系公司，我们是立足中国本土，能够整合世界优势资源的一个有生命力的公司。我们追求不断适应市场需求的能力。开一句玩笑，中国有56个民族，我们的开发团队自诩为第57族，叫"不满族（足）"，总有新的目标在前头。

我问丁磊：上海通用的中型车新君威、新君越、克鲁兹个个卖得十分火爆，为什么要在利润空间很薄的小型车上大试拳脚？丁磊回答说：出于我们的基盘战略。小型车是中国车市最量大面广的车型，坐稳这个市场，才有上海通用今后的可持续性增长。上海通用的原材料、零部件都是国际一流标准，不能打折扣，但是采购100万套零部件肯定比采购10万套便宜得多，这是赛欧对比其他小批量车型的优势。

既然是自主开发，何不再创一个自主品牌迎合政治潮流？丁磊说，做企业要从市场实际出发。当然也可以叫个雪莱自主品牌，但是对比百年名牌雪佛兰，市场更欢迎哪个？新赛欧的追求是要打造一款按照国际开发流程、达到国际质量，物美价廉的好车。挂雪佛兰品牌，就能让更多年轻人花费不多，也能享受到国际大品牌轿车的质量与服务。

上海通用掌握了自主开发能力，反而借用国际品牌，让我更对上海通用的市场

第七章 当自主品牌成为国策

中国媒体在莱茵河畔试驾新君威

采用了通用全新平台和涡轮增压发动机的新君威的研发有上海通用的充分参与

莱茵河边的公路是试车的好路段

境界感到钦佩。上汽和通用已经拟定共同把新赛欧推向更加广阔的国际市场。

上海通用已成为中国最富有活力的轿车企业。一个最具说服力的事实是：2009年美国通用汽车被奥巴马总统宣布破产，上海通用非但没有被其拖垮，当年销量反而大增近八成。美国新通用重组后的一个重要机构设置，就是将其国际部迁往上海，表现出对于上海，对"海派汽车"的敬意和期望。

厚积薄发，上汽荣威一炮打响

与大众和通用合资二十多年后的2007年，上汽集团先是收购英国"罗孚"打基础，继而开始打造自己的自主品牌"荣威"。

依托旗下两个外嫁的"女儿"上海大众、上海通用多年的积累，上汽集团已经家业殷实。培养的人才，积累的资金，就能让上汽自主品牌"荣威"这个亲儿子站在巨人的肩膀上。底气十足的上汽，高举打造中高端自主品牌的大旗，高开高走。在中国汽车大集团中，自主品牌自主研发做得最有声有色。

来自权威中立第三方的数据表明，上汽自主品牌荣威今天的知名度、美誉度，包括溢价能力已经超过了部分合资品牌。

上汽集团总裁陈志鑫对我说，与外国打了这么多年交道，我们知道，跨国公司最核心的技术，是不会拿给合资企业的。比如整车的集成控制、发动机的EMS、变速箱的TCU，这种控制软件或者源代码，你永远拿不到，我们只有立志自己干。上汽每年在自主品牌的研发投入上，大致要花50亿元。上汽技术中心总部在上海安亭，在英国还有一个开发中心。

开发荣威品牌，第一是集成全球最好的资源，借助学习国外运作品牌、技术的经验，然后应用在上汽的自主品牌上。第二是不断推出有竞争力的新产品，产品架构、技术含量都是最新。第三，所有的产品零部件采购也要一流的，比如发动机的EMS用博世，大灯用Mario，坐椅用Johnson，ABS等与德国车型都是一样的。

从2009年号称"全时数字轿车"的荣威550一炮打响，到2015年的荣威RX5成为"网红"车型，都是技术好，颜值高，月销过万。RX5号称中国第一款"互联网汽车"，在开发模式中，"搅拌"传统汽车和互联网两股人马的"斑马"思维引人注目。斑马——条纹黑白相间的马。由上汽和互联网巨头阿里巴巴合资组成的斑马公司，成为互联网汽车解决方案的提供者。两群知识和文化体系都完全不一样的人马，在一个"搅拌器"里碰撞、扭曲、渗透、融合形成了独特的流程体系，使荣威成为中国互联网汽车的开拓者。

试驾RX5，最大的感受是中控大屏和对话式的语音控制系统。车机完全接管了手机，可以通过语音对空调、天窗，音乐等多项功能进行控制，并通过学习功能，适应人们不同的口音。与此同时，在轿车与基础设施的联网方面，RX5还与上海上百家停车场实现互联互通，可提前预定停车位，并在离开时通过支付宝在线结算。

中国轿车业从一个在十五年入世谈判中最让人担心的产业，转变成为一个发展速度最快，最具备全球化、市场化特征的产业。合资企业、自主品牌，两只翅膀缺一不可。一百年与轿车无缘的中国老百姓，今天能在市场上，以相当甚至低于国际上的价格，挑选几乎所有国际和自主品牌的轿车。如果中国的房地产、中国的股市，都能像汽车业这样健康地发展，那才是民族的幸事、政府的幸事。

人物印象

范安德,大众的回归

范安德,大众中国投资公司总裁兼CEO。浅色头发,身材强悍,浑身洋溢着一股猛打猛冲的气场。一周两个早晨,上班前他会带一帮年轻人在公司后面的英国学校踢足球。球踢得很激烈,一次他的腿部肌腱被部下铲伤,只能拄根拐杖上班、出差。

我是个不服输的人

出生于1957年的范安德是个硬汉,一个强势人物,无论两个中国合资伙伴,还是他的部下,都曾经怕他、恨他、背后骂他,被他裹挟着往前走。但是当他五年任期结束的时候,人们看到的是一个从V字峡谷底部冲向顶峰的大众中国。

当他离任的时候,北京、上海、长春,都为他举办了隆重的告别晚会,有香槟、有焰火,挂在人们脸上的是成功的喜悦、是依依惜别之情。

而2005年范安德来到北京的时候,大众这艘大船,在中国的航道里正走得有些艰难。范安德上任不久,与我和三五位媒体同行交流,我直言道:90年代大众独占市场半壁江山之后,自诩常胜将军。当时大众在中国车型大多老旧,却无视价格竞争,以为在中国买车的都是有钱人。面对中国入世后的市场井喷,大众决策流程长而缓慢,两个合资企业各行其是,在成本控制、市场销售方面,被来势凶猛的美国和日韩对手追得喘不过气来。

对于我的批评,范安德当时回应说:李先生你说得还很客气。看到大众在中国的市场份额从当年的50%到今天的17%,我心里很难受。卡洛斯·戈恩在日产取得成功在于用三年降了20%的成本,这个时间是必要的。但是,我们对一汽大众、上海大众降低成本的要求还要高。我来中国后,已经和一汽、上汽的领导人交流,共同拿出办法,争取在短期止住下滑,让份额与市场同步增长。这需要从思维方式到行动的改变,每个部门、每个工序都要参与。我已经把大家集中在一起,50位德国工程师,150个中国工程师。从早到晚,他们针对一个个零件讨论了一周,确定降低成本的方案。

不久,范安德推出大众在中国著名的"奥林匹克计划"。其中一个标志性目标,是到2008年底达到降低成本40%的总目标。此外,每年要推出10~12种新产品,在2008年后,使大众成为最有竞争力的品牌;大众在中国生产的产品,国产化要达到80%以上。范安德对我说,我是个不服输的人,为了保持大众的领军地位,会不惜一切代价,但是大众在质量标准上一毫米也不会降。

到了第二年,大众在整个中国市场的销售增长了24.3%,刷新了大众进入中国22年以来的纪录。

"T时代"功不可没

其后"动力总成战略""2018战略""南方战略"接连出台,而且都取得了实实在在的成效。在范安德五年的任期里,大众在中国的销量翻了一番多,2009年达到了140万辆,市场份额始终稳定在18%左右,保持了领先地位,而且利润也大幅增长。

特别值得一提的是"动力总成战略"。德系车注重安全,车身重,油耗长期高于日系车。范安德决心让大众车在中国打一个节能减排的翻身仗，实现2010年全部车型平均油耗和排放降低20%的目标。在范安德对沃尔夫斯堡锲而不舍的力争下，德国大众把全球最先进的涡轮增压和缸内直喷发动机（TFSI）、双离合变速箱（DSG）技术引进中国。为使新动力总成立足国产，大众迅速在大连和上海建设TFSI和DSG工厂。2010年5月，大连年产15万台的DSG工厂启动，仅仅两个月之后，范安德就拍板把工厂分两期扩建为60万台。

范安德给中国轿车业带来一个"T"世代，在动力总成方面树立了一根技术标杆，让对手们不得不咬牙跟进。此外，这一战略还包括推广发动机小型化、大众BlueMotion清洁能源等，从技术上保证了油耗和排放到2010年前大幅度下降20%。

和一般按部就班遵循程序办事的德国人不同，范安德有一种不达目的绝不罢休的执着。为了争取新技术和车型资源，他会回到沃尔夫斯堡大声疾呼，执意争取；为了一个车型的引进，他又会调动一切人脉说服合资企业的中方决策者。他的用意好，眼光独特，执意推荐的车型无一不在中国市场热卖。

如何评价范安德的个人作用？一个参照是，大众当时在美国的新工厂生产的车型，还都没有采用缸内直喷和双离合等先进技术。

在范安德来到中国前，大多数中国消费者更青睐日系车，丰田、本田的精细内饰，稳定的质量，低油耗，是他们的首选，而到范安德任期结束时，以大众为代表的德系车，技术起码领先十年，造车工艺一丝不苟，节油与安全技术先进，已经成为车迷广泛的共识。

大众在中国品牌的回归，范安德功不可没。

背地里叫他"法老"

范安德的德语读音更接近"法兰德"，一开始公司里的中国雇员私下叫他"老法"。日子久了，背地里大家都叫他"法老"，古埃及君主的称谓。

范安德从不按部就班地过平静日子。他很有远见，头脑里想的不是一年两年，而是十年二十年；然而他又很注重细节，比如，每天都要看前一天大众在中国的销售报表。

大众中国投资公司副总裁杨美虹曾经参与了"大众中国2018战略"的制订，感受颇深。她告诉我，长远规划在范安德眼里绝不是大而化之之事。他要主持各部门开很多会，分解指标。为完成战略目标，要更新设备、调整生产流程、制定产品规划、网络建设、人员培训。事先让她一个一个部门地去协调，会上，有问题，他亲自帮你解决，每个细节都经过梳理。分解的目标定下来，然后要求与会者签字，签完一个，才能出去一个。这样，长远战略就和大众每个部门的日常工作息息相关，签过字的感觉就是不一样。

范安德的思维节奏很快，他的下属们要跟上他，很不容易。像一辆开得很快的车，你跟不上就被拽着走。跟他一起工作的人，没有一个不累的。你要对情况很熟悉，对问题能拿出对策，做不到这些，他就会很生气。跟他开会，比如"产品封闭会"，找一个酒店集中住下，沃尔夫斯堡大众总部、中方伙伴都要参加。问题没有找到解决方案，谁也别想走。但是这种高强度的"运动"，时间长了，适应了，你会提高很快。杨美虹曾是大众中国的公关总监，范安德经常通知她参加业务范围以外的会。杨美虹一开始感到不解，后来逐渐明白，范安德希望身边的人都能够更多地掌握情况，融会贯通，以便理解和帮助他作出决策。

"我的孩子们"

但是范安德并不是一个听不进意见的人。关于两个合资企业差异化的建议，最早就是我提出来的。记得2005年范安德刚任大众中国CEO不久，我们谈到两个合资伙伴。我说，一汽有严谨的造车传统，一汽大众能够造出原汁原味的大众车；而上海大众更理解本土市场元素，精于本土开发。我当时专门提及我的"海派汽车"理念：任何一个外国汽车来到上海，无论大众还是通用，无论生产还是营销，都会被打上"海派"的烙印。

作为一个初来乍到的外国人，当时范安德很难了解近百年来，上海工业品在中国市场的丰厚文化积淀和口碑。他当时说，都是合作伙伴，大众应该一视同仁。可是过了不久，他再和媒体交流，已经正式表述两个伙伴的"差异化"定位。

本土化开发，在范安德任内做得最实在。在"奥林匹克计划"中就确定，在合资企业设立开发机构将发挥作用，所有新产品，一半在中国开发。

　　2008年，一个春风拂面的傍晚，范安德借用他居住的小区会所，邀请两个合资企业的中方管理层和少数几位媒体朋友，参观以合资企业为主体开发的两款大众新车，新宝来和朗逸。两个车型有明显的差异化追求，新宝来侧重原汁原味的德国大众豪放硬派的风格；朗逸更追求海派汽车细腻柔美人性化的内涵。范安德亲切地把两款新车称为"我的孩子们"。

　　范安德端着一杯香槟把我拉到一旁，问我更喜欢哪款车的外形设计。我说：朗逸，它的设计既是大众的，又把中国人的汽车审美融会贯通。我问：你喜欢哪辆车？他说：新宝来。我笑着说，看来，德国人还是喜欢原汁原味的大众。

第八章　汽车营销，从小学生读到MBA

曾经担任机械部汽车司司长的张小虞，和我回忆80年代初计划经济时期，根本没有汽车市场和销售这个概念。每年制订下一年全国轿车生产计划，在北京只要跑三个部门——中共中央组织部、国务院人事部、解放军总政治部，了解第二年要提拔多少司局级干部、多少师级干部即可。那时的配车标准是司局级干部四个人一辆，副部级两个人一辆，正部级一个人一辆，军队干部比照执行。算出总数后只需做一个表格，拿复写纸复写三份，送到国家计委报计划，然后计委就会安排资源配置。

那时候生产什么车，生产什么型号，需要多少钢材、橡胶，准确到个位数。张小虞记得1981年全国轿车生产计划只安排有3400辆。

1.卖车进化始末

当年，汽车不是用来卖的

从1953年一汽造解放卡车算起，中国人有半个多世纪的造车历史；而学会卖汽车，不过是近三十来年的事。

北京第一家采用4S模式的奥迪专营店。2000年开业，将全球统一的高标准销售服务体系引进中国

在德国买高档车，方向盘和档把的装饰可以定制

当年，中国造汽车不是用来卖的，是供计划分配的。作为国家最重要的物资之一，汽车的计划归国家计委制订，生产由机械部安排，产品由物资部调拨。完全没有私人消费，完完全全是拷贝苏联计划经济的样板。

这一体制一直延续到改革开放初期。1981年我开始采访位于木樨地的一机部汽车局的时候，认识的一位处长突然被抓起来，还登了报，说是投机倒把。其实就是串换了一些钢材，帮一个企业计划外增产了几辆卡车。今天说起来如同天方夜谭。

改革开放以后，计划经济统治汽车市场的局面逐渐被打破，原有销售网络支离破碎。自1983年开始，政府在计划中列出10%的份额由汽车企业自销，以后逐年扩大自销的比例。1985年，物资部门作为流通改革的试点，在北京、上海、沈阳、武汉、重庆、西安建立了计划内外销售一体化的"汽车贸易中心"。其他条条块块的销售公司也雨后春笋般建立起来。

90年代中期，轿车全面进入市场，1994年《汽车工业产业政策》中，强调了建立厂商为主的汽车销售体制。有关部门决定以提供流动资金为杠杆，着重培育一汽、东风、上汽、天汽、南汽建立代理制汽车流通体系。

记得当时北京工商局每个季度在全国农展馆举办汽车展销会，单位和个人可以带着支票和现金到会上买车了。经销商的构成，有物资局、汽车修理厂，以及背个书包充当掮客的个体户。民营或个体经销商占了八成。先是没有店面，租用北京二环、三环立交桥下面的空场摆几辆车卖。人们借用当时一部电影的片名，把这个卖车阶段叫作"大桥下面"。

到了90年代后期，轿车开始进店销售。不同店家、不同品牌的扎堆效应，让大卖场式的汽车市场应运而生。北京的亚运村汽车市场、北方汽车市场，业主用建设市场、分租摊位、提供服务招徕商户，市场人气如火如荼。我记得，一走进市场，就有"车虫"蜂拥而上，口若悬河地介绍车型、价格。市场里只摆几辆样车，卖车开了票，经销商带车主到郊区的停车场把车开走。1998年，亚运村汽车市场的销售量达5万辆，交易额57亿元，居全国之冠。

2001年，中国入世，车市开始出现连续十年的"井喷"，与国际接轨的品牌专卖经销店模式开始萌芽。世纪之交，中国第一家汽车4S品牌专卖店——广本第一特约销售服务店——在广州黄石路开业。主打豪华车型的奥迪紧随其后，全国统一设计搭建的金属框架、玻璃幕墙的"飞机库式"奥迪4S店在各大城市拔地而起。

4S,就是集销售、零配件供应、维修服务、信息反馈四个功能为一体的销售店。过去的车主,买了汽车后,要经常和汽配城、路边修车铺打交道,挨宰和配件以次充好是家常便饭。4S店,把卖车与服务的延伸绑在一起,得到逐渐成为消费主流的私家车主的青睐。

敢于第一个吃螃蟹的人,收获颇丰,2001年北京第一家奥迪4S经销店"中润发"开业,投资3000万元,当年就收回了成本。2003年厂家给广本经销店的回报,则是明里暗里认可他们对当时最紧俏的本田雅阁轿车,收取3万元的额外加价。而宝马经销店的利润预期,更让全国3000多家竞争者去争夺24家首批经销商名额,激烈程度和其中的"猫儿腻"可想而知。

一汽大众首建营销团队

由轿车厂商建立自己的销售体系,厂家控制销售权的模式90年代中期始于一汽大众。

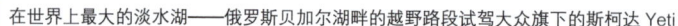

在世界上最大的淡水湖——俄罗斯贝加尔湖畔的越野路段试驾大众旗下的斯柯达 Yeti

2003年，底特律，美国通用设计七十周年庆典上，许多历史上著名的概念车让参观者试乘试驾

多年来，一汽集团生产的卡车和轿车一直混在一起销售，这种粗放模式到90年代中期已经无法适应市场竞争。捷达加上奥迪，轿车年销量始终徘徊在两万多辆。生产能力为15万辆的一汽大众，因产品滞销严重亏损。

为改变这种窘境，一汽决定把轿车销售单独剥离出来。1997年4月，一汽大众销售公司成立。周勇江临危受命，担任总经理。销售公司的骨干大都后来成为中国轿车业各个品牌独当一面的销售老总。第一批进入销售公司的员工，甚至来不及办理调入一汽大众的手续，一开始拿着每月五百到一千元的生活费。

新公司提升销量的任务压倒一切，一汽集团给销售公司制订了一个看上去难以实现的目标——从上年的2.6万辆，一举突破4万辆。苦干一年下来，公司的销售业绩4.1万辆，比上年增长了57%。而且靠产品拉动，一汽大众当年扭亏为盈，首次取得1.95亿元的利润。

1998年，我从周勇江那里最早听到"整合营销"的理念。所谓整合，就是改善最薄弱的环节。整合的指挥棒是用户各种层次的需求；所谓营销，就是创造价值、树立品牌形象的过程。

营销没有定式，它是一种艺术，有极大的创造空间。一汽大众销售公司初创时，手里只有捷达一款产品，红白蓝三个颜色，单一手动挡。他们就努力把捷达当作一个品牌来做。在短短五年里，捷达的发动机、外形、内饰都做了脱胎换骨的更新：捷达在中国轿车业中第一个推出金属漆，第一个配置ABS，第一个自动挡，第一个20气阀和电喷发动机，第一个外观改脸，这些都被作为市场传播的热点。在捷达下面还派生出"都市阳光""都市春天"等车型。当时，一汽大众还抓住珠海一位出租车司机60万公里无大修的案例，赠车、授奖，搞得轰轰烈烈。按照市场的竞争需要来进行合理的整合，让皮实、耐用、实惠，逐步成为消费者对捷达普遍认可的口碑。

销售公司也是一个学习型机构，任何一个外来的好理念、好经验，都变成大家共同的知识积累。一位高管给我讲过一个故事，一个中国人和一个美国人走到一起，如果彼此交换了一块钱，每个人带走的还是一块钱。但是如果说两国的销售专家碰在一起，交流了各自的一个经验，他们分手时，每个人带走的就是两个经验。

从1998年起，销售公司各部门来了德方顾问，后来和中方的部长、经理对应任职。2001年宝来"驾驶者之车"的卖点就是大众顾问史密斯的点子，它强调了优异的动力和操控，回避了后排局促的不足。

上海通用何以成为常青树

进入新世纪，上海通用在中国车市始终是一棵不断创新的常青树。业内都赞叹他们的市场销售做得如何了得，把并没有突出卖点的美系车在中国卖得风生水起，连续多年夺得销量冠军。

美国通用从一开始，就毫无保留地把近百年的市场营销成功经验带到中国。孙晓东和刘曰海，是中美双方派出的一对营销搭档。十年间，一起从销售总监做到公司的副总。

上海通用的营销体系，在业内最早实现了两个突破。一个是把服务做成品牌，一个是把经销商的营运流程规范化。

中国人卖轿车，开始的时候没有服务的理念。新世纪初，通用旗下的土星公司推出了服务品牌"真实的一刻"，强调顾客和产品接触的那一刻，就开始了对品牌的持续体验。这种"以客户为中心"的理念,当时在全球汽车业刚刚提出来。孙晓东亲自到美国纳什维尔的土星公司参加培训。其后,在上海通用推出了"别克关怀"服务品牌,公开向客户承诺收费透明化、预约服务、24小时星月服务等,把卖车、修车转成服务体验。

另一方面,上海通用改变过去厂家是老大,经销商做代工的老观念,把经销商视为亲密的合作伙伴,推出DOS(dealer operation standards,经销商运营标准)。用先进和规范的管理模式和金融支持,为经销商创造最佳的盈利环境。

别克新世纪进入中国时,中国人已经被日本车光鲜亮丽的精美内饰洗了脑,美国汽车舒适、宽敞、不重细节的特色并未得到中国消费者的认同。别克"新世纪"的换型产品别克"君威"本土开发项目刚刚启动,中国消费者的审美需求,立即影响了上海泛亚研发中心参与的内饰设计。

2002年上海通用的别克君威推出时,内饰的材质、色调、做工,精益求精,且追求人性化,和新世纪比有了脱胎换骨的变化。通用副董事长鲍伯·鲁兹当时正在推动一场变革,要把通用的内饰做得像日本车一样精致。看到上海通用的新君威,鲁兹大喜过望,立即把这个"活样板"运抵底特律,放在通用总部大厅展示,要求公司的管理层前往参观。

上海通用的营销总监,每周要有两天到泛亚技术中心和工程部门沟通。把市场需求翻译成工程语言,直接影响着新车的改进和开发进程。

2009年春,正赶上美国通用遭遇次贷危机。上海通用营销团队仍然赢得了别克换代新车的"开门红",并进一步完善了"多品牌"的布局。

到了新世纪之初,别克已经是通用旗下一个老态日显的品牌,当时在北美市场,别克用户的平均年龄为68岁,市场销量萎缩。是上海通用在中国把别克品牌做得有声有色,刻意打造成一个设计流畅,安全、静雅、雍容的中高级经典品牌。可以毫不夸张地说,如果不是上海通用成功的重塑,在中国实现了别克品牌90%以上的销量,别克也许如同庞蒂亚克一样成为通用淘汰的一个老品牌。

2004年9月,我到法国尼斯参加通用全球媒体年会。会议的最后一天,瓦格纳宣布了通用全球的品牌战略:改变通用的诸多品牌更像一个个区域性品牌的状况。他宣布将把雪佛兰打造成一个国际品牌。傍晚,在一个高尔夫球场,展示了借助收

凯迪拉克成为上海通用多品牌战略中的高端形象品牌，昔日豪华品牌轿车已驶入中国百姓家

购大宇的开发力量,在过去二十个月里推出的10款雪佛兰新车。其中不乏在欧洲获得成功的马蒂斯等小型化车型。

每7.2秒卖出一辆新车,这是雪佛兰最鼎盛时期在美国创下的纪录。"棒球、热狗、苹果派、雪佛兰"曾是一个时代美式生活的典型标志。在今天的上海通用,别克是西装领带的正装;而雪佛兰是休闲装,更运动,更年轻。这是两个品牌最大的差异。

在中国车市,一个企业的双品牌或者多品牌的尝试近二十年来有许多成功案例,如神龙公司的雪铁龙和标致,上海大众的大众和斯柯达,但是上海通用旗下别克、雪佛兰、凯迪拉克的多品牌战略却是最成功的。

东风日产"把海水煮成精盐"

在东风集团旗下,东风日产有着当年"体制外"借壳造轿车的"苦出身"。

然而,东风日产无疑是中国汽车业的一匹"黑马"。从风神蓝鸟一个产品起家,如今产品线从A0级的骊威、玛驰,到A级的TIDA(骐达、颐达)、轩逸,到SUV逍客、奇骏,再到高端B级新天籁。十多个车型,无不畅销。2018年的销量达到116万辆,成为日系汽车企业中的销售翘楚。

90年代,在东风集团南方事业部旗下,转战广东,创办从零部件到发动机生产

东风日产生产的A0级小轿车玛驰精美可人

和贸易的"东风置业"。1999年，用公司积累的第一桶金2300万元作为启动资金，创立"风神"品牌。以日产已经停产的第一代蓝鸟为基础，通过资本运作，与台湾裕隆汽车合资开发了三代国产蓝鸟。投放市场后，始终供不应求，三年累计实现利润45亿元，为东风集团解困立了头功。

2001年12月，广州风神汽车有限公司成立。在当时一个轿车企业动辄百亿投资的状况下，风神用以贸养工，从代工到收购，走出了一条投资小、见效快的新路。

风神蓝鸟的成功，让本来作"壁上观"的日产看到了风神的潜力，提出了与风神建立合资企业的建议。以这一"着力点"为契机，按照国家"小合作小支持，大合作大支持"的原则，2003年6月，东风集团和日产公司一举实现了整体合资。风神也转而成为东风日产乘用车公司。

东风日产用一年半的时间在广州花都建立了年产18万辆规模的新工厂，生产天籁等中高端车的襄樊基地、生产SUV的郑州基地，以及花都第二个工厂先后建成。TIDA、骊威、轩逸、新天籁已经成为单月销量过万的东风日产"金砖四车"。

东风日产的销售始终保持了当年创业时的那份激情。仅仅以营销方式中"品牌体验架构"为例，东风日产的那份执着就可见一斑。

东风日产年年都要参加北京、上海、广州三大全国性车展，对于地方性车展，像辽宁抚顺、河南安阳的车展也不放过。每年参加的地方一级的车展多达七十余个。东风日产还有常年的产品展示大篷车队，各地啤酒节、服装节、风筝节，一片广场，六辆大篷车三面一围，中间搭台，就是产品亮相的一台戏。

然而，展示并非车展和大篷车队的唯一目的，工作人员忙着搜集参观者的现场评价，筛选意向客户，统计订单率。除此以外，在各网站点击东风日产车型信息的网民、正在驾校学车的初学者，都是东风日产关注的潜在客户。公司电话中心有七八百个席位，随时应答客户的各种询问。方方面面搜集的数据反馈到公司的数据库，由程序筛选出有高购买意向的客户，销售专家有的放矢地与之进行沟通，最后形成消费者精准的购买行为。

用东风日产的话说，他们的一套"品牌体验架构"，就是"把海水晒成卤水，再提炼成精盐"的过程。每年售出的上百万辆东风日产轿车，恐怕有不少就是这样找到了它们的主人。

2.销售体系的中国变革

纠结中的《品牌管理办法》

对2005年4月起开始实施的《汽车品牌销售管理实施办法》，我很难给出一个简单的评价，长期以来对它的诟病甚多，它的推行却依然很彻底。

2005年的《品牌管理办法》借鉴了国际轿车销售的通行模式，涵盖了在中国销售的所有品牌轿车的体系。体系的一方，是厂家自己的销售公司；另一方，是考核后授权的特约经销商，俗称"4S店"。尽管是"一对多"，厂家依然保持了强势，掌控着特约经销商的建店标准、运营模式。

按照《品牌管理办法》，得不到授权的企业均不得销售汽车。此举改变了汽车销售商散乱游离的状态，让消费者权益获得保障，也增强了汽车经销商的服务意识。

这种新模式，可以保障厂家从经销店的标志、销售、服务、维修、正品零部件供应标准的一致性，从而实现打造品牌的长远目标。厂家在维护这一网络正常运转中，也要投入大量资金和人力，资助和培训经销商。

4S店把销售、零配件供应、维修服务、信息反馈四个功能融为一体。把卖车与服务的延伸绑在一起，已经被中国私家车主所认可。

一开始，大多数生意稳定的经销商还是很知足。拿到一个著名品牌的经销商地位，终归是自己打破脑袋获得授权，并且花费真金白银买地建店，高大上的4S店建设成本动辄都在数千万元。随着市场竞争日益激烈，一些经销商盈利空间缩水，只好靠一些违规手段从消费者身上拔毛弥补。更可怕的是厂家为争年末销量排名，拼命向经销商压库，大量挤占经销商资金。4S销售模式开始受到诟病，涉嫌垄断是其中之一。

2017年7月1日商务部新的《汽车销售管理办法》开始实施。新办法从名字上就去掉了"品牌"二字，关键点是，经销商今后不必非得由厂家授权。

经销商的柴米油盐

北京运通集团，是一家规模较大的汽车销售集团，在世界500强云集的北京经济技术开发区，有七家4S品牌专卖店。大多是中高端品牌：奥迪、宝马、捷豹、路虎、英菲尼迪、别克、一汽大众、一汽丰田、东风本田、斯柯达。

运通也是在2002年"井喷"之后，从修理业转行进入品牌经销的，运通老板很有战略眼光。当时北京有一些民营汽修厂，像三联、腾飞，做得很火，但是在商业模式转变的当口，没有掌握转型的机遇。

运通这些第一批4S店如果没有差池，日子过得都很滋润。2002年，五环路还没有建起来，北京周边的土地还很便宜，换到今天，按汽车公司对店面面积要求起码一万平方米的杠杠，光是买地就得两三亿元。租地，风险更大，把客户做熟，得个十年八年，租期也快满了，地主把地收回去，你就白干了。

经营4S店，并不指着卖车挣钱，卖车的利润是很薄的。挣钱主要是维护好顾客关系，靠日常的保养、维修、保险等售后服务长流水地挣钱。

卖一辆10万元的车，工厂给6个点的佣金。但是为了多卖车，4S店把大头让给了消费者；达不到工厂的考核要求还要扣点；各个品牌一般年景能有一到两个点的利润；像2009年这样的井喷年，能有三四个点，一汽大众的车一辆能挣两三千元；可是以前也有过卖一辆捷达赔7000元的时候。

目前国内汽车4S店大约万家，经营状况大致是：三分之一亏损，三分之一勉强维持，三分之一盈利。一家经营低档品牌的4S店一年起码要卖车1500辆左右，中档品牌店的盈亏点大概在1000辆左右，高档品牌店500～600辆。但即使在北京这样汽车市场发达的城市，能达到这样的销售成绩的经销商也仅有一半左右。

开4S店，第一年只能靠销售维持，不赚钱；到第三年，销售和服务的利润就可以各占一半；到第五年，服务就占到成本吸收率的百分之七八十，进入良性循环。现在运通在北京的几家店，大都是主流的合资品牌，每年的单店销量在2000～3000辆不等。进口车英菲尼迪，运通是北京第一家，生意红火，年销量800辆，业绩在北京堪称上乘。

扎堆，4S店最乐见其成。运通所在的亦庄北京经济技术开发区，全球500强企业和高档住宅区云集，加上区内区外交通顺畅，现在成为北京最大一片汽车4S店聚集地，以至于厂商在亦庄没有4S店，仿佛就不是一线品牌。

日本街头的二手车专卖店。日本的二手车大都有上好的"卖相"

3.价值链在车轮下延伸

二手车销量何时超越新车

二手车的销量超过新车,往往成为一个国家汽车市场成熟的标志。

在日本坐车驶在街上,常常可以看到路边旌旗招展,旗上大书"中古车"三个字。旌旗阵中,整齐排列的是擦拭一新的各色轿车。这就是日本的"二手车"专卖店,没有时下中国二手车市场的纷乱和嘈杂。一切都那么恬淡、清静和从容。

在美国,在欧洲,二手车的销售和在日本的情形大同小异。只是在日本上市的二手车比较漂亮一点,大都有七八成新。美国二手车新旧都有,几百美元买一辆20年前的旧车,曾是当年许多中国留学生购买第一辆车的经历。

对比日本新车和二手车历年销量曲线。新车的曲线是一条山峰型,顶点是1990年,总销量是778万辆。随后是下滑的大趋势,2002年落到578万辆,2009年低迷到429万辆。而二手车的总销量是一条上升的斜线。在90年代后,与新车销量逆向攀升，几度超过当年的新车交易。

在美国也是同样的情况：2003年新车的总销量1670万辆，而二手车销量高达4300万辆，是新车的两倍多。

出现这种情况的原因是：在日本和欧美发达国家，轿车消费接近饱和，几乎家家有车，而且不止一辆车，因此，汽车的主要功能就是代步工具；加上路况好，保养规范，二手车的状态也和新车差不多。是追逐新车型，还是图实惠买一辆二手车，完全凭个人的经济状况和喜好。尤其在经济持续不大景气的年代，物美价廉的二手车自然大行其道。

二手车市场在中国正在新旧交替。最初露天市场上落满灰土的二手车，除了出厂年份、累计里程（难免做了手脚），其他信息，如机械是否有故障，是否曾有大的碰撞等等都无从知晓。买二手车不啻撞大运。信息的不对称，购车者尤其私人购车者往往望而却步。

在国外，二手车的销售分两级市场。在日本，我曾参观了东京近郊的HAA二手车拍卖市场。HAA是一个遍及全日本的大网络，实行会员制。一级市场的收购由HAA统一进行，有专业人员对旧车进行检测评估，对存在的故障进行维修，并有专业的摄影棚对车的各个角度拍成照片，然后上网准备拍卖。拍卖只限于会员参加，会员大都是二手车的零售商。我参观的拍卖场有300个席位，每个席位前面的长桌上都有数字键盘。拍卖场前方有两个大屏幕，飞快地跳动拍卖车的照片和相关资料，参与者电子应拍，价高者得。这里没有拍卖师的吆喝和锤声，却让人在一边看得眼花缭乱，一个拍卖场一年可以交易二手车10万辆！

国外一些品牌的经销商，也用置换同一品牌新车的办法收购二手车。从品牌经销商来说，保住了用户，让用户一辆接一辆地购买本品牌的新车。从客户讲，自己的二手车在置换过程中只要补个差价，省去分别买车卖车的两道麻烦；并且二手车的出手价格比较优惠，能卖一个好价钱。可谓一举两得。

这样的模式，也已经为一些有远见的中国轿车成熟品牌所看重。2004年前后，别克、奥迪、丰田率先推出诚信二手车业务，对置换新车收来的二手车进行全面的检修保养后，定出合理价格进入二手车品牌专卖店。与国内一般二手车不同，这些车不但有品牌企业的质量认可，甚至会有一定期限或公里数的免费保修。给二手车的购买者送上一颗定心丸。

十年前，中国二手车与新车的销售比例只有1∶3，与发达国家3.5∶1相比，发展潜力巨大。经过这些年各个二手车售销平台的不断探索，这个比例愈发接近1∶1。建立现代的、规范的、诚信的二手车市场，无疑会给轿车制造企业、给消费者带来巨大的好处。也许在几年后，一个由新车和二手车共同组成的轿车多层次销售体系会在中国初见端倪。

吉利淘宝：网购汽车不是梦

2000年在美国通用，我第一次听到网上购车的设想。然而，二十年过去，尽管网购快速消费品在人们生活中已经成为家常便饭，对于汽车这样一个高价值、注重直观体验、使用期长、需要常年维护保养的耐用消费品来说，尽管实现网购步履艰难，但是在欧美已经不乏尝试之举。美国通用汽车复苏之后，最先做的几件事之一，就是和易趣eBay联手合作，打造与网络购车相关的电子商务模式。

在网民人数全球第一的中国，2010年，网购汽车也开始试水。

2010年9月9日，淘宝网举办团购奔驰活动，原价17.6万元的奔驰smart小型车，团购可优惠约4万元。活动一推出立刻受到热捧，24秒后售出第一辆smart，6分钟售出55辆，3个半小时后205辆smart就全部告罄。

虽然说，这只是一次促销活动，但是，它展示了一个年轻的汽车销售业态的巨大前景。

2010年底，吉利正式进驻淘宝商城开启旗舰店，成为淘宝商城上首家汽车销售企业。堪称中国车企和网购巨头的第一次"法定、持久的婚姻"。

吉利和淘宝的结缘，也许是因为两家公司的总部都在杭州，也许是因为李书福和马云都是不拘一格的永远"尝鲜"的人物。毕竟卖的是汽车不是玩具，眼下，不可能听见有人敲门，出去一看，快递将网上购买的汽车送到门口了。汽车交易牵涉到试驾、上牌、验车、保险以及使用期的保养维修，这些在网络难以实现，离不开实体店的配合。

网购得以立足，一是今天80%的人通过互联网了解汽车信息。对于一款车型的各种技术，在网上比店面还能了解得更细，通过3D、通过剖视图，能够更充分地展示、传播新车信息。二是逐步实行的网络实名制，让经销商得以把握客户群的需求信息，为精准传播打好基础。三是为异地购车这样的新型交易行为提供方便，比如一个成功的青年人，为远在家乡的父母买一辆车，可以通过网购，把新车和定制的服务，送到父母手中。

车轮转动出的新财富

和一般快速消费品最大的不同，一辆汽车在整个使用期的持续消费，远远超过买车的价格本身。这才是汽车产业链中的一块最大的奶酪。

汽车产业链的延伸，并非仅仅是汽车的维修和保养，汽车保险、汽车融资、汽车广告、汽车美容、汽车音响、汽车旅游，甚至智能化交通都有望在中国形成独立的大产业。

通用中国曾经给我一个统计资料，在1932年的美国和1986年的巴西（当时它们各自的汽车总产量基本接近世纪之交的中国），一个汽车制造厂的就业岗位，可以为上下游产业提供11个就业岗位。另外有一种说法，在美国每六个就业人口中，就有一个人服务于汽车及相关产业。

以汽车养护为例，国外的车主，重养护而少维修；如同注重健康而少看病一样，由此使汽车养护市场大增。美国每年汽车养护的营业额都在1000亿美元以上，占到汽车保修行业的80%，减少汽车报废率21.7%。

再说汽车保险，目前汽车保险已经占到世界非寿险的60%。日本在20世纪六七十年代进入"汽车社会"的过程中，汽车的保有量增长了4倍，而汽车保费收入增长了11倍。即使在中国，汽车保险营业额也已居于财产保险的第一位。

在发达国家，消费者通过信贷和租赁买车，是汽车销售方式的大头。美国的比例为92%，英国为80%，德国为75%，日本为44%。除了银行，全球各大汽车集团自营的汽车金融公司，车贷经营也成为超过汽车制造的主要利润来源。

入世前后，中国贷款买车一度成为雷区，曾有一批最初试水的商业银行，因购车者的商业信用无从查考，遭遇不少恶意的呆坏账，最后在金融秩序整顿中偃旗息鼓。历经数年的等待，第一家来自汽车业内筹组的金融公司终于获得"准生证"。2004年8月4日，上汽通用金融有限责任公司被中国银监会批复同意开业，注册资本

5亿元，首先在北京、上海两个城市开展业务。第一步向别克品牌车型提供贷款服务，之后，逐步扩展到集团内其他品牌以及其他汽车公司的产品。

紧随上海通用之后，福特中国、大众中国、丰田中国等汽车金融公司也陆续通过了中国银监会的审批，传闻数年的汽车金融公司终于来了。这意味着，在诱人的汽车金融市场，又多了一批经验老到、实力雄厚的竞争者。

汽车金融公司，无疑可以对汽车销售商给予大的支持。一旦车市持续低迷，汽车经销商库存增加，现金流减少而难以周转时，各大银行对贷款审核往往更为严格，雪上加霜。汽车金融服务公司的开办，会比起银行对一荣俱荣的经销商更加支持。

由于中国老百姓与"汽车社会"尚有一段距离，围绕汽车的一些延伸服务人们还闻所未闻。在美国的高速公路开车，遇到的motel（汽车旅馆）恐怕会比hotel（饭店）多；到汽车快餐店、汽车电影院，车主坐在车里就能享受到便捷的服务；你车里的汽车专业音响和娱乐系统可能比一辆轿车的价格更贵；车窗外一闪而过的汽车广告牌，恐怕会组成世界最大的广告客户；而装在轿车里的卫星定位系统、感应式公路收费系统只不过是数字时代的经济新热点——智能化交通的一个小小分支。

4.打造品牌非一日之功

汽车也是一种情感诉求

越来越多的本土汽车在创立中逐步明白，作自主易，作品牌难。

80年代初，从新建的首都机场航站楼进城，迎面第一块广告牌，大书"车到山前必有路，有路必有丰田车"，给人们强烈的视觉冲击。据说，这是在北大读书的一位日本留学生的创意，这句广告语在中国很快便家喻户晓，丰田皇冠几乎成为日本轿车的代名词。老一代中国人对于轿车造型"有头有尾，四平八稳"的审美情趣，恰恰是从当时大量进口的丰田轿车的耳濡目染中获得的。

据早年曾经担任丰田公司中国首席代表服部回忆，1973年进口的丰田皇冠，人民币计价，美元结算，每辆车售价5700元（今天看似便宜，当时相当于一个熟练技

慕尼黑机场的宝马广告

工10年的工资）。2005年4月在天津下线的皇冠，价格在32万～48万元之间，新旧皇冠的技术含量和豪华程度今非昔比。

　　汽车产品其实是有性格的，带着生产国的历史、文化、民族特色的基因。德国轿车，不遗余力地追求新技术的运用，追求内在质量的精益求精，追求操控和动力的卓越；日本轿车，造型中庸而圆润，内饰处理考究细腻，沿用欧洲的成熟技术，把降低成本作为优先考虑；美国轿车，豪华、气派、舒适、不拘小节，却有大家风范；法国轿车，造型浪漫、典雅、不拘一格，乐于尝试各种人性化技术和配置；英国轿车，稳重、老派、不追求时髦，怡然自得……

　　我曾经多次访问丰田，想探究日本人造车的基因。我详细了解被世界奉为质量控制经典的"丰田生产方式"，也看过沿用30年代设备，却能做出当代水平零部件的工厂，还到过与年轻一代沟通的丰田技术馆和台场科普园区。但是，让我理解了日本与中国的文化差异，却是源自泡温泉时的感受。

　　我在日本多次泡过温泉，有传统日式的，也有豪华现代的。中国人泡澡是"黑水里洗白萝卜",把身上的污垢留在水里;而日本人是先淋浴,洗得一干二净,才去泡温泉。温泉的环境很讲究,传统园林式自不必说;有一次温泉池设在山间饭店的楼顶平台上,松林环抱。泡在温泉里,朝阳初升,松涛阵阵,风把松叶上的雪花吹到脸上。我那时突然悟得,如此泡温泉,原来泡的不是污垢,而是灵魂。日本人造的轿车自然融入这种文化熏陶,这也就是日本轿车的质量与灵秀的缘由所在吧。

德国人造汽车,追求的是对于技术的执着和完美的状态。德国大众有一句口号:"缘于对汽车的爱"。比如它的豪华品牌布加迪,价格200万欧元,发动机功率高达1100马力。从商业角度上讲,这样强劲的动力在公路行驶中很难全部发挥出来,但是它的设计初衷就是要挑战汽车技术的极限。这就是大众。许多汽车厂商造汽车是在造一种实用的代步工具,大众造车是在打造一种技术精品。工程师的习惯思路是如何运用现在最新的技术,把汽车造得尽善尽美,其后再考虑成本控制。

也许这和德国人的性格有关。大众中国副总裁张绥新博士告诉我一个有趣的例

作者和奔驰董事会主席蔡澈同车在意大利比萨试驾

子。一汽大众建设生产线时，电工正在安装配电箱，一个德国技师走过来检查布线质量。让中国人吃惊的是，他掏出的竟是一个水平仪，动手测量布好的电线线路是否横平竖直！这就是德国人的天性，也许和他们从小受到的教育和培训有关——追求完美，一丝不苟。

对于全球亿万轿车拥有者来说，汽车往往并不只是钢铁、橡胶、玻璃构成的一部机器，它具有某种灵性，如同宠物一般成为人们的挚爱。有人喜欢强劲的动力，有人喜欢精美的内饰，有人喜欢粗犷的棱角，有人喜欢流畅的外形……多元化的情感诉求让汽车生产商获得无限商机。

中国有句老话：三代吃饭，四代穿衣。品牌与门第一样，是靠时间的积淀和扬弃而锤炼的。打造一个汽车品牌并非易事，历时数十年打造，投入大把金钱，还要开发出一个完整的车型系列来支撑。奔驰在全球轿车品牌中，处于不可撼动的地位，是它从1886年诞生起，一百三十多年一直处于轿车产业技术与个性尊贵的高端。

全球量产品牌中，福特、别克、雪佛兰、奥迪、雪铁龙、菲亚特、斯柯达、丰田、沃尔沃、捷豹，无一不以其七八十年，乃至百年以上的不间断历史与个性而自豪。

然而品牌的内涵并非一成不变，随着历史的演化和主打市场的变迁，品牌的性格也在作出适应性调整。2010年，宝马铺天盖地地发动广告攻势，在中国发布了全新的品牌战略——"宝马之悦"，以增进宝马的人文情感因素，摒弃过去少数车主横行霸道，或赤裸拜金的负面形象，增强公众的亲和力。

中国轿车自主品牌的历史还很短，除了一个红旗，老资格的也不过一二十年，品牌溢价远远低于百年的国际品牌是不争的事实，其实没有什么可为此感到气短的。韩国汽车品牌已经独立成长半个世纪，成功进军美国、欧洲成熟市场，如现代起亚集团，尽管跻身全球十大汽车企业，产品质量在美国J.D.POWER评比中屡屡名列前茅，但是产品溢价能力比大众、丰田、福特等品牌要低15%左右。通用汽车收购韩国大宇，置于雪佛兰旗下，就因为韩国血统，一直卖不出高价。其实说到日本品牌，在20世纪上半叶，"东洋货"在中国几乎是"中看不中用"的代名词。记得1961年，日本第一次在北京举办工业展览会，展出的汽车产品，还都只是三轮小货车。日本汽车，靠半个多世纪的努力，尤其执着于产品质量的提升，才逐步改变了形象。

品牌发布大秀场

汽车已经成为一种全球化的产业，每下线3辆汽车中就有一辆是为了出口。汽车新产品的发布与推销，耗用的金钱与才智无疑高居于制造业所有产品的顶端。也许为了给各国汽车媒体提供撰文和摄影具有冲击力的背景，新车发布和推广的地点，大都会选择在一些世界著名的旅游胜地，豪华品牌尤其如此。

1997年，我参加奔驰公司在北美推出首款M级SUV，发布地点选择在美国阿拉巴马的国家航天博物馆，新车就摆在登月舱和人造卫星中间。入夜，室外一架巨大的航天飞机机身上，被灯光打上"BENZ M CLASS"的一行大字，其视觉冲击力之大可想而知。

阿联酋的迪拜有着全球最宜人的阳光和海滩，还有世界上最高、最豪华的七星级饭店。2002年我去迪拜参加的宝马760发布，包括一系列文化活动：参观黄金和钻石作坊，乘坐豪华游艇，沙漠野营夜宴，参观皇家赛马场和一个建在海中的超豪华别墅群——棕榈岛。奢华、速度、精致、典雅……把宝马轿车的内涵映衬得淋漓尽致。宝马销售部一位副总裁说：宝马760是豪华轿车中的旗舰，一流轿车要有一流的环境来衬托。

意大利都灵是菲亚特汽车的大本营。谁能想象，菲亚特在2007年推出的一款小型轿车——"菲亚特新500"的上市活动，竟能达到奥运会开幕式的水平！这样说毫不夸张。"菲亚特新500"五十周年纪念暨新车投放晚会，策划和承办者就是2006年都灵冬奥会开幕式策划的同一家公司。

意大利第一大河波河从都灵穿城而过，沿河两三公里的河面成为晚会的主会场。面对贵宾看台的河面上，有化装歌舞快艇巡游；夜空中燃放着盛大焰火组成500字样；水上舞台精彩不断，尤其身穿银色紧身衣的一大群男女攀上一座三层楼高的金属架，身体相连组成的一辆巨大的500轿车模型，再被塔吊吊上半空，在聚光灯追逐下，足以吸引半个都灵城的眼球——意大利人的艺术灵感，尤其表现一个汽车品牌深厚根底的奇思妙想的确叫人折服。

跨域半个世纪再生的菲亚特新 500 微轿

在北极圈的冰天雪地中试驾萨博 9-3 敞篷车

2010 年奔驰新 S 级车在北京太庙举行上市活动

"二战"结束后，一批面向平民百姓开发的小车，成为世界汽车史上的经典，也成就了"汽车世纪"的腾飞。德国大众甲壳虫、法国雪铁龙2CV、英国的MINI……在意大利就是菲亚特500了。老一代意大利人娶妻生子，500往往如同是家庭的一员伴在身边。晚会当天，上万辆装扮得千奇百怪的老500齐聚都灵巡游，和足球一样让意大利人如醉如痴。那一晚通宵达旦参与盛举的市民有十万人之众。

品牌的文化渗透力，让人不能不服。

中国加入世贸组织后，随着世界主流汽车厂商的进入，无论本土制造还是纯粹的舶来品，新车面世的频率越来越高。在新产品推介方面也开始与国际接轨。

国内各个品牌的新车发布会，也成为创意翻新的"豪华秀"。

我看过十多辆奥迪A6L在焰火的映衬下表演的车舞；

见过南京菲亚特西耶纳从西湖烟雨笼罩的水面跃出；

看过奔驰S级车在北京雄伟的太庙和张艺谋执导的《图兰朵》同台。

还有一次创举是奇瑞X5参与巴黎达喀尔拉力赛，厂家组织国内媒体飞到阿根廷助阵。

看来中国人的聪明才智一点也不在外国人之下。

试车走天下

在汽车销售的范畴中，除了扣人心弦的展示，国际汽车大厂商更重视新车上市前，各国专业记者的试车安排。让他们对新车的优异性能体会个淋漓尽致，通过他们的文字和镜头把体验传达给广大消费者。这些记者都是汽车专家，对新车的评论有褒有贬，会直接影响全球消费者的选择。

为记者安排的试车路段，会比一般普通消费者在日常驾驶中遇到的路况更复杂多样，更有挑战性。2002年，通用汽车公司在加州圣芭芭拉安排"悍马"H2大型越野车的试车活动时，专门租了一片丘陵，投入几十万美元，模拟修建出崎岖艰险的路况：四五十度的陡坡、泥潭、胳膊肘一样的急弯，巨石遍布、枯树倒伏、坑洼不平的险路。只有这种一般越野车视为畏途的路况，才最能显示"悍马"强劲的动力和独特的操控。当然，在你冲击一个陡峭得眼前只见天空，身后是万丈深渊的陡坡时，尽管可以信赖车的独特性能，但也不是没有风险。看看山下树荫掩映着的救

国庆六十周年，一汽大众生产的新高尔夫试车车队途经阿尔卑斯山时拍摄的"全家福"

护车和救火车，心里就有几分明白，危险与乐趣同在。

在瑞典的北极圈，我曾在极光闪烁的天光下，进行萨博9-3的冰雪试驾，体验关掉ESP失控后的打旋和漂移；我也曾从南非的开普敦到好望角，驾驶奔驰的豪华跑车SLR跑出过270公里的时速，每当驶进休息区，打开碳纤维的鸥翼车门，就会像一块磁石吸引沿途的汽车聚拢围观；在苏格兰，阴云密布的苍凉天空衬托着色彩斑斓的丘陵和古堡，驾驶路虎发现者3驶进海边没膝深的泥泞沼泽，甚至冲下浅滩，在海水中激起一片飞浪地前行。

中国汽车企业和媒体，迅速学习和升华着跨国公司以试车作为推广的绝招。2009年国庆节当天，我们正驾驶一汽大众生产的第六代高尔夫跨越阿尔卑斯山，行驶在瑞士到法国的崎岖陡峻的山区公路上。这是一汽大众"高尔夫完美体验之旅"跨越阿尔卑斯山的一段旅程。新高尔夫爬坡、过弯时始终能保持每小时120公里的高速度，有力而流畅，同时仪表显示百公里油耗只有5~7升左右，静音也达到出神入化的境界。第六代高尔夫的高质量与舒适性，突破了传统意义上车辆等级的划分。在阿尔卑斯山坡一块开阔地，一汽大众生产的六辆崭新高尔夫一字排开，车队张开一面五星红旗，拍摄了一张"全家福"，作为对新中国第60个国庆日的纪念。

第九章　兼并重组没有温情

2003年底，中央电视台"经济年度人物"评选，我发现，候选名单中竟然没有汽车界人士。一直担任评委的我表示质疑，并提议增补东风汽车集团总经理苗圩作为候选人。我提出：是年东风与日产的整体合资，是中国央企最大的重组举动；带领东风走出困境的苗圩无疑是一个"企业再造"的高手，入选年度人物当之无愧。评委会采纳了我的建议，苗圩不但被增补为候选人，而且顺利当选为2003年中央电视台"经济年度人物"之一。

认识苗圩，是在90年代初。后来苗圩随吕福源从中汽总公司到机械部任汽车司副司长，出差、开会常常见面。尤其对中国汽车发展道路的看法一致让我们成为朋友。当时我策划一档电视汽车栏目，常常请他作点评，都是"急茬儿"。有时他正拿上饭碗要去食堂了，被我堵住，在摄像机前讲一番，观点犀利，流畅，无须重录。

2003年7月，在苗圩和日产汽车总裁戈恩的共同主持下，东风和日产汽车合资的东风汽车有限公司成立，开展卡车、轿车、零部件等领域的全面合作。东风与日产的整体合资成为中国汽车业规模最大、产品型谱最广、合作层次最深、涉及员工最多的一宗合资案例。

1.为了走出困境

四十年的艰难话题

兼并重组，是40年来中国汽车业一个永恒的，而又进展艰难的话题。

早在80年代，中国汽车"散乱差"的格局就备受诟病。全球最多的汽车整车厂，全年的总产量，却不如跨国公司一条生产线的产量，曾经是这种格局的最具讽刺的写照。然而，企业分属中央、地方、不同部门，各有国有、合资、民营不同背景，条块分割，利益纠葛。尤其地方税收、产值的压力，更让跨地区的兼并重组障碍重重。

汽车产业的兼并重组从来都不是孤立的，它是全球化浪潮的一个组成部分。全球汽车业的兼并重组的推动力，一个是技术，一个是市场，再一个就是资本。

世纪之交，跨国公司之间的兼并与重组，成为全球汽车业的主旋律——赢家动辄斥资上百亿美元，弹指之间吞噬一批昔日明星企业，没有丝毫的客套与温情。美国第三大汽车厂商——克莱斯勒被德国戴姆勒兼并；英国汽车业的皇冠——劳斯莱斯竟被大众和宝马横切一刀，分别买下曼彻斯特的工厂和商标使用权；法国雷诺兼并日产后，派到日产的总经理戈恩扭亏的杀手锏就是大刀阔斧地裁员。随着加入WTO，全球化的兼并重组之风终于吹到中国汽车产业来。

2001年中国加入世贸组织后，整车厂依然有一百多家。多数痛感竞争乏力，经营每况愈下，巨额亏损让一些汽车企业从"摇钱树"变成地方财政的沉重包袱，为了摆脱困境，中国汽车企业的兼并重组，终于迈出了艰难的"第一步"。

"天一重组"，对接丰田序幕

经过一段时间的扑朔迷离，备受关注的"一汽天汽联合重组"，终于在政府机构主导下浮出水面。中国"入世"半年后的2002年6月14日，一汽集团与天汽集团在人民大会堂正式签署了重组协议，一汽集团受让了原由天汽集团持有的天津夏利50.98%的股份，并对公司拥有控股权。重组后的新公司——天津一汽夏利汽车股份有限公司正式并入一汽体系。

"天一重组"的实质是中国汽车的龙头老大——一汽集团通过收购和国有资产

划拨，对经营状况不佳的天汽集团属下的优质资产——天津夏利和华利两家汽车公司实行控股，并承担其巨额债务。

对于天汽来说，这是一次绝处逢生的机会。当时，天汽集团已陷入经营泥潭，曾经火爆一时的小型车夏利的月销量甚至一度跌到区区几百辆；而中国汽车"头生子"一汽集团刚刚被上汽集团所超越，失去了稳坐了近十年的国内汽车产销冠军宝座。双方的重组，不仅能让创立自主品牌举步维艰的一汽填补空白，获得自主品牌经济型轿车的一大块资源，还能帮天汽走出困境。天一重组的更深层次内涵，还在于拉开一次国际对接的序幕。

购买夏利50.98%的股份和偿付债务一共需要多少资金？当时天一双方都秘而不宣，但是可以相信，这笔钱在当时的中国汽车业绝对算得上一个天文数字。然而在官方宣扬的"强强联合"背后，一汽集团还有更深层抉择：重金购得一张登上"丰田号"巨轮的船票，为做大做强赢得主动。

在北京人民大会堂举行的签约仪式上，天汽的合资伙伴丰田公司的高层代表不动声色地稳稳坐在后排。事后，丰田中国的首席代表，"中国通"服部先生透露，他曾主动做了天一重组的牵线人。

世界汽车业重组后的"6+3"中，六大集团的年产量都在400万辆以上，最多的有870多万辆。相比之下，中国汽车业的"三大"集团——当时生产能力40万辆上下的一汽、东风、上汽都成了"小儿科"。加入世贸组织后，中国汽车企业靠单打独斗，一旦大风大浪袭来恐怕难逃覆没的命运。

在这种背景下，一汽只有大众一家合资伙伴不但显得势单力薄，更少了回旋余地，而已经与天汽合资却颇感实力悬殊的丰田也频频向一汽暗送秋波，"天一重组"也就在这样的背景下获得成功。

一汽总经理竺延风和天汽董事长张世堂、总经理林引都有不拘泥眼下得失的长远战略眼光，使"天一重组"造就了一个双赢的结果。通过"天一重组"，一汽不仅一举进入经济型轿车领域，还顺利借路实现了与丰田的合资，最终成为国内首家年产销量超过百万辆的汽车企业集团。

处境艰难的天津夏利也因"天一重组"获得了重生的机会。重组第二年，夏利就扭亏为盈。2005年，夏利成为第一个年销量突破20万辆的自主品牌车企。

不过好景不长，令我感到有些心酸的是，到2009年底，天津一汽推出夏利N5，车头被换上了一汽的车标。中国百姓当年耳熟能详的夏利品牌被弃而不用。如今，火爆一时的夏利在产品档次和盈利能力上都处于下风，创新研发进展缓慢，在竞争激烈的小型车市场处在被"边缘化"的窘境。

东风日产：整体合资的尝试

东风的资产重组最早始于90年代，不过并非大张旗鼓的"明媒正娶"，而是尝试从"偏房"起步。在不事声张中，先后建立风神、东风悦达起亚、东风日产、东风本田、东风裕隆五个轿车项目。

1992年，东风集团为了走出鄂北大山，而成立南方事业部。当时陈清泰已调到北京，继任的总经理马跃，给南方事业部的使命是做战略发展的"种子队"。选用年轻人，采用新模式，不看中短时间的产出，用十年时间生根发芽。东风派出副总经理周文杰担任南方事业部总经理，后来他被称为东风集团开拓诸多新项目的"第一棒"。

当时资不抵债的广州标致正在紧锣密鼓地重组，尽管广汽与欧宝、现代的谈判接近尾声，东风还是联合本田向国家计委提出要求参加竞标。东风的"搅局"让广汽很不爽，但是国家对广汽当时的能力心下存疑，很愿意一家大集团参与广标的重组。于是东风-本田联合进入重组谈判，并且后来居上。国务委员邹家华亲自拍板，新的广州本田项目采取特殊合作方式：广汽和本田合资生产整车，东风和本田合资生产发动机。国家也采纳了东风提出的"123"建议：与本田的合资作为一个项目；分别成立整车和发动机两个公司。

其后，东风南方事业部做整车的初衷不改，又以75∶25的股比，与台湾裕隆成立了风神公司。风神兼并花都的京安云豹，技术引进生产日产的蓝鸟车型，成为日后东风和日产全面合资的一棵"迎客松"。

2000年，东风悦达起亚重组。让悦达这家偏安江苏盐城的地方企业，走上快速发展通道。

2005年，借壳武汉万通轻型车，成立了东风本田汽车公司，从生产本田SUV"C-RV"起步，追求小市场中的大份额。一路把东风-本田做成东风旗下产品最俏，效益最好的企业。

1997年，苗圩临危受命，从机械部副总工程师任上空降到在转型中陷入困境的东风集团，先后担任党委书记和总经理。当时东风经营连年亏损，无论卡车还是轿车，销售业绩都很差，甚至无法按时发工资。1998年，经中介机构审计，东风公司累计亏损5.4亿元，连生存都成了问题。苗圩上任，经过调查研究，向湖北省委省政府和东风职工立下军令状，"两年实现集团整体扭亏"，令外界从此对他刮目相看。

在苗圩主政下，1999年，东风借助国家增订军车以及"债转股"缓解的市场压力，走出多年"以车抵债"，车价恶性下跌的怪圈，遏制了效益下滑势头。2000年，随着中国汽车市场"井喷"行情，东风南方事业部生产的日产蓝鸟和东风本田发动机，成为东风经营效益的一个新的增长点，东风集团实现了整体扭亏。到2001年底，东风的汽车销量、收入、利润的增幅已居三大集团之首，实现利润25亿元。

2002年1月我来到东风，正赶上苗圩带领东风领导班子向前来调研的新任省委书记俞正声汇报。我根据汇报内容，写了一条新华社内参《东风汽车利润创32年最高纪录》。扭亏为盈，让东风为利用国际化资产重组，实现老国企振兴打下基础。当时，我已经知道，一项东风与雷诺－日产集团结盟的"金三角"计划正在紧锣密鼓地推进中。

2003年7月，整体合资的新东风成立。两家股东——东风和日产各占50%股份，但是合资公司不叫"东风日产"，而叫"东风有限"。公司注册资本为20亿美元，东风汽车公司以其旗下七成存量资产：子公司、相关企业的股份等分阶段出资，生产经营主体和八万名职工进入合资公司；日产汽车公司硬邦邦掏出10亿美元现金。

苗圩首先是一个脚踏实地的"企业再造"高手，当年东风集团亏损得几个月发不出效益工资的时候，谁会肯拿出10亿美元与你合资？在其领军东风的头几年里，东风这样一个特大型老国企，扭亏为盈，年盈利20多亿元，这样才会有与日本第二大汽车制造商——日产门当户对的联姻。

东风与日产联姻并非一拍即合，而是经过了二十三个月的艰苦谈判，涉及谈判的各个层面的参与者有2000人。这种磨合，不但创造了中国汽车合资企业的许多新形式，也使合作在一种同舟共济的层面上平稳推进。

"东风有限"的卡车产品采用"东风"品牌。同时，"东风有限"与日产及欧洲著名卡车公司签订了技术合作协议，以提高新型卡车驾驶室和大功率发动机的开发能力。东风乘用车采用"东风日产"品牌，以广东花都和湖北襄樊为基地，连年来，东风日产以新车型层出不穷傲立于中国轿车业。

合资后，东风集团总部走出神农架，迁往武汉。"东风有限"的管理班子"经管会"，中外各四人，仍然坚守在东风当年创业，今天仍然是东风卡车生产基地的鄂西北大山中的十堰市。

走出大山之后，苗圩则通过主辅业分离，以及集团海外上市来推进东风的国际化战略。东风集团的发展也很惊人，神龙汽车、东风悦达起亚、东风本田汽车（武汉）等乘用车合资公司，以及东风康明斯和东风本田两家发动机合资企业都业绩斐然。2010年到2020年，苗圩担任了国家工业信息化部的部长。

2003年7月东风和日产整体合资，双方掌门人——苗圩和戈恩签约

2.做大做强的试水

上南重组：碗里有肉才是硬道理

2007年12月26日，上汽和南汽在北京签署上南重组的合作协议，把中国汽车兼并重组的规模、范围推上一个新高度。对于本次合作，相比媒体笔下的"重大意义"，事情的实质内容更值得关注。

我以为，上南合作的关键点，是资本摆平了一切。南汽的优质资产全部纳入了上市公司"上海汽车"。上汽集团为此掏了20.95亿元的"真金白银"。跃进集团拿了这笔钱，从上汽集团在"上海汽车"所持有的投资份额中"买下"3.2亿股，同时在新成立的（纳入其他剥离业务的）东华公司里占了25%的股份。

南汽不但卖了个好价钱，而且可以坐收红利。3.2亿股，按照上海汽车2007年

2011年7月，由上汽自主开发的MG6在英国长桥工厂组装上市。图为英国MG经销商向第一位购车者交钥匙

上南重组更关注人心和文化的融合

12月27日的股价27元一股计，其总市值是86.4亿元，高出南汽进入上汽汽车资产的估值一倍多。此外保持上南双方原各自企业的法人地位和纳税渠道的"中国特色"安排，也充分照顾了双方的面子和既得利益。

此举摒弃了过去无偿的"国有资产划拨"，真正按照市场规律，按照上市公司的规范运作，进行了一次成功的资产重组。企业发展的内在动力的作用，远远大于政府部门的推动作用。

跃进集团的前身南京汽车厂，论起资格比一汽还老，是随解放军攻克南京，一同进城的，做了近半个世纪的"中央企业"。在一汽、东风"另立门户"后，还一度独撑着"中汽总公司"的门面。90年代后期下放给了南京市时，就有与上汽合作的消息不时流传，如果那时真要谈成了，倒是门当户对。无奈因为"婆婆"们的利益，企业决策者的面子，屡谈屡崩。尤其自身经营的失误，让企业状况每况愈下。

虽前与意大利菲亚特合作，后成功收购英国MG，也看不到集团经营整体翻身的希望。而当年"地方企业"上汽在21世纪开头的十多年里，依靠上海大众、上海通用两个合资企业积累的丰厚资金、技术和人才储备，实实在在搞自主研发、自主品牌，迅速壮大为中国最有活力的汽车集团。此消彼长，今非昔比。

到了今天，嫁妆日渐凋零的"待嫁大龄女青年"南汽，能够与风头正健的上汽集团结亲，已经从"下嫁"转为"高攀"。今后的日子应该能说"衣食不愁"了。碗里有肉才是硬道理，对于上汽南汽的职工，对于南汽资产进入后的上汽汽车的股东，对于中国汽车业的明天都是如此。

为缔结这门亲事，上汽和南汽集团的两个当家人胡茂元、王浩良，真是焦头烂额，压力如山。但是他们胸怀宽广，立足全局，既考虑了本企业的前途，又为对方的难处作出明智的妥协。在这次重组中表现出的大智慧、大手笔值得钦佩！

上南合作的"切入点"，就是双方自主品牌"荣威"和"MG名爵"的恩恩怨怨。2006年上汽斥资6700万英镑买下英国罗孚公司的75、25车型和发动机技术；南汽则用5300万英镑买下罗孚的设备和MG品牌。双方先后推出"荣威"和"MG名爵"两个中高端车型自主品牌，并形成捉对竞争的态势。

2007年上海车展媒体日，上汽董事长胡茂元向南汽董事长王浩良抛出"橄榄枝"。当晚胡茂元宴请各参展商，餐后与王浩良私下会晤。双方高瞻远瞩，以两个车型拥有同一技术渊源为纽带，开始了"全面合作，融为一家"的探讨，并在中央和两个省市领导的推动下于年末实现了重组，化干戈为玉帛。

上南重组，南汽进入上汽的主要有三块：南京菲亚特轿车、MG名爵、南京依维柯商用车。

南汽与菲亚特合资的南亚公司，曾是南汽集团最大的"出血点"，累计亏损22.2亿元，资不抵债。2007年12月21日，上南合作签约前5天，菲亚特终于"被同意"与南汽"友好分手"；大众也同意把南亚改造成上海大众的新厂，虽然他们对短时间内能否改造成功半信半疑。

上汽还拿出4亿元替南汽偿还了南京依维柯商用车的债务，充实了南京依维柯的现金流，催生了依维柯新车型的上市。其后，以南京依维柯为龙头，在上汽成立了有重卡、大型车用柴油机、轻卡、MPV的上汽商用车公司。

2008年新年刚过，上汽集团执行副总裁陈志鑫、副总裁蒋志伟带领合作团队进驻南汽，开始上南合作的"百日整合"。

4月1日，由原南京菲亚特脱胎换骨的上海大众南京分公司开始生产大众桑塔纳。此前，南亚1200名员工都去了上海，按照上海大众的规范进行了全员培训，南亚工厂的设备和工艺流程也全部实行了上海大众的新标准。德国大众的董事长文登恩到现场考察，非常吃惊。工厂、员工、产品，这样高速度的转型，全世界也很少见。到10月份，月产量就超过1万辆，当地也增加税收近2亿，这在南亚历史上从未有过。上汽的工作做得好，南亚没有一个员工下岗，员工们过去一个月收入1500元，后来一个月3500元，南亚被盘活了。

陈志鑫、蒋志伟精力投入最大的另一项基础工作，就是推动源自罗孚的两个自主品牌——荣威和MG名爵，从冤家对头走向融合的五个统一：统一规划、统一采购、统一研发、统一营销、统一制造。以解决名爵投资过大，销量不足，无后续产品的弊端。

经过统一规划，由一个平台生产荣威、名爵两个品牌，充分发挥协同效应、规模效应。在品牌定位上进行了差异化分工：荣威，体现贵雅，品牌定位中国中高端主流汽车市场；MG名爵具有八十四年汽车历史的底蕴，操控动力是它的品牌传承。已经停产了三年多的MG英国工厂，也在2008年8月恢复生产高端跑车MG-TF。

上汽技术研发中心和南京、英国的研发分院，以上海为主，三地联动。总共有1800个工程师支撑自主品牌的研发。设计、产品、工艺都要接受一个统一的标准，用一种技术语言说话。

2010年12月，上南合作三周年，胡茂元和王浩良在南京一同宣布：上南全面合作千日融合已经成功告一段落，在连续两年分别减亏40%的基础上，南汽实现扭亏为盈，员工没有一个下岗。三年，南京员工的精神面貌发生了深刻的变化，过去是等着看，后来是跟着学，现在是拼命干。实现了胡茂元"融为一家"的目标。

当年背负"把南汽全卖光"骂名的王浩良终于露出了欣慰的微笑。

2010年，上汽集团产销量超过350万辆，其中，南汽集团2010年产销整车近30万辆，是重组前的三倍。2010年荣威和MG品牌实现产销16万辆，为中国自主品牌从中高端起步打下了坚实基础。"十二五"期间上汽还在南京投入100亿元,实现产能100万辆,形成1000亿元的年销售收入。

媒体评论说"上汽救了南汽,南汽帮了上汽"。这是对于上南合作成功的公允的评价。

新长安,兼并中航跻身四强

2009年初,作为全球金融风暴的对策之一,国务院办公厅公布的《汽车产业调整和振兴规划》,其中重提要求"兼并重组取得重大进展"。与以往的提法不同,《规划》把长安汽车与一汽、东风和上汽三大集团并列,提出鼓励一汽、东风、上汽、长安等大型汽车企业在全国范围内实施兼并重组。支持北汽、广汽、奇瑞、重汽等汽车企业实施区域性兼并重组。

雪铁龙推出的DS系列轿车。长安与PSA一度在深圳建立合资企业

国务院文件中首次把长安汽车归于中国汽车第一阵营，无疑增强了长安决策者的使命感。

2008年，一汽、东风、上汽三大汽车集团分别销售了153万辆、132万辆和172万辆汽车。长安汽车销量为86万辆，如果并称"四强"，尚有差距。

早在80年代，我就开始分工采访军工部门，亲历了兵器、船舶、航空、航天、核工业在实行"军转民"转折时的艰辛。其中兵器和航空工业，因其拥有强大的发动机和机加工能力，都把发展民用产品的重点转向了汽车。

1987年我受西南兵工局之邀，来到重庆，采访生产高炮的望江机械厂研发的重型车"铁马"，以及长安和嘉陵厂的摩托车。后来，长安引进铃木技术生产长安微型面包车，厂长谭细绵拿出一些图片给我看，告诉我长安正在准备上轿车，就是后来中国最早的微型轿车——长安奥拓。

当时，军工企业属于"行业外"汽车企业，上轿车难以获得审批，搞汽车多从微型车起步。后来生存下来，并且成了气候的有兵器的长安，航空的松花江、昌河。到中国"入世"前的2001年，微型汽车年产60多万辆，其中长安、哈飞和昌河共产销47万辆，军工企业在微型车行业占了绝对地位。

随后几年，长安励精图治，实现了快速发展，而哈飞、昌河发展并不尽如人意，双双出现亏损。到2008年，长安销售微型车86万辆，哈飞22万辆，昌河不到11万辆。

就在国家提出鼓励长安汽车实行兼并重组任务的同时，渴望了近三十年的"大飞机"的研发重任落到了航空工业的头上。剥离辅业，收缩战线，心无旁骛地造飞机成为中国航空业责无旁贷的选择。

2009年2月，兵器装备集团总经理徐斌与中航工业集团总经理林左鸣开始重组双方汽车业的实质性谈判。3月，中航汽车（中国航空工业汽车有限公司）在北京正式挂牌，中航集团将哈飞汽车、昌河汽车以及生产小型汽车发动机的东安动力纳入其中。7月，兵装集团旗下的中国南方工业汽车股份有限公司更名为长安汽车集团股份有限公司，双方都为整合理顺了各自体系。国庆节过后，徐斌和林左鸣相约在北京一间茶楼喝茶，将兵装与中航联手重组的细节最后敲定。

对于这次顺应国家产业政策的重组，政府部门一路开绿灯。审批速度之快前所未有。

11月10日，兵器、航空两大集团重组成立了新的中国长安汽车集团股份有限公司。兵装集团持股77%，中航工业持股23%。涉及划拨资产总额过100亿元。

"今天北京大雪，瑞雪兆丰年，我觉得这也是一个好的兆头。"刚刚被任命为长安汽车总裁的徐留平在签约仪式上说。长安汽车集团至此当之无愧地跻身中国汽车业四强。新长安拥有重庆、黑龙江、江西、江苏、河北、安徽、山西、广东、山东九大整车生产基地，整车及发动机年生产能力220万台。徐留平当时提出的目标是"向世界一流汽车企业迈进"，2012年实现销售整车260万辆，2020年达到500万辆。

长安的触角已经伸向海外，在马来西亚、越南、伊朗、乌克兰、美国建有生产基地，墨西哥、南非项目正在推进。在研发方面，继重庆、上海、都灵、横滨的研发中心建成之后，长安已在北京和伦敦组建新的研发中心。

除了已有的长安福特、长安马自达项目，长安还投资85亿元建立长安PSA，在深圳基地生产雪铁龙DS系列。

3.海外兼并得失考

"纸上得来终觉浅"，上汽兼并双龙始末

自主品牌走出国门，从出口卖车到海外建厂，再到参与国际资本运作，这是中国汽车做大做强，融入全球化，从小学生到读大学的成长之路。上汽收购韩国双龙汽车公司，是中国汽车跨国兼并第一个吃螃蟹的尝试。四年风风雨雨，起起伏伏，不料在全球金融海啸中功亏一篑。

我以为，收购韩国双龙汽车的失败，主要源于文化差异，尤其是全球金融海啸的不可抗力。但是上汽在并购时机选择，自身管理团队实力，危机处理能力方面尚有欠缺。虽然也做过前期的案头准备和对策，仍是"纸上得来终觉浅"，摸爬滚打一番，终于知道了螃蟹的滋味。失败也是财富，且不说，这财富是中国汽车业今后再度出击的垫脚石。

2004年底，上汽斥资约5亿美元，收购了经营状况岌岌可危的韩国双龙汽车

48.92%的股权。次年，通过证券市场交易，增持双龙股份至51.33%，成为绝对控股的大股东。

双龙是韩国第五大汽车制造商，主要生产大型SUV和高档豪华轿车，既有20万辆的产能，又有研发工程能力。

上汽实施海外兼并的目的，一是通过区域性兼并，试水构筑全球经营体系；二是双龙的SUV以及柴油发动机与上汽的产品体系有较强的互补性，重组后，可以发挥双方在产品设计、开发、零部件采购和营销网络的协同效益，提升核心竞争力。

然而事与愿违。上汽进入双龙后，才得知中韩汽车企业文化的沟壑有多深。

韩国社会商业贿赂成风，经济犯罪成本极低，造成原管理层能力低下，供应商与管理层和工会多有利益关系。但是董事会罢免了原社长后，中方没有一个国际收购的整体团队，对比美国通用收购韩国大宇后，马上从通用全球机构中抽调50人的经营团队整体接管，并有500人的后方支持。即使上汽这样外向度在中国汽车业处于领先地位的企业，也凸显国际经营人才体系、人才培养的缺失。

为了复兴双龙，上汽作出种种努力。

2005年，上汽入主双龙，撤换原社长苏镇琯。

2006年，上汽管理层通过整顿长期散乱的生产秩序，建立精益生产体系，实行质量控制的"全面振兴计划"，当年实现主营业务盈利。

2007年，克服韩国政府取消柴油车补贴的不利因素，通过扩大海外市场销售、降低成本等措施，进一步取得整体扭亏增盈的业绩。

此外，利用大股东上汽的影响力，双龙先后四次成功地进行了包括获得巨额贷款和发行债券的融资活动。

其间，原通用中国公司CEO墨菲，受聘任上汽执行副总经理，坐镇双龙一年有余，其丰富的海外管理经验，对双龙的扭亏和劳资矛盾的化解，颇有建树。

然而，2008年下半年，双龙突发财务危机，断了资金链，经营难以为继。

回顾双龙危机，上汽人士称，没想到全球金融海啸来得这么猛，排浪打来，双龙瞬间就垮了。以往双龙的产品一半销往欧洲，现在几乎完全没有了销路。在俄罗斯，连信用证都开不出。在韩国国内，买车80%靠贷款，现在消费不振，银行惜贷。双龙又不像现代、大宇还有自己的金融公司，因而只能坐以待毙。

几经抢救无效，双龙董事会于2009年1月9日申请破产保护。2月6日，申请生效，法院接替董事会，对双龙进行托管，指定两位韩国人为共同管理人。他们的任务就是制订企业回生计划，并于5月22日通报关系人。如果法院批准该计划，双龙将步入正常经营。"回生"不成，则进入破产清算。

上汽人士感叹，过去从书本，从中介机构，从使领馆了解了不少信息，有思想准备。但是真正进到一个韩国企业，想不到有这么难，和过去对韩国汽车业的感受完全不同。

韩国工会势力强大，动辄以罢工相要挟，要求分享管理层的利益。"斗争成果"累积下来，双龙汽车的单车人工成本占到20%，远高于韩国汽车业8%的平均水平。工会之强势，令人瞠目：百余工会专职干部不参与生产劳动，还配有专车；管理层经营决策须经过工会许可；每年伴以罢工的劳资谈判，都给企业带来巨额损失。

在上汽重组双龙的短短五年，针对管理层的大罢工就发生过三次。

2006年的"玉碎"罢工，就造成双龙当年亏损1960亿韩元。出于一种地域文化，韩国人抱团，有强烈的民族自尊，是其可敬之处，但也有其狭隘的一面。新的双龙管理层曾经计划，为了摊销小型越野车S100的开发成本，除了继续在韩国生产外，拟将部分产品在中国组装，既可增加销量，又可扩大双龙CKD出口。这一打算却被双龙的工会指为盗取技术和就业岗位流出而拼死抗争，甚至向司法部门举报，由检察部门对中方管理人员进行限制出境的高强度传唤。

自双龙陷入危机以来，韩方一直在使用"敦促""要求""抵制"等措辞与上汽进行交涉，这种姿态似乎与其处境格格不入。其间，双龙工会就一直扮演着过激的角色。双龙申请企业"回生"的这一天，被双龙汽车工会指定为"中国践踏韩国日"。

2009年5月22日，为反对管理方的裁员计划，双龙工会再次发动大罢工。数百名骁勇的工会成员占领韩国平泽工厂3、4号组装车间和1、2号涂装车间，与警察对抗76天。最后经过一场好莱坞大片似的"攻防战"，在付出二百多人受伤的代价之后，工会成员终于自行走出车间。

为了帮助双龙"回生"，上汽承诺以它在双龙的股权作抵押筹措资金，帮双龙寻找接盘的战略投资者，继续在中国维持双龙的销售渠道。即使如此仁至义尽，双龙工会仍然组织工人到中国驻韩国大使馆抗议。

有消息说，当时双龙提出，要求已经被迫退出管理的上汽继续追加投资。金融海啸当前，现金为王，已经寒心的上汽没有再往无底洞里扔钱的打算。2010年，双龙由印度最大的拖拉机生产商马亨德拉集团接手，但这次收购几乎是上汽并购双龙的重演。步履维艰的双龙汽车于2021年再次走到了破产重组的边缘，并最终由一家韩国本土电动车企业接手。

萨博落袋，北汽"贴地飞行"

徐和谊，冶金工艺专业出身的北京经委副主任，2002年接过建设北京现代汽车公司的重任。短短一年，索纳塔下线，圆了北京汽车业盼了四十五年的轿车梦。2006年，徐和谊接手北汽控股董事长。短短四年之后，北汽销售汽车超过150万辆，并成为新中国成立以来北京市属国企中第一家年利润过100亿元的企业集团。

萨博藏车馆。萨博以生产飞机和航空发动机起家，"二战"后开拓出轿车业务

在成功把北京现代和北京奔驰两个轿车合资企业做得有声有色之后，高起点地打造自主品牌，成了北汽的头号使命。在我眼中的徐和谊，与经历大相径庭的李书福一样，有一种常人难以跟上的跳跃式思维和几分诗人般的浪漫情怀。他们都不约而同地把眼光投向欧美著名轿车品牌的并购。

北汽的海外并购之路，从2007年与印度塔塔争购路虎开始，还尝试过收购欧宝、克莱斯勒，可谓孜孜以求。对手有的对中国一家国企的并购戒心十足，一次次碰钉子，并没有让徐和谊气馁，只是让他更有心计。

2009年初，通用旗下的瑞典萨博（SAAB）濒临破产，这个造飞机起家，首创涡轮增压发动机的高端轿车生产厂商，进入了徐和谊的视野。这一次北汽用的是迂回战术，不再出头，找了一家瑞典公司科尼赛克合作，由科尼赛克出面做买家。

收购萨博技术的计划，2009年8月24日立项。徐和谊称之为"借帆出海"。北汽通过换股取得科尼赛克20%的股份，进而获得萨博技术用于打造北汽的自主品牌。北汽集团总经理汪大总，北汽研究院院长顾镭，直接参与了科尼赛克与萨博的谈判。他们都是在海外工作十多年，并且在通用、福特等公司做到技术高管的"海归"，谈判进行得很顺利。

2009年11月24日，离萨博的母公司通用汽车提出的签约期限11月30日只有六天。汪大总刚刚登上广州飞往北京的飞机，突然接到一个电话，是科尼赛克公司总裁从瑞典打来的，告诉他，与瑞典萨博旷日持久的并购谈判实在撑不下去了，科尼赛克决定退出，五个小时之后公开宣布。

听到电话，汪大总的脑袋"嗡"地一响。他预感到，推进了三个月，与科尼赛克合作"借帆出海"收购萨博技术的全套方案有可能功亏一篑。

与科尼赛克共同参与全面并购萨博，是一项十分复杂的交易，北汽的标的一开始就很明确，直奔萨博当前的轿车和发动机技术。至于工厂和品牌，则由科尼赛克接手。谈判虽然达成初步共识，但是由于整个并购的工作量大，成本高，欧洲银行贷款条件十分苛刻，科尼赛克始终拿不下来，实在拖不起，只好撒手退出。

飞机落地北京，已经过了三小时。北汽高层连夜开会。董事长徐和谊拍板：科尼赛克退出，我看也是机遇。我们要在已经达成的协议基础上，单独与萨博继续谈判，聚焦技术收购。

在萨博即将面临破产或关厂的厄运面前，通用同意萨博和北汽直接谈判。谈判夜以继日。在北京坐镇的董事长徐和谊、飞到瑞典主持谈判的总裁汪大总和北汽研究院院长顾镭都几天几夜没有合眼。

与萨博在此前两个月的沟通没有白费。汪大总、顾镭的海归背景一方面让他们和萨博高层在沟通中没有文化障碍，另一方面对于北汽开发自主品牌轿车最亟须的关键技术了如指掌。

也许破产的期限迫在眉睫，三天之内，萨博和北汽拿出协议草案，共14个文件。通用同意了北汽只买发动机和整车技术，品牌和工厂另找买主。剩下的三天，时间更紧。光在萨博董事会一方，就要通用总裁、通用国际、通用欧洲和美国财政部的签字。且不说，还有中国国内的审批和银行贷款需要徐和谊一家一家地破例同步完成。最后期限临近，谈判团队屏住呼吸，直到汪大总的手机上突然收到一条短信："哈哈哈，老汪头儿，董事会通过了！"大家才情不自禁地欢呼起来。

随后的进程都是国际收购罕见的快节奏。12月6日，北汽和萨博就收购萨博9-5、9-3的三款车型，两款涡轮增压发动机的完整技术正式签约。12月11日，双方在瑞典进行交割，北汽支付的近2亿美元到账；同时，3.5吨重的纸质资料装上北汽租用的卡车。次日，顾镭带着载有全部技术电子文件的1000G硬盘，"雄赳赳、气昂昂"地登机回国。

交易落袋为安，也获得萨博、瑞典政府和舆论的关注与好评。

萨博（SAAB）是瑞典飞机有限公司的缩写，因为缘于航空技术，萨博轿车的品牌号召锁定为"贴地飞行"。

此次北汽出资两亿美元只买萨博技术，不买工厂，不买商标，为的就是打造自主品牌，重塑"北京"牌轿车的辉煌。而且规避了收购品牌，经营海外工厂的巨大风险。

汪大总曾是上汽集团副总裁，并参与过荣威品牌本土开发，特别得意这次买回来的是完整的技术体系，包括数模、设计规范、工艺、质量、标准、流程，甚至零部件供应商的管理体系。这些都是几十年，上百万辆车的数据积累凝聚的技术诀窍。

"什么是诀窍？外国人学京戏翻跟头，帽子老掉。最后中国老师只告诉他两个字'咬牙',帽子果然不掉了,因为一咬牙,头皮就把帽子绷紧了。"汪大总说。买来完整工艺体系,自主开发的时间可以缩短五六年,更重要的是少走弯路。有内行人说,拿下萨博升功率84.7千瓦的双涡轮增压发动机,从技术到工艺,光这一项,2亿美元就值。

时至今日,北汽果断出手,拿下萨博核心技术的案例依然是国内车企海外收购的成功范本。但让人扼腕的是,曾被认为是全球最注重安全性的萨博轿车,在此之后几经波折,逐渐淡出了公众的视野。

4.草根吉利入主豪华品牌沃尔沃

完美"天仙配"

2009年,全球金融海啸的多事之秋,也把机会给了中国汽车业内有准备的企业。10月28日,福特公司对外发布正式声明,宣布中国吉利控股集团为沃尔沃汽车

| 沃尔沃总部草坪上升起了中国国旗

强烈碰撞之后A柱不变形,门能打开,碰撞机器人毫发无损,显示了车型的安全性

沃尔沃的安全碰撞试验。一辆S60和一辆V70各自以56公里的时速迎头相撞,驾驶舱安然无恙,燃油没有泄漏,安全状况良好

251 | 第九章　兼并重组没有温情

沃尔沃碰撞的能量，大部分被车头的吸能区吸收

公司的首选竞购方。12月23日，吉利与福特就收购沃尔沃签署框架协议。福特宣布：不计划保留沃尔沃的股份，吉利是全资收购，李书福再次令人刮目相看。

此前，业内和舆论界普遍不看好吉利的收购，嘲笑为"八字没一撇"的作秀。这也难怪，一个中国年轻的草根企业，收购欧洲一个百年豪华品牌，岂不成了"天仙配"？1999年，福特出巨资64.5亿美元买下沃尔沃，苦心经营十年，而情愿要价15亿美元售出这块"烫手山芋"。李书福何德何能，能让沃尔沃重整旗鼓？且不说沃尔沃的工会何等难缠，有上汽收购韩国双龙的前车之鉴在那里摆着。

对吉利而言，收购沃尔沃是极其审慎迈出的一步。项目启动之初，李书福在杭州私下对我说：收购沃尔沃的打算，2002年我就在公司内部提出了。从内心深处讲，是想通过收购国际著名品牌，明媒正娶地获得一个"好出身"，彻底改变自主品牌汽车靠"模仿秀""山寨版"起家的坏形象。以"根红苗正"的技术渊源，不但进入第三世界，而且堂堂正正地立足欧美市场。

此前两年，在国际汽车资本市场，吉利出手控股生产伦敦TX4经典出租车的英国锰铜公司，收购澳大利亚自动变速器厂DSI都运作十分成功，吉利运作国际资本日渐成熟。

进入2010年，收购沃尔沃进程如同进入一马平川。3月28日，吉利和福特在斯德哥尔摩签署关于收购沃尔沃的正式协议。8月2日，伦敦，吉利收购沃尔沃最后落锤；当地时间下午1点，吉利以13亿美元现金外加2亿美元票据的支付方式，正式与福特汽车完成了沃尔沃轿车资产的交割。至此，吉利成为中国第一家汽车跨国公司，并跻身全球企业500强之列。

沃尔沃过去亏损的关键在于，作为福特旗下的子公司，市场与产品战略完全服从于福特的全球战略。而当福特自身问题成堆的时候，对沃尔沃往往无暇顾及。因此，让沃尔沃重生的关键就是让沃尔沃重新做回自己。

谈起沃尔沃的收购，李书福一语中的：吉利是吉利，沃尔沃是沃尔沃。吉利作出承诺，今后沃尔沃将坚守其安全、质量、环保和现代北欧设计这些核心价值。沃尔沃目前在瑞典、比利时的工厂、研发中心、经销商网络和采购渠道，以及工会协议都将得以保留；同时，积极开拓包括中国在内的新兴国家市场。沃尔沃将由独立的管理团队领导，总部仍设立在瑞典哥德堡。

在李书福眼里，吉利不需要对沃尔沃做整合。"它本来就是一棵树，种在那里好好的，你能帮它弄一些水，弄一些肥料更好，你不用动它。"

吉利要为沃尔沃做的不但是浇水施肥，还要提高它的"造血功能"。

按照吉利的复苏计划，将在中国建设沃尔沃的新生产基地，总产能30万辆，使其总产量提升近一倍，并在2011年前扭亏为盈。五年内让沃尔沃这个豪华品牌的全球总销量达到100万辆。

注册地在上海嘉定区的上海吉利兆圆国际投资公司是吉利收购沃尔沃的主体。通过这家公司，吉利向福特支付了13亿美元。吉利兆圆为吉利集团、大庆国资委、上海嘉尔沃投资有限公司三方按51∶37∶12出资比例组建的合资公司。

在全球汽车业和市场的怀疑和期待中，李书福带领沃尔沃开始了涅槃之旅。

| 吉利收购沃尔沃之后第一次董事会后，董事长李书福和首位CEO雅克比在午餐会上会见媒体

走进沃尔沃

2010年9月16日,我飞到位于瑞典哥德堡的沃尔沃汽车公司总部,窗外是瓦蓝的天空和浓郁的绿茵。吉利收购沃尔沃之后第一次董事会上午刚刚结束。我们和董事长李书福、总裁兼首席执行官雅克比共进午餐。

2010年上半年沃尔沃已经走出亏损,在全球开始盈利。在全球汽车业和市场的怀疑和期待中,美好的愿景和正视现状的脚踏实地,沃尔沃开始了新的历程。

认识李书福十多年了,他不再是那个执着、不安分、口无遮拦的形象,在全球化的大博弈中,摔打出的那份大智大勇,那份运筹帷幄,那份缜密推进,的确让人刮目相看。但是他率真、质朴、平等待人的本色不变。

李书福私下曾对我说:"我关注的目标不是盈利,而是让沃尔沃重新回到当年奔驰、沃尔沃、宝马这样的豪华品牌全球排序。"

他不无调侃地说:"我们会有一个大发展。沃尔沃的人,总是太保守,有200%的把握才敢干;我有80%的把握就敢干;保守派和我这样的激进派结合起来,一起努力,埋头苦干两三年,就能看见变化。"这段话最能体现李书福的哲学。

我问:"沃尔沃的技术,能不能转移到吉利本土的产品体系中去?"李书福回答很干脆:"不能,这个力借不了。一个是高端产品,一个是大众化产品,技术体系不一样,一定要用,成本就上去了。"

在完成全部收购程序后,李书福也是第一次被允许走进沃尔沃。安全是沃尔沃与生俱来的基因。在沃尔沃博物馆,创始人格布里森和拉尔森在1927年推出第一代沃尔沃汽车时所说的一句话赫然在目:"汽车是人来驾驶的,因此,我们做任何事情的指导原则必须是——把安全放在第一位。"时至今日,沃尔沃已经成为安全的同义词。

1959年以来,沃尔沃发明了三点式安全带、ABS防抱死制动系统、安全气囊等众多安全保护装置,在安全领域独领风骚。并首先提出,到2020年,沃尔沃生产的新车,都能实现"零碰撞,零伤亡"。

在沃尔沃安全中心,我们目睹了模拟交通事故实例的一次碰撞试验。在亮度是阳光10倍的灯光照明下,一辆S60和一款V70,以各自56公里的时速迎面相撞,10台高速摄像机记录着碰撞的全过程。由于车头缓冲区等一系列保护措施,两辆车的发动机和驾驶室得以有效保护，燃油没有发生泄漏，验证了沃尔沃极高的安全性。

沃尔沃也是环保领域的先行者。早在1972年，沃尔沃就制订出了自己的第一个环保章程。1976年，沃尔沃装有带氧传感器的三元催化转化器的轿车在美国上市，现在所有汽车排放控制，都是以这项技术为基础发展起来的。2002年起沃尔沃汽车还实现了85%的材料可再回收利用。

我们参观了位于哥德堡的沃尔沃托斯兰达工厂，这个工厂建于1964年，现有员工2300人。女工占27%，比例全球最高。沃尔沃V70、S80、XC70以及XC90都生产于此。流水线是订单生产，73秒一辆。

沃尔沃还为中国人开放了设计中心、风洞实验室，进行了包括混合动力和电动车在内的全系车型的试驾。

我在沃尔沃交谈的每个人，都对吉利的收购表示出真诚的认可。从高层到一般员工，提到"董事长"都饱含敬意，他们的表达多是包含着一个主题：吉利和福特不一样，吉利不是把沃尔沃当作小兄弟，李董事长非常尊敬沃尔沃，尊敬沃尔沃的文化，尽力恢复沃尔沃的辉煌。沃尔沃有了一个好的投资人。

人物印象

墨菲，放弃了的午餐

墨菲，美国人，个子不高，敦实而干练。他为通用汽车在美国和海外工作了32年，做到通用中国公司总裁，其后担任过上汽集团副总裁和克莱斯勒亚太总裁；但是做派中没有什么大老板的傲慢和威严。

他很善意，性格开放。他说过，最初认识我，是在1997年底特律车展。通用亚太总裁施雷斯指着我告诉他：李这个家伙对中国汽车了解得很多。此后我们成为好朋友，每次见面都高兴地用拳头捶打对方的肩膀，虽然也常有意见相左的时候。墨菲对别人说，李说话很尖锐，听了不大受用，但是他的意见对我特别有价值。

大市场能够独立开发产品

中国官方给过墨菲许多荣誉："白玉兰"奖、上海"绿卡"，墨菲为此很自豪。墨菲做人很真实，容易与人相处。无论90年代在上海项目充任谈判小组成员，还是随后担任上海通用副总裁，他都与中方的搭档胡茂元、陈虹相处甚好。

"换位思考"是墨菲常说的一句话。合作中，对于一件事双方有异议，墨菲总要了解对方出自什么考虑。他说，解决矛盾，并非一定要我赢你输，可以做得对双方都有利。一块饼，两人分，无非你多我少；但是一起把饼做大，双方都能拿得更多。

隔一段时间，我们会见上一面，吃一顿他喜欢的川菜。不是采访，只是一种交流。记得中国入世的第二年（2002年），有一次中午我到上海他的办公室，谈得兴起，一口气聊了两个钟头，没吃午饭，却留下一份访谈记录，有些话到今天还很有针对性。

当时我想知道，中国和美国汽车的价格构成有什么不同。

墨菲说：在上海生产的别克，价格中除掉成本和利润，还有17%的增值税和3%~8%的消费税；消费者还要再缴10%的购置税；加上30%的零部件进口关税等；消费者把一辆车买到手，花费中40%~45%是各种税费。以别克GS为例，在中国光是税费就要2万美元。在美国，汽车产品联邦政府税收为4%；州税各州税率不同，分别为0%~10%；就是说买一辆汽车，税收占4%~14%。在中国，扩大轿车消费，看来有必要调整税收的杠杆。

我问，媒体常常认为汽车厂家的盈利就是降价的空间，通用的盈利都用来做什么？

墨菲说，一般企业不会透露自己的盈利率，可以参照的是，全球汽车行业的利润率平均为3%，当然，上海通用的利润率要高于这一水平。企业的利润主要用于资本的再投入、长远新技术、新车型研发费用的分摊、退休基金和员工的福利基金，此外就是股东的分红。如果企业盈利减少，一个最直接的结果就是产品开发力度减弱。长期没有新产品满足市场，企业就会失去用户。

我说，很多人担心，中国会不会成为汽车跨国公司的世界工厂，即开发的核心技术在国外，中国只做单纯的制造中心。

墨菲说，理论上这种可能性是存在的，但是我不认为真的会在中国发生。因为中国汽车市场不但很大，而且很独特，客户需求与全球其他地方很不相同。

比如环境、驾驶条件就有很大差别。在中国以外设计开发的产品，几乎不可能完全适合中国。这是为什么通用汽车要在上海建立泛亚研发中心的初衷。世界其他市场情况也是一样。通用底特律总部有很强的研发能力，但是我们在德国欧宝、在澳大利亚霍顿、在巴西都建有研发中心。起步时做技术改进、本地化，最后都会形成自主开发能力。

中国成为外国汽车公司单纯的生产中心概率非常小，因为大家都认同中国是一个最大的市场。我的经验是，大的市场都能支撑大的研发中心，独立开发产品。

2004年初春的一天，我接到通用中国公关总监郑洁小姐的电话，墨菲突然辞去了通用汽车中国公司CEO的职务。只差几个月，他在中国工作就届满十年。

离职的原因，众说纷纭，但是当事人通用汽车公司和墨菲似乎有约在先，三缄其口。但我听说，他与底特律的上司意见相左，又不肯妥协，导致了僵局。墨菲在中国的十年，为通用开拓了中国这个最大市场；也为中国汽车工业融入全球化，做了许多好事。

不要拿意识形态说事

离开通用不久，墨菲受邀加入上汽集团。当时上汽刚刚收购双龙，初涉海外经营，又碰上韩国工会这样难缠的角色，磕碰得颇有些灰头土脸。墨菲加盟上汽，即被委以主管上汽海外事务的执行副总裁。并担任双龙的代表理事，副董事长。

上任半年，墨菲来北京，我们见了一面。我问起明年双龙是否会有转机，墨菲做了个一上一下的手势。"我不知道，要看运气。"他说，"美国有句谚语，一件事只有到了20码的最佳视距，才能看清楚。"

墨菲说得很直率：上汽买双龙，买回一个包袱。不是买得不聪明，买现成企业，好处显而易见，产品、网络、人才都有了。问题是买之前，没有做好"尽职调查"，历史和一些侧面问题没看到，进去了才发现。

墨菲说，上汽把产品线拿过来，韩国人说是技术外流，谁都知道没有那么回事，政治借口而已。现代、大宇，那么多车型在中国生产没问题。双龙一个车型"享御CYIRON"刚和上汽签了技术转让许可，韩国大报小报就一起上，政府还通过了《反技术外流法》。韩国和美国不同，是民族主义情绪强烈的国家。美国人或者其他人在那里投资，也会遇到民族主义的麻烦。他说，上汽从双龙获得了经验，后来在买罗孚时"尽职调查"做得很周密，规避了各种风险。

我谈到其他中国企业海外收购也遇到种种问题，是不是出于意识形态的原因。

墨菲不认同：不要一遇挫折，就归结到意识形态。美国企业20年前刚进入中国时，一赔钱，就拿政治因素作借口，到90年代中期，了解了中国市场，获得了成功，又都说自己的战略如何好。这是"面子"，不是政治。中国经济发展太迅速，外国人猜疑、惊恐都很自然。关键要拿得出在当地市场有竞争力的车，价格绝不是取胜的唯一因素。中国汽车业不能强迫国际市场就范，只有迎合、了解一个新市场才会成功。

墨菲说，其实，中国汽车在海外遇到的问题再多，比起当年日本人遇到的障碍要少许多。日本是唯一侵略过美国的国家，曾经造成几代美国人的心灵创伤，这给日本汽车进入美国带来很大困扰。日本车70年代曾在美国市场几进几出，但是他们顽强地一家一户地走访客户，了解美国人的需求，锲而不舍地用省油的产品、便宜的价格、周到的服务去开拓市场。美国人开放，讲实惠，最后终于被打动了。

墨菲在上汽主管双龙的那段时间，双龙曾一度盈利。

直言不讳往往没有好果子吃

戴克全球分拆后，墨菲去了克莱斯勒，担任克莱斯勒亚太区总裁。在中国，他首先面临克莱斯勒在北汽和奇瑞两个合资企业的去留问题。

墨菲进行了深入调查，毫不客气地认定，这两个企业当时的思想观念、技术水准、质量管理都达不到克莱斯勒的合作标准，快刀斩乱麻地决定了从这两家中国企业的合资谈判中撤出。

对此奇瑞和北汽并不认同，认为墨菲是在刁难，其实是两种文化的不同。墨菲私下对我说，奇瑞要改进，必须换掉所有的经理。我了解墨菲的为人，这话听上去很残酷，但是说到了实质，汽车的竞争，不但是技术和资金的竞争，也是理念的较量。

墨菲为此在中国挨了不少骂。克莱斯勒也认为他不够进取，墨菲只好再次离开。可是今天回头看，墨菲判断十分英明，无论对克莱斯勒还是北汽、奇瑞，结束合资都是一件好事。金融危机中克莱斯勒遭遇破产保护，两个合资企业要是还在，它们可不是上海通用，能够跨过合资伙伴濒临倒闭这道坎。

我常常想，圆滑一点儿，墨菲的职业生涯可能会顺利得多，但是中国汽车更需要直言不讳，我敬重墨菲。

第十章　危局中的中国机会

2008年9月16日，阴霾笼罩的暮色中，在刚刚落成的上海环球金融中心顶层观光廊，通用汽车正隆重地举行它的百年诞辰。492米的高度，让不少恐高的宾客感到目眩。大屏幕上正转播着通用全球CEO瓦格纳的讲话。除了上海，美国、德国、墨西哥的会场，都在同步庆祝着通用百年的辉煌。

今天想来，这次庆典，颇有些"冲喜"的意味。2008年，由美国次级房贷危机引发的金融海啸，此时正滚雪球般在美国、在欧洲、在全球迅速蔓延开来。几年前，全球经济还沉浸在一片泡沫生成的狂欢中，金融衍生物、互联网、房地产似乎带来了无穷无尽的财富。然而让人始料不及的是，华尔街几家金融机构的倒闭丑闻，竟引发如此轩然大波。雪崩的冲击波所到之处，银行倒闭，工厂裁员，进出口萎缩，百业凋零。进而形成一场席卷全球的经济危机，在2009年达到高潮。

1.始料未及的全球危情

通用在百年庆典后倒下

2008年，全球金融风暴来袭，刚刚度过百年寿辰的通用汽车首当其冲。与工会

底特律温莎湖边复兴中心的通用总部。通用汽车刚刚庆祝了百岁生日，不料在金融海啸中就遭遇了破产危机

谈判破裂，重组方案被总统奥巴马拒绝。2009年3月30日，CEO瓦格纳被迫辞职，5月债转股计划遭拒，直到6月一切挽救计划失败，通用汽车宣布破产，在101岁时怆然倒下。

这一天也被称为美国工业史上最黑暗的一天。

"大有大的难处"，百年老店，包袱沉重。通用汽车员工每小时的平均工资高达70美元，是对手日本的1.75倍；百年通用还要养活退休员工多达百万；光是通用员工的医药费摊进每辆车的成本就高达2400美元。劳方且有强大的工会"全美汽车工人联合会"（UAW），为争员工的福利可谓寸土不让。各种成本居高不下，让通用早已不堪重负。金融危机一来，通用产品销量大减。2008年，一下子亏了153亿美元。到2009年，政府先后输血250亿美元，不但没有起色，第一季度就继续亏损了60亿美元。

大限已到，回天乏术，奥巴马政府忍无可忍，先是逼瓦格纳下课，后是宣布通用进入破产保护，由美国和加拿大政府接盘。美国联邦政府出资买下61%的通用股份，加拿大政府买下10%，欠工会和债主的钱债转股，通用成了全球最大的"央企"。

对于百年老店通用的倒下，业内有人评说，通用抱残守缺，不重视新产品新技术的研发，只满足于生产SUV等高油耗大型车辆，导致在新技术的竞争中失利。我却觉得此论有失公允。

从20世纪90年代，史密斯、瓦格纳都对通用的痼疾进行了大刀阔斧的改革。首先是带领通用从多个品牌各自为政的困局中走出来。从2004年开始，瓦格纳宣布通用新的品牌战略：开发全球产品平台，通过模块化的"架构"，满足不同品牌和市场的需求，从而降低开发成本。到2008年底，在通用全球最新开发的全球平台上，光是上海通用就有雪佛兰克鲁兹，别克君威、君越等最新车型相继定型。说起来，也是运气不佳，金融海啸来得太急，新车还未上市，通用就已倒下。

据我的观察，通用对开发新能源车可谓倾注了全力。从90年代起，纯电动车、插电式混合动力车、氢燃料电池车的研发有声有色。然而2003年，通用提出了五到七年后"重新定义汽车"的宏图大略。在近二十年前就想用新能源"重新定义汽车"，进而取代传统汽车的规划是否过于超前，今天值得反思。

在2003年的第一次电动车全球退潮之后，通用独辟蹊径地研发插电式混合动力车Volt，称之为"增程式电动车"，它没有像其他电动车一味在增加续航里程上较劲，而是提供汽油和电力的两种能源选择，解除了纯电动车的后顾之忧。是电动车可行性扬长避短的一次突破。可惜的是，尽管"增程式电动车"Volt在2008年就已面世，但是还要进行三年的技术完善，又慢了半拍，没有能为挽救通用出一把力。

通用过高地预估了全球能源结构转变的速度，在新能源领域孤军冒进，数百亿美元的投入功亏一篑，使其财务状况雪上加霜。不合时宜，成全瓦格纳做了一个悲情人物。

通用汽车申请破产保护，是全球金融海啸危及实体经济的一个里程碑事件。斗转星移，到了2010年底，尽管通用CEO不断更换，但是通过重组，终于卸下历史包袱，剥离不良资产。在危机期间，通用累计接受美国政府495亿美元救助金，元气恢复了不少。但奥巴马政府对拥有一个"央企"并没有兴趣，11月18日，通用汽车重返纽约证交所，筹资总额达到231亿美元，成为全球有史以来规模最大的公开募股。以此为起点，通用汽车重获新生。

丰田绊倒了自己

"车到山前必有路,有路必有丰田车。"丰田质量可靠的好名声似乎从三十年前就在中国市场扎下根。直到今天,买丰田车的人,大都是冲着品牌去的。

我从80年代起,和丰田交往多年,一个感觉是丰田很稳健。丰田是中国汽车业改革开放进程中最早被求助的企业。四十年来,众多中国汽车企业都把"丰田生产方式"奉为质量管理的经典。但是丰田早年的兴趣点只是在中国卖车,对于一汽、上汽期待技术引进,合资生产的要求不理不睬。老一代汽车人至今回忆起丰田当年的傲慢,还忿忿不已。

丰田海外扩张的重点是先美国,后欧洲。在中国这块轿车产业处女地,德国大

在2011年上海国际车展,丰田推出新车,曾经做过赛车手的丰田章男在发布会上一跃坐上车顶,传达新车的动感信息和本人的内心喜悦

众、法国PSA、美国克莱斯勒和通用拓荒多年，跟头栽了无数，还不敢说是站稳了脚跟。等到世纪之交中国轿车市场终于成熟，丰田才姗姗来迟。靠着卖进口车赚下的口碑，后来居上。当年"丰田没有对手"的自诩，今天看来实在有点飘飘然。

2005年，接替张富士夫成为丰田新社长的渡边捷昭，暗下决心在规模上超越通用，争做全球老大。被称为"成本杀手"的渡边，要求员工"拧干毛巾上最后一滴水"，为丰田节省了几百亿美元。一味降低成本，并不能改变丰田极度扩张带来的厄运。受全球金融危机冲击，2008年丰田出现了七十年来首次年度亏损，渡边捷昭引咎辞职。

2009年6月，临危受命的丰田章男进入公司，接过了丰田汽车的最高权杖，出任第十一任社长。他在上任讲演中说："我在按动汽车喇叭告诉大家，车子已经开到了悬崖边上。"一语成谶，三个月后，丰田在美国的"召回门"爆发。

毫无疑问，这将是丰田创立七十年来一个"划时代"的严重事件，对丰田品牌的伤害怎么估计也不为过。

2010年农历除夕，丰田中国的一位朋友来我家，代表公司就丰田在全球召回事件和我沟通。我对他说，丰田该做的，是亡羊补牢。虽然因油门踏板和制动问题，丰田在全球已经召回850万辆汽车，但是新的质量问题还在不断暴露，丰田的危机如同深井中的自由落体，还远远没有触底。

果然，春节期间，丰田车意外加速导致美国34人死亡，再召回两款丰田问题车。2月24日应美国国会要求，丰田章男出席丰田质量危机的听证会并道歉、赔偿。随后，他来到中国道歉。

我不认为这次危机是美国政府为了本国汽车业的利益在打压丰田。美国政府前些年召回福特、通用的问题车也不是小数。为了丰田供应商和美国职工的利益，美国政府曾选择了长达一年多的"失语"。最后，是丰田对于上千次的质量问题投诉和涉及生命安全的事故遮遮掩掩的态度激化了事端。

冰冻三尺，非一日之寒，史无前例的召回是丰田造车和经营理念中一系列积弊的总爆发。丰田近年来把产量做到世界第一的心气太旺；把降低成本、获得盈利最大化作为核心追求，这才是这场危机的根本缘由。

丰田的新车测试多是在室内台架和赛道等试验场地进行的。而欧系车的新车测试则要经过300万公里，有的高达800万公里的长距离实地行驶，包括极寒的北极、干燥的撒哈拉、高湿度的热带雨林。比如此次的油门踏板问题，所谓"长时间暖风环境导致结霜"造成的刹车失灵，如果有长途测试，就会早早发现。

应该承认，丰田在节能减排新技术领域（如混合动力）取得了很大成功，但是由于一味压缩成本，在汽车的传统新技术新产品开发上，拉大了与欧洲对手的差距。以大众高尔夫与丰田卡罗拉为例，同是总销量突破2600万辆的"全球最畅销车型"，但是对比第十代卡罗拉与第六代高尔夫，在发动机、变速箱、底盘、悬挂等技术方面，丰田起码落后五年。

这场涉及全球多个市场的召回是一个苦果，当事人必须选择"咽下去"，进行自省，尤其要找到杜绝这样大规模危机再发生的"治本之策"。中国汽车企业，也应该将丰田的"绊倒"引以为鉴。

2010年，沾中国车市"井喷"的光，丰田在中国的销量不但没有下降，反而创造了84.6万辆的历史最高纪录。两个合资企业的中方伙伴功不可没。广汽丰田中方总经理冯兴亚、一汽丰田销售公司总经理田聪明，都是在中国汽车市场历练多年的高手。他们处乱不惊，立足消费者需求，精准地调整产品结构，强化二、三线销售网络，创造了产销逆市攀升的奇迹。中国合作伙伴和消费者对于危难中的丰田的厚道和信赖，让丰田公司社长丰田章男好生感动。

丰田，是一个有着"百折不挠"传统的企业。1936年春天，丰田G1卡车推出不久，一辆用户满载货物的新车就抛锚在滨名湖畔的大道上，丰田立即派了一辆车把货物运走。已经42岁的丰田汽车创始人丰田喜一郎还一路奔跑赶到现场，钻到车下检查故障，从而重新获得客户的信任。

危机，也是正视自己的一个好机会。创业七十年，丰田难免染上"大企业病"。前丰田中国总经理加藤曾对我说：他进到丰田已经三十三年了，当初在生产线上，一个工人忙不过来，同伴们都会自发地过来帮忙。组长也像大哥带小弟一样关心年轻人。现在公司越来越全球化，级别越分越细，当年前辈创业的许多初衷都迷失了，也许这正是出现危机的原因。社长丰田章男多次提出丰田要"回到原点"的主张，要求丰田上下每一个部门都要找到和当年"原点"背离的地方，一一认识并改进。对于卖出的每一辆丰田车，是不是像当年的销售人员，熟悉每一个用户的脸。

在2011年上海车展，在日本丰田市的鞍池会馆，我两度对丰田章男做过采访。我问，什么是"回到原点"的内涵？章男说，"回到原点"就是要回到祖父丰田佐吉发明自动织机时的人性化初衷：让织工从艰苦的手工劳动中解脱出来；用一种现代化的方式生产高质量的产品，给社会带来财富。章男说，作为继承人，许多老一辈人对我说，要打起精神，给丰田带来明天的希望。今后丰田要造出好的汽车，给消费者带来怦然心动的价值感受。

丰田发布了中国战略，人们最关心的是丰田是否真正重视在中国的本土化开发。2012年，丰田在江苏常熟建立一个研发中心，这次最大的变化，是把以往在日本开发的部分职能拿到常熟，并在那里建立一个世界最大的试车场。丰田章男曾说：丰田是一家在全世界范围内生产销售汽车的企业，我们要结合不同地区消费者的需求，来提供最适合当地消费的汽车。尤其要研发对地球环境最友好，最善待资源的丰田汽车。

大众靠什么站稳脚跟

2009年3月，大众集团2008年报出台，董事长文登恩在沃尔夫斯堡宣布：即使在2008年艰难的市场环境下，大众汽车集团仍然实现了高于历年水平的新车零售量，全球新车零售量达到623万辆。在全球金融风暴中，大众成为唯一销售额、盈利全面增长的大集团。

今天看来，大众汽车集团具备抵御金融海啸的能力并非偶然。与通用、丰田大张旗鼓地发展新能源车背道而驰，被称作"工程师文化代表"的大众汽车，十多年来一直心无旁骛地致力于汽车传统的核心业务，成果斐然。涡轮增压小型高效发动机、清洁柴油技术、轻量化车身、双离合变速箱等适用技术的研发，使产品在小型化、低能耗方面，迎合了节能减排的主流时尚。

80年代，担任大众董事长的哈恩极具战略眼光，注重市场和集团规模的扩展，任期中把西班牙的西亚特、捷克的柯达纳入大众，积极拓展与中国合作。

哈恩博士的继任者，出身汽车世家的皮耶希，是世纪之交的大众公司的代表性人物。从1988年起，皮耶希先后担任奥迪公司董事长，大众汽车集团董事长，其后

大众在德累斯顿的现代化工厂。大众曾经的旗舰车型"辉腾"全部出自这里

一直担任大众监事会主席。

皮耶希是个技术狂人,一位朋友告诉我,看见皮耶希在宴会上,当别人寒暄的时候,他却闷头在一张餐巾纸上画一幅机械草图。主政奥迪期间,面对日本汽车的挑战,他痛感当时欧洲汽车业迷失了方向,下功夫推进各种传统技术的创新。

在奥迪期间,皮耶希先后推出涡轮增压、Quattro全时四驱技术、铝管式轻质车身(ASF)等技术,至今还在全球汽车业处于领先地位。

在皮耶希担任大众集团董事长的十年里,大众收购了顶级豪华品牌布加迪、兰博基尼、本特利,研发大众旗舰豪华车辉腾,开发16缸大功率发动机。而在另一个极端,他主持开发了当时世界上最省油的百公里油耗3升的路波,当他离任董事长的那天,他终于开上刚刚研制的百公里油耗不足1升的概念车。相对而言,他对金

融市场的资本运作并不热衷,他的所作所为也一直受到批评:对于技术的过分追求增加了成本压力,出现了"技术过剩"。而今天看来,这些举措,为大众成为拥有品牌最多、技术根底最扎实的跨国集团铺平了道路。

2006年以后担任大众董事长的文登恩对皮耶希的思路进行了延续和发挥,在经营方面,继续回归核心业务,完善平台战略和模块化战略,加快产品开发周期,不遗余力地对传统汽车的所有技术领域保持着创新的领先地位。正是大众,开创了汽车动力总成创新科技的FSI+DSG的"T时代",让竞争对手纷纷效仿。

依靠坚实技术功底立足的大众集团,在全球金融风暴中罕见地保持了稳定增长与活力。当初那些稳健而富有预见性的举措,让大众继续保持着在竞争中取胜的源源不断的后劲。

2009年7月,在一度传出将被保时捷兼并的传闻后,大众出奇制胜地宣布了一项交易计划，反客为主地将以80亿欧元的价格全额收购保时捷。全球顶级豪华品牌保时捷将被纳入大众麾下成为第十个品牌。完成重组后的大众，将如愿以偿地实现它多年来的夙愿——最终在销售和利润方面超越丰田，一跃而成全球汽车第一方阵的擎旗手。

作为最早进入中国的跨国公司，大众对于中国轿车工业的高标准起步功不可没；中国市场也给了大众丰厚的回报。2010年前后，大众在华两个合资企业的三个品牌——奥迪、大众、斯柯达旗下的几乎所有产品都成为市场上供不应求的热门货。

菲克重组，"技术换资本"的经典案例

2009年6月10日，马尔乔内来到底特律克莱斯勒大厦他的新办公室，担任新组建的菲亚特-克莱斯勒集团首席执行官。这一天，距离美国总统奥巴马宣布克莱斯勒进入破产保护程序仅仅42天。此举也开创了"技术换资本"，甚至"以小搏大"的全球汽车业新一轮重组。

财务出身的菲亚特集团总裁马尔乔内，2006年亲自接手濒临破产的菲亚特汽车公司，我是当年第一个采访他的中国记者。他上任后大刀阔斧地进行改革。首先是退出当年与通用的联姻，拿到20亿美元的"分手费"。接着，菲亚特旗下Grand Punto、Bravo、Linea等一批小型车和高效节能发动机接连问世。尤其1.4T发动机的推出和菲亚特500的新生，正好契合了时下呼吁节能减排的世界潮流，重塑了菲亚特"小型车之王"的金身，也让菲亚特汽车打了一个盈利翻身仗。

2008年秋，金融风暴尚未充分显现，马尔乔内就预言：汽车业面对的是沃尔玛连锁超市一样的市场，有人却当成豪华消费品来做，陷入困境不可避免。汽车"盛宴的时代"结束了，一些身居高位的人将因不能胜任而离开。他还预言，汽车业在一轮新的兼并重组后，可能剩下五六家大集团。年销量必须达到550万~600万辆以上，才有可能盈利。马尔乔内谦虚地将菲亚特定位为"立足于欧洲、将由中型集团向上扩展的新势力"。

一场不期而遇的金融危机，让菲亚特实现梦想的时间大幅度提前。

2009年4月底，克莱斯勒进入破产程序，美国最高法院批准了菲亚特对克莱斯

勒的重组。菲亚特将在新克莱斯勒公司中持有20%的股份，价值80亿～100亿美元。获得这些股权，是由菲亚特向克莱斯勒提供一款能在美国本土生产的小型车平台作为交换，不需要支付一分钱现金。其后，菲亚特还以提供高效节能发动机和开放菲亚特经销网给克莱斯勒等为筹码，分三次再增持15%的克莱斯勒股权。

马尔乔内的高明之处，在于拿出菲亚特先进的技术、车型、管理、动力总成、分销网络——这些克莱斯勒急需的救命稻草换取股权，而并非用现金购买。由此可见菲亚特近年来技术创新的高价值。巴菲特有钱，却救不了克莱斯勒。

菲亚特以小搏大的智慧和底蕴，很难用传统的思维去把握。马尔乔内说："我们生活的世界每天都在周而复始，但是事实上，未来由过去复制的可能性微乎其微，因此，需要不断创新。"

重组一年之后，马尔乔内让嘲笑他买了一张"前途未卜的彩票"的人闭上了嘴。2011年1月，菲亚特对克莱斯勒的持股比例从20%提升到25%，马尔乔内表示，菲亚特最终的持股比例会达到50%以上。菲亚特-克莱斯勒，一场"蛇吞象"的活剧，就这样在我们眼前展开。

面对中国巨大的市场前景，曾经在"上南合作"中"被离婚"出局的菲亚特再选一个家底殷实的"如意郎君"，更是当务之急。于是，菲亚特选择和广汽达成协议，为广汽研发的自主品牌小型轿车和发动机提供技术支持。来自菲亚特旗下阿尔·罗密欧中高档轿车平台技术和各个级别的先进发动机，帮助广汽从一个高起点上打造自主品牌。此外，一个新的合资轿车企业——广汽菲亚特也在2010年掀开了"盖头"。

至于克莱斯勒——全球Jeep越野车、SUV和MPV车型的开创者，在2011年4月庆祝旗下Jeep品牌诞生七十周年，并决心重新做大中国市场。在频繁更换了几位亚太区、中国区的总裁之后，2010年底，郑洁，一位道地的上海姑娘，被任命为克莱斯勒中国销售公司总经理。

2002年，《中国日报》记者出身的郑洁，曾经是第一个在通用汽车这样的大公司中担任总监的中国人。在她十年的公关和市场主管生涯里，以其职业化的全身心投入、力求完美、一丝不苟的作风在业内著称。郑洁以本地化人才的身份担起克莱斯勒中国销售总经理这样一个独当一面、无可躲闪的大任，创造着一个新的菲亚特-克莱斯勒式的神话。

一场令人眼花缭乱的世纪大剧，伴随着一场史无前例的全球金融风暴呈现在我们面前。通用、丰田都是历史悠久，对全球汽车业作出过卓绝贡献的企业航母，然而一个战略选择的失误，也可能遭遇灭顶之灾。

大众、菲亚特在这一波风浪中，专注于传统汽车动力优化，智慧地把握着稍纵即逝的重组机遇。看起来没有什么炫目的噱头，却在金融海啸的惊涛骇浪中占据了市场的主动。

时势无常，让人欷歔不已。2018年7月，马尔乔内患癌症突然去世。

2. "风景这边独好"

寒冬里的一把火

2008年下半年，中国还没有从北京奥运会的举国欢腾的极度兴奋中回过神来，全球金融危机的阴云就飘浮到中国经济的上空，上半年还借"火炬传递"的热情而热卖的中国汽车市场突然之间就跌进低谷。原来已经准备停当的中国汽车生产突破1000万辆的庆典，也因产量的陡然下滑而黯然取消。

2009年初，业内笼罩着一片悲观情绪，是年中国汽车市场出现零增长或者负增长，几乎是经济界一致的判断。

春节前，我去中央电视台参加一档《中国汽车如何过冬》的对话节目录制。当主持人问起对于国内市场形势的判断，作为嘉宾的李书福语惊四座：我没有感到寒冷，要说冬天，对于我们吉利也是一个暖冬，生产在加班加点，许多机会在等着我们。

和李书福许多听上去不大靠谱的判断一样，他的预言往往成为现实。

头四个月过去，中国车市止住下跌，陡然而上。到9月底，全球汽车产量依然一片萧瑟秋风。前三个季度全球汽车产量同比下滑22.9%，欧洲下滑30.5%，北美下滑41.5%。而中国市场"风景这边独好"，增长近46%！非但抵消了全球金融危机和国内经济下滑的影响，而且创造了21世纪以来第二次"井喷式"销售浪潮。

2009年12月，上海通用新赛欧在成都上市。上海通用非但没有被通用破产拖垮，当年销量反而大增近八成。过去通用集团的亚太中心是澳大利亚，后来是韩国，当时又转到中国。

城门失火，池鱼未被殃及。上海通用看起来像一个独立程度极高的企业，即使通用破产，大不了上海通用自己干，甚至有过把别克品牌买下来归上汽或者合资企业的动议。是年，上海通用以历史最佳业绩通过了最严重的外部危机考验。

通用的危机，反而使合资企业产品出口成为可能。换句话说，上海通用现在的车型来自通用的全球平台，通用在某个国家生产的产品成本太高，可以把厂关掉，转而从中国出口。至于说到上海泛亚自己主导开发的车型，成本又要比现在通用全球平台低很多，在全世界范围更有竞争力，完全可能通过通用雪佛兰销售体系进入全球市场。

2010年10月，第一批雪佛兰品牌的新赛欧在烟台装船出口。

2011年2月，上汽集团副总裁叶永明接手上海通用总经理。是年，中国轿车市场大幅滑坡，但是上海通用推出了雪佛兰科迈罗、爱唯欧等六款新车型，款款供不应求。叶永明说，十年前，上海通用选择从通用拿来什么车型在上海生产；十年后，可能是通用考虑用上海开发的什么车型去提升通用产品的全球竞争力。

一个分水岭一般的日子，2009年10月，作为中国汽车业热切的期盼——当年生产的第1000万辆汽车，一辆红色解放J6载重车终于在锣鼓喧天中在长春驶下生产线。建立半个多世纪的中国汽车业终于跨入年产量"千万辆"俱乐部！到当年年底，中国汽车总销量1379万辆，比上年增长48%。超越因金融危机而大幅滑坡的美国汽车业，成为当年全球第一的汽车产销大国。寒冬变成了盛夏，为促进中国经济复苏和保持经济稳定增长立下了汗马功劳。而且全球第一的"头把交椅"，中国汽车一直稳稳坐下去。

说到车市大幅增长的原因，自然要归功国务院在年初及时出台的《汽车产业调整和振兴规划》，以及一系列有关汽车消费的鼓励政策：1.6升以下小排量车购置税减半、汽车下乡、黄标车置换——起到了"四两拨千斤"的作用。

在我的记忆里，政府鼓励汽车，尤其是轿车的消费，恐怕还是五十年来第一次。

2009年全球危局下，中国汽车市场行情继续"井喷"，当然离不开消费鼓励政

2009年10月长春一汽——中国当年生产的第1000万辆汽车下线庆典,跨入"千万级"俱乐部圆了几代中国汽车人的梦。是年底,中国汽车以1364万辆和1379万辆的产销量,超过美国,成为全球第一

第十章 危局中的中国机会

策，而政府实际上赢在"把绳子放长"。中国人，中国企业，生命力顽强，最吃苦耐劳。像一棵小苗，只要给一杯水，给一点宽松，在中国就能长成一棵树。

然而市场增长的更直接原因，是中国轿车消费时代到来的刚性需求。新世纪的头一个十年，中国人均GDP从2000年的1000美元迅速增长到2009年的3700美元，生活水平和购买能力明显提高，轿车大量进入城乡家庭，给中国汽车市场提供了强劲支撑。根据世界汽车市场规律，乘用车每千人拥有量达到20辆以上，就会出现高速增长期。中国在2010年达到了约每千人25辆，已经进入高速增长期。过去十几年，是中国的轿车需求旺盛期，尽管其间难免波动起伏。

中国几个大城市，千人轿车保有量已经达到86辆，而四五线小城市只有8辆。中小城市和乡镇的人口足足有8亿人，只要中国经济保持8%～9%的增长，中国广大内地城乡就是今后数年中国汽车业最大的市场支撑。像上汽通用五菱、长安等微型车企业，年销量突破上百万辆，就是一个明证。

奔驰总裁蔡澈会见记者，提出奔驰的新口号"best or nothing"

豪华品牌"本土化"大战

德国《明镜》周刊2010年6月一则报道称，2009年下半年，德国汽车生产企业还深陷经济危机的泥潭，德国政府的"旧车有偿回收"政策收效甚微。令人意想不到的是，海外市场对奔驰、宝马和奥迪轿车的强烈需求成了这些豪华品牌的救命稻草。为了满足美国，尤其是中国需求的快速增长，奔驰、宝马和奥迪公司已经开始采取特殊手段加紧生产，有些工厂甚至放弃了夏季假期。

豪华车市场的增速在"后危机时代"正在领跑中国汽车市场。2010年豪华车总销量超过70万辆，占市场份额6%以上，对比全球市场中豪华车平均占10%，德国市场占25%的比例，还有不小上升空间。其中德国三大豪华品牌更是铆足了劲，要在中国市场一争高下。其他豪华品牌沃尔沃、凯迪拉克、雷克萨斯、捷豹路虎，在中国的日子也过得红红火火。

2010年，德国三大豪华品牌的产量排名分别是奥迪22.56万辆，宝马16.89万辆，奔驰14.76万辆。然而在增幅上，排名则倒过来：奔驰146%，宝马117%，奥迪109%。三足鼎立的局面仍在延续。

与数年前奔驰、宝马热衷进口截然不同，在"后危机时代"，德国"三大"的中国战略都压在了"本土化"上。

10月22日，奥迪CEO来长春参加一汽大众在中国销售100万辆奥迪的庆典。22年前，以技术转让的方式起步，奥迪100开创了中国生产豪华车的先河。由于"全价值链本土化"的推进，中国已经是奥迪最大的海外市场。

两天后，奔驰总裁蔡澈来到北京，主持了奔驰大厦三叉星徽的亮灯仪式。他宣布，奔驰在中国将"更全面融入本土文化中"，未来几年将投资30亿欧元用于中国生产基地，包括一个发动机工厂。

宝马早已加入了豪华品牌的"本土化"之战，2008年的宝马5系加长之举，就是能够熟练说中文的宝马中国总裁史登科的早期"本土化"的尝试。在华晨宝马产量日渐饱和之际，宝马兴建了第二个工厂，2022年宝马在华的第三座工厂也提上日程。

3.危机催生的中国机会

"入世"十年带来的底气

入世十年之后，中国汽车已经越来越深地融入全球化，赢得的技术、资金、重组、创新、市场、人才、机遇超乎任何预想。十年飞跃的积累，在全球汽车的危局中成为中国汽车掌握自己命运，逆市而上的"底气"。

张小虞，中国机械工业联合会副会长，作为中国汽车工业改革开放全程的参与者，他在谈到中国汽车何以能够战胜全球金融海啸的原因时，特别感慨加入世贸组织的十年给中国汽车业带来的底气。

"我从1992年就开始参与关贸总协定的谈判，后来变成WTO的谈判。"张小虞回忆说，"主题就是要谈对中国汽车业的保护。谈判过程中把整个中国的产业分为三类。A类：挑战大于机遇，就是农业、汽车工业、金融业；B类：机遇和挑战并存，机床行业、机械工业；C类：机遇大于挑战，当时的轻纺工业。最后的实际情况整个反过来，这在当时无论如何想不到。"

张小虞说："从1994年一直到2000年，在朱镕基主政时期，汽车工业低速徘徊，几乎没有增长。1992年我们就已经达到120万辆，一直到2000年才达到200万辆，这一个台阶爬了八年。到1998年、1999年真是过不去了，全行业亏损，一汽、二汽发不出工资。中国入世前就是这么一种形势。

"2001年，国民经济正在连续的调整中，很艰难。中国的轿车工业只有几十万辆的产能，狼来了，小绵羊眼看就完了，真是令人担忧。我们向中央报的谈判方案，强调说入世后起码要再保护八年，以轿车为代表的进口关税不得低于30%。最后谈下来是六年的过渡期，关税逐年递减到25%。"

张小虞还说："入世后的进一步开放和全球化竞争格局，甚至带来过去做梦也想不到的多元化资金高强度投入。从2001年到2005年，汽车行业固定资产投资2350亿元，相当于前面四个五年计划二十年累计投资的总和。2006年开始，每年的投资都超过1000亿元，到2010年超过了6000亿元。又要比前面二十五年的累积还要高。这些巨额投入中，90%来自外资、企业盈利和股市，国家投资不到1%。"

入世十年，中国汽车业从一个最令人担忧的产业变成一个最令人振奋的产业。

以2000年作为一个原点，中国汽车年产200万辆，其中轿车60万辆；到2010年产量已经达到汽车1800万辆，其中轿车1000万辆。十年，汽车产量增长了9倍（轿车增长了16倍），平均每年增长24%，而且是连续的。

连续十年保持百分之二十几的增长，中国汽车史上没有过；世界汽车史上也罕见；在后起国家，像日本、韩国从来也没过，它们只有五年左右的快速增长。

入世之前，汽车工业国企独大，对行业外资本有严格的准入限制，以致当年李书福为获得造汽车的资格，悲壮地提出：能不能给我一次失败的机会？2001年后，市场开放，民营企业进来了，更多的国际品牌也进来了，当时所谓的"大狗"（中央企业）、"小狗"（地方国有企业）、"野狗"（民营企业）都引进来了。

按国务院发展研究中心和中国汽车工程学会联合编纂的2010年《汽车蓝皮书》提供的数据，2009年，中国汽车业主营业务收入近3万亿元，利润总额2000亿元，上缴各种税超过3000亿元。本来担心入世难免"全军覆没"的中国汽车业，在十年之后，从全球化的协议和运作中获得了惊人财富。

占据科技创新制高点

从学习到创新，在全球汽车业出现低谷的特殊环境下，国际并购机会诱人。无论零部件、整车，还是设计公司，跨国并购正在向汽车产业链的上游延伸，中国汽车整合全球资源的步伐越来越急促。

2010年11月，美国通用走出十六个月的政府破产保护，重返华尔街时，"中国元素"无疑起了积极作用。在全球金融危机肆虐之际，中国的合资公司始终增长强劲，成为通用重新上市的一大亮点。在新通用首席执行官和首席财务官向投资者的"路演"说明中，一直强调其"在像中国这样的主要增长市场的成功表现"。

在通用汽车全球募股中，上汽集团斥资5亿美元，购得通用汽车0.97%的股份。上汽参股通用汽车，象征意义大于现实意义。它所标志的是，经过十多年的风雨同舟，双方已经成为相互理解和支持的合作伙伴。

经过三十年的合资合作，经过十年的全球化竞争，中国成为无可争议的全球汽车第一大国，羽翼渐丰的中国汽车业加快了全球化的整合速度。中国汽车产业能否以此为契机，在全球制造业版图上拥有更大的影响力？

人物印象

再见，瓦格纳先生

2009年3月30日中午，我去新浪网做关于上海车展的视频直播。进演播室前，新浪汽车的主编苏雨农对我说，不陪您了，刚刚得到消息，通用汽车总裁瓦格纳辞职了，我得马上组织相应的新闻专题。

我所认识的瓦格纳

听说瓦格纳的辞职，有一些"这天终于来了"的伤感。虽说早就有奥巴马总统对于美国三大车企老总"不改变，就下课"的说法见诸报端，总觉得美国"三大"走到今天，有错综复杂的缘由，临危走马换将，企望一蹴而就的"重组方案"，恐怕难以如愿。然而174亿美元的财政援助砸下去了，通用、克莱斯勒在4月1日的限期之前依然没有拿出个像样的解困方案。通用反而提出，还得向政府再要166亿美元才能周转，在国会面前，太不给新总统面子了。3月27日，政府官员出面"逼宫"；30日，一再坚称自己是"带领通用走出困境合适人选"的瓦格纳，只能选择辞职这一条路了。

当时采访汽车产业三十年，全球汽车业巨头的领军人物见过不少。可以称为朋友的，瓦格纳算作一个。

2000年，我到意大利参加通用汽车全球论坛。梯形会场上，刚刚当上CEO的瓦格纳，身穿浅蓝衬衣黄布裤，一边主持会议，一边跑上跑下为发言的代表传递话筒的情形至今历历在目。其后，我几乎每年参加一次通用的全球会议，主题有设计、氢能源、产品战略，和瓦格纳有过多次的访谈和交流。我感受最深的，是这位全球最大企业的CEO几乎不会"摆谱"，自己端着盘子排队吃自助餐；把座位让给媒体，自己站在会场后面听技术讲座。

2002年8月，我去美国加州圣巴巴拉参加通用汽车全球产品研讨会。一个傍晚，人们的照相机被集中存放，借着浓郁暮色的隐蔽，通用在一个海滨花园里展示了15辆将在下一年问世的新车和概念车。

其中，我对一款玻璃钢车身的小型多用途车产生了兴趣。因为我听说，这款代号AFC的新车是面向亚洲和中国家庭开发的车型。我在仔细打量这款注重实用和低成本，而在外形上不大讲究的小车时，瓦格纳走过来，问道：你对这辆车评价如何？我尽量婉转地说：通用为更大的消费群体开发一款全新理念的小型车，想法让人钦佩。但是，这类车型如果在中国生产，在控制成本的同时，又要满足中国人"讲面子"的需求，却是一种两难的选择。坦率地说，在中国造低成本的车，不是通用的长项。

当时，私家车在中国大城市初露端倪。我说，在中国，开始买车的还是消费金字塔上半部的那些人。我建议，通用是否考虑先把最高水平的旗舰产品拿到中国，比如凯迪拉克。它的最新车型CTS很有冲击力，应该成为通用这样大厂家的品牌标志。瓦格纳凝神听着，我的看法大概让他感到意外。

本以为，只不过是几句随便的议论，说说就过去了。但是在研讨会闭幕式上，瓦格纳郑重地说，有一些媒体朋友提出的观点，可能会带给我们新的思路。

不久，全面论证凯迪拉克引进中国的工作深入展开。听上汽通用五菱老总沈阳说，当时柳州工厂已经开始的AFC生产准备也随即下马，转而专注于本土开发的五菱微面，不但做到全国销量第一，也一度贡献了通用在中国的一半产销量。

2003年11月，瓦格纳在北京向媒体正式宣布，通用将在上海生产凯迪拉克。他特别补充道：你们当中有人向我提出过这样的建议，作为回馈，我们今天做出了这个决定。

以后瓦格纳见到我，第一句话常常是：李先生，有什么新的建议给我？

十年，他尽力了

说通用不注重新能源车的开发，有些不大公平，"重新定义汽车"一直是通用的追求。中国人见过的第一辆电动车，是90年代通用的电动车"大冲击"在北京亮相，汽车原来的变速箱、传动系统都被电子模块所替代；后来汕头南澳岛国家电动车示范区，有5辆通用的EV1进行长期运行。对于节能减排的终极方案氢动力车，通用在全球汽车业投入最大，走得最远，氢燃料电池技术最成功。新世纪的头几年，日本人的混合动力异军突起，瓦格纳一改对混合动力不屑一顾的态度，开始在皮卡、SUV等耗油较高的车辆上使用混合动力技术。

2008年北京车展前，瓦格纳来到北京，专门约我见面，向我介绍通用的增程式电动车Volt。我以为这只是一款新的混合动力车。他认真地对我说，李先生，通用今天的新能源技术路线已经不仅限于内燃机优化、混合动力、氢燃料电池三步走，Volt是通用在燃料电池商品化之前迈出的新的一步。Volt不同于依靠燃油的混合动力，它是一款插电电动车，燃油发动机只是补充。它弥补了历史上电动车的弊端，给了电动车新的出路。

我一直认为，路线决定一切。今天看来，瓦格纳和通用的新能源系统思路是一种有价值的尝试。可惜人们往往以成败论英雄，忽视了瓦格纳和通用的新思路在轿车的新能源领域的开拓。

十年间，瓦格纳还积极推动了通用品牌的重组和产品市场全球化的进程；通过模块化的"架构"开发，为通用系各个品牌在不同市场提供满足消费者不同需求的车型，通过收购大宇，通用又成功地进入原来缺门的小型车领域。

在世纪之交，瓦格纳和前任董事长史密斯一起，顶着压力，拍板在上海合资建设通用最现代化的工厂。不但同步引进了别克最新的车型，而且建立了中国第一家合资汽车研发中心。今天，上海通用、上汽通用五菱成为中国最成功的轿车企业，无疑也有瓦格纳一份功劳。

押宝资本市场看走了眼

这些年，在国内外见到瓦格纳，明显感到他日渐憔悴，他笑着，已经不那么轻松。曹雪芹在《红楼梦》里说得好："大有大的难处。"通用保持全球汽车业老大地位已经大半个世纪，老态尽显。庞大的退休职工福利日益不堪重负，加上强势的美国汽车工人联合会（UAW）不断地进行加薪加福利的斗争，并连连取胜，让包括通用在内的美国汽车"三大"的劳务成本，比日本对手高出70%；加上新能源、新技术的庞大开发费用，财务状况日渐捉襟见肘。首席财务官出身的瓦格纳，只好把宝押在华尔街，希望玩"概念"从资本市场获得投资，以支撑现金流。然而始料不及的金融海啸排山倒海，让他此前的一切努力化为乌有。在获得政府第一笔财政援助后，瓦格纳还指望债权人同意将270亿美元债务的三分之二进行"债转股"，无奈债权人和工会都不买账。大限已到，整改无望，悲情瓦格纳只好下课。

瓦格纳辞职当天，奥巴马在白宫说：汽车业是美国经济的支柱之一，美国不应该让该产业就此消失。但他也警告，如果通用和克莱斯勒不能制定一个更有效、力度更大的重组计划，美国政府有可能选择让其寻求"破产保护"。那两天不断有媒体问我，通用最后破产的可能性有多大？我说，无法预计，但是无论如何，通用旗下几个主要品牌应该能够通过重组继续生存。而在中国的合资企业上海通用因其独立经营，其生产的凯迪拉克、别克、雪佛兰等优质品牌，几乎不会受到太大的冲击。

浮躁的中国汽车业可以学到很多

其实，瓦格纳的辞职给了美国政府对通用追加援助款项一个台阶。往深里说，又有哪个个人能为美国汽车的窘境承担责任？

一个多世纪以来，全球汽车产业一直在向西转移，从汽车的故乡欧洲，向美国、向日本、向韩国、向中国转移。这是产业结构的一次世纪大转移，是一个百年轮回：20世纪初，福特的流水线生产方式，降低了成本，造就了美国汽车业的爆发式成长；50~80年代，日本靠精益生产方式，千方百计降低成本，提高质量，后来居上；七八年前，又有谁能相信中国会成为全球数一数二的汽车大国。

中国汽车业的成功占了天时地利。但是不能不清醒地看到，眼下还仅仅是靠主打劳动力成本低的优势，品牌、研发、科技还刚刚起步。中国汽车业甚至还没有彻底走出"散乱差"的格局，产业重组路更长，远没有沾沾自喜、幸灾乐祸的资本。认真剖析通用的前车之鉴，其实能让充斥着浮躁的中国汽车业学到很多。

地球越来越小，希望瓦格纳先生今后能常来中国看看。

第十一章 新能源路线图

在中国，人们往往忽略，作为二次能源的电力，是否属于清洁能源，要看用于发电的一次能源是否清洁。

在瑞典采访沃尔沃，我被告知，厂家每卖出一辆纯电动车，都要求用户签署一份协议，保证其充电的来源必须是一家"干净的"电力供应商。如果用户做不到这点，汽车公司宁可失去这单生意。

什么是"干净"的电，在欧洲十分清晰，即利用风力、潮汐、水利、太阳能、可再生生物发出的电能。煤在燃烧中排放大量有害物质和二氧化碳，用煤发出的电在欧洲一度被指为"肮脏"的电。

1.石油安全的世纪课题

没有石油，就没有汽车。汽车是20世纪石油时代的产物。在一些人士眼里，汽车的原罪之一就是消耗了大量汽油。

20世纪初，汽车，随着全球石油产量的激增而大发展。70年代和90年代，曾经出现过两次全球性石油危机。有趣的是，全球汽车业的发展并没有因此受到遏制，人们开始寻找用有限的汽油养活更多汽车的技术，今天汽车的平均油耗，大约只有三十年前的三分之一。也就是说，三十年前能够供应1000万辆汽车的汽油，今天能够满足3000万辆汽车的需求。按照欧盟和美国的规划，未来三十年，汽车的油耗还将再降低一半。

20世纪上半叶，中国是个贫油的国家，从农村点灯的煤油到开车的汽油、柴油，几乎全是"洋油"——解放前从美国进口，解放后全靠苏联。1961年，中苏交恶，石油进口断绝。北京长安街上行驶的公共汽车，车顶上都顶着一个巨大的煤气包作为驱动能源。这一段历史，老一代中国人至今还记忆犹新。直到六七十年代大庆等一系列大油田的发现，中国才把"贫油的帽子甩到太平洋里去"。这期间，两次全球石油危机，对相对封闭的中国影响不大。

80年代中国经济开始起飞，对石油的依赖度越来越高。中国从石油出口国变为石油进口国，全球石油价格的飞涨和石油即将枯竭的噩梦也开始困扰中国经济。

90年代初，不停地听到预言说，三十年内，全球的石油资源即将耗尽，当时我曾十分当真。今天，新油田不断发现，采油技术不断发展，全球已探明储量，起码可以开采五十年。

毋庸讳言，现在约有14.5亿辆汽车在全球的路面上行驶。单纯依赖石油显然难以承受，目前，中国三分之一的石油消耗是用在汽车上。2021年，中国交通运输消耗了3.41亿吨以上的成品油。寻找新能源作为补充和替代已是当务之急。明天的汽车将使用多种能源，以及所有可再生能源：化学能、生物能、核能、氢能、风能和太阳能。

汽车的另一个原罪是排放污染物。

同蒸汽火车要竖一根烟筒冒烟一样，早年汽车尾部的排气管也是突突地冒黑烟，那是汽油燃烧不充分排出的碳颗粒，以及眼睛看不见而对环境和人体有害的一氧化碳、二氧化硫、铅、氮氢化合物等。

但是全球汽车业对于排放污染物的治理，几十年来成绩斐然，人类治理汽车尾气排放从20世纪60年代开始的。最早是美国加州公布了一系列法规，至70年代，欧洲和日本也相应制定了一系列控制汽车污染的法规，这些法规一个比一个苛刻，推动汽车业不断技术创新。到世纪之交，一氧化碳、碳氢化合物、氮氢化合物的排放，在美国分别下降了96%、96%、76%；日本下降了95%、96%、92%；欧洲下降了85%和78%（后两项综合统计）。

进入新世纪，全世界环保意识空前提高，尤其对于碳排放造成的大气变暖、温室效应甚至提高到人类生存危机的高度。对于汽车来说，排放的二氧化碳即使不直接有害于人体，因会加剧全球变暖也在限制之列。2000年始，欧盟、美国和中国先后推出法规，平均每辆汽车每公里碳排放不得超过95克的严格控制指标。

中国也加速了对于汽车排放污染整治的补课，逐步制订了《环境保护法》《大气污染防治法》，大气污染质量标准等效采用欧盟的欧1到欧6汽车尾气排放标准。

从1886奔驰发明第一辆汽车，迄今超过一百三十年，汽车技术现在更具革命性的变革——包括新能源、先进动力系统、智能互联和新材料。

21世纪新能源五大选项并行不悖

各国汽车业经历了无数曲折和弯路，在2010年前后终于就新能源动力技术的"路线图"完全形成共识。

我在和不同跨国公司技术高层交流时，他们都向我展示了"21世纪新汽车能源技术路线图"。在路线图上，汽车新能源技术从由近及远，并行不悖：

（一）高效内燃机和生物柴油、乙醇等生化燃料；

（二）混合动力；

（三）插电式混合动力车（包括增程式电动车）；

（四）纯电动车（在图上标的是一条短线，意为只适合作中短途运行，尚不能全面"替代"传统汽车）；

（五）氢燃料电池车。氢能源蕴藏丰富、排放为零，是汽车新能源的终极方案。

必须提及："电驱动"将贯穿新能源路线图涉及的所有模式，所有节能减排和新能源的尝试，都要转化为电能并驱动汽车的运行。从广义上说，新能源车都是电驱动车。

上海通用推出别克英朗成为上海通用产品动力、操控全面飞跃的代表作

2.汽车动力全面优化才是首选

燃油汽车技术仍是节能减排的主战场

即使最乐观的估计，到2030年，纯电动车在全球总销量中也不会超过50%。直至今日，全球每年生产的7000万辆汽车大都是内燃机汽车。2017年起，中国连续五年保持了电动车产销第一的位置，电动车销售354万辆。据中国汽车工业协会统计，2021年新能源汽车产量达到254万辆（其中八成是纯电动车），相比上一年增长160%，新能源车占国内乘用车产销量的13.4%，站稳了脚跟。

传统内燃机的科技创新是节能减排的主流。在动力总成方面，涡轮增压和缸内直喷技术（简称FSI），大大提升了汽油在发动机里的充分燃烧。而双离合变速箱（简称DSG）的发明，使换挡过程的能量损失几乎为零。

今天在全球主流汽车公司，节能减排，已经是一个复杂的系统工程。还包括车身空气动力学、车身轻量化、轮胎摩擦阻力、电器设备智能化和能量管理等多学科构成。

车身设计的风阻系数，在节能效果方面往往被忽视。台架试验表明，如果车辆风阻系数减少10%，比如从0.36减小到0.32，每百公里油耗就可节省0.15升；而在畅通无阻的实际驾驶中，每百公里油耗可减少1升或更高。奔驰新一代E级轿跑车凭借0.24的风阻系数成为目前世界上空气动力学最出色的量产汽车。在瑞典哥德堡，为不断降低新车设计的风阻系数，沃尔沃建立的风洞实验室，一次技术改造投入就高达2000万欧元。

车体轻量化并非偷工减料，高强度铝合金正越来越多地替代沉重的钢材。奥迪早在三十年前就建立了车身轻量化实验室，以其全铝车身技术在业内遥遥领先。车重每减少100千克，每百公里油耗可降低0.3升；如果应用在电动车上，则能增加7.5%的续航能力。应用这项技术的奥迪车可比同级车型轻150千克以上，在豪华品牌中独占鳌头。

"站在地上的那条腿"

我应中国汽车工程学会之邀参加2009年花都汽车论坛，花都论坛当年曾经因为两位权威人士何光远和龙永图的"何龙之争"而备受业内关注。这次论坛，我是被邀请做主题发言的三个嘉宾之一。就在这次发言中我第一次提出，在电动车成为举国体制的热潮中，绝不能放弃在传统汽车技术创新方面对全球领先水平的追赶。

我大声疾呼：研发新能源车和优化传统汽车，是中国汽车业做大做强的两条腿，缺一不可。新能源车的研发是抢占明天科技制高点的前哨战，是必须迈出去的一条腿；优化传统汽车，对节能减排最立竿见影，我们必须靠这条腿站在地上。

而由政府层面大张旗鼓主导的电动车热，无疑冷落了中国汽车业在传统汽车技术领域的自主创新。国家863"节能与新能源汽车"重大项目第一批课题的4.13亿元中，用于节能环保高效内燃机的研发费用仅为1600万元。

有相关部门主管官员提出，要制定中国汽车"全面禁燃"的时间表，纯属东施效颦。远不如先制定个燃油发动机全面优化，赶超世界一流水平的时间表来得靠谱。

传统内燃机的优化，节能减排的效果超乎想象。单纯就减少油耗来说，过去十多年的涡轮增压技术，能节油20%；如果继续全面推行混合动力技术，还能再大幅降低油耗。就拿2021中国2600多万汽车产量来说，每台发动机减少20%的用油，就相当于生产出了260万辆油耗与排放双双为零的汽车，意义何等重大。

政府的态度是汽车企业的风向标。如果官方押宝纯电动车，加之巨额补贴，企业从趋利的本能出发，势必会忽视传统汽车节能减排的自主创新。一旦国外厂商新一代低成本、低油耗的汽车或者燃油电驱动车称雄全球市场，中国汽车再次拉大和全球汽车业的技术差距，痛失得来不易的市场主导权，那才是中国汽车的悲哀。

3.混合动力是一种"道"

丰田执着混合动力二十年

在我看来，混合动力被证明是当下最成熟、最可行、效果最显著、影响最广泛的新能源和节能减排技术。

1997年，丰田开始研发混合动力车，至今跨越二十五年。丰田对混合动力技术的坚守始终锲而不舍，我将其称为丰田的一种"道"，被一以贯之，并且把二十多年积累的"三电"核心技术延伸到纯电动、插电混合动力、氢燃料电池车等全部新能源电驱动领域中去。

2000年我去东京，见到并试驾了第一代丰田混合动力车普锐斯。这款车在汽油发动机之外，装有电机、电池、电控装置，利用能量回收技术，把刹车和滑行浪费的能量，存进电池里。通过电控技术在启动和加速时，驱动电机单独或与汽油机共同发力，以达到大幅节能减排的效益。这是燃油汽车史上第一次引进电驱动，成为汽车技术创新的一个里程碑，丰田当时把这种技术叫作"油电混合动力"，现在一般直接称为"混合动力"。

2007年秋天，我去法兰克福车展。那时丰田混合动力技术曾经被全球汽车业所追随，哪个企业不推一两款混合动力车，都好像缺乏技术实力和节能减排的责任感。但是随后2008年的全球金融风暴，一度阻断了混合动力的推广。

2011年，我再去丰田，见到有"混合动力之父"之称的丰田汽车的副社长（副总经理）内山田竹志先生。我问他当时中国出现的电动车热，对丰田的混合动力有什么影响？内山田似乎不为所动，表示丰田会一直把混合动力技术的每一个环节继续做精做透。

丰田最经典的混合动力车型"普锐斯"是世界上最早商品化的混合动力轿车

内山田在纸上给我画了一张图。以混合动力车HEV为基础，扩大电池容量，加一个电插头，就是插电式混合动力PHEV；拿掉汽油发动机，保留电机，电池，电控，增加充电功能，就是纯电动EV；把发动机换成氢燃料电池堆，加两个储氢罐，就是氢燃料电池车FCEV。

这张图，我一直保留着。它后来成为丰田有名的新能源电驱动方案，和全球汽车业的共识丝丝相扣。

2017年11月28日，我应邀再访丰田，与内山田单独交流，他如今是丰田汽车公司的会长（董事长）。丰田的历史上，像他这样工程师出身的会长还是第一位。

内山田会长回顾说，面向21世纪，解决资源和环境面临的问题迫在眉睫，选择油电混合动力，可以把电动化和传统动力总成相结合，不需要特别的基础设施，消费者买了以后就可以直接用，立即可以起到减排二氧化碳、降低油耗的效果，这正是丰田选择混合动力的初衷。

内山田告诉我，从1997年至今的二十年里，丰田已经在全球累计销售混合动力车1090万辆，减少二氧化碳排量8500万吨。谈起二十年来的最大感慨，内山田会长说，刚开始研发混合动力的时候，目标还仅是节能减排；后来在技术推进过程中，

混合动力的奥迪 Q5 成为全球紧俏车型。
奥迪通过 2010 年在桂林举行的科技日，把它送到中国展示

丰田逐渐意识到，混合动力的电池、电机、电控这"三电"，是电驱动化不可或缺的三大要素；通过混合动力二十年不断的研发和大规模量产，获得的经验和积累，将是所有新能源电驱动车的基础和核心。混合动力向上下延伸，都是电驱动，都有能量回收，所以今天对各种新能源电动车的研发更加充满信心。

百折不挠的工匠精神

以普锐斯为代表的混合动力车，如今已历经四代的锤炼。丰田百折不挠的传统工匠精神，令人叹为观止。

2017年，在一个封闭的技术展示会上，我看到，丰田混合动力技术的核心：电机、电池、电控技术，历经四代进展的实物陈列在展台上，一目了然。为不断缩小电机的体积，线圈铜线的剖面由圆形变为方形；散热也从外部水冷变成内部的油淋；电控系统PCU中的功率半导体每一代用多项世界首创技术叠加，最后采用块状硅薄片实现了高密度低损耗的效果。

尤其让我感触很深的是，丰田特别在乎消费者的购买成本和体验。丰田的混合动力车，插电混合动力车和氢燃料电池车，使用的大都是镍氢电池，而不是锂电池。对此，内山田会长介绍说，丰田也掌握先进的锂电池技术，但是镍氢电池成本低、技术可靠，在反复充放电的过程中状态稳定，而且在制造和回收中更加环保。尤其，我们预见当全世界电动车超过一百万辆的时候，珍稀的锂的资源将更加紧缺。

二十年来，丰田心无旁骛，积跬步以至千里，通过一千万量级的累积销量，一点一滴地完善与打磨混合动力技术。其电动化三大核心技术，电机的输出功率已经提升了200%，体积缩小了50%；电池重量减轻了30%~50%，体积缩小了60%；PCU的能量消耗下降了80%，体积缩小了50%。在"三电"技术的耐用性，可靠性，产品综合实力，成本方面都处于领先地位。

混合动力是不是电动车？按照中国新能源电动车NEV的分类，只有纯电动、氢燃料电池车才算电动车，混合动力、插电式混合动力是被排除在外的，不能享受任何政策和财政的优惠和补贴。其实在我看来，这一点很好理解。中国人心目中的电动车就是外接电源获得电能那一类——这才是中国电动车大发展的主打。丰田混合动力回收能量发电驱动，节能减排效果再好也属另类。

此外丰田混合动力技术门槛太高，而且与合作伙伴的技术转让与合作开发相对保守，似乎没有给外国企业补贴优惠的道理。这不是一个技术问题，而是一个政策问题。

内山田说，非常遗憾，现在混合动力在中国并没有作为新能源车来对待。但是混合动力车HEV的好处就是消费者买到车，一上路就能产生节能减排的效果，所以即使政策上没有得到什么特殊优惠，也要坚持把混合动力这条路在中国走下去。

开过一款混合动力车，比起开一款纯电动车，一款普通的燃油车，车主会有更多的惊喜。最新一代的普锐斯百公里油耗已经能够达到3.7升，电驱动的参与度达到40%，在世界上同类汽车中无出其右者，并完全能够达到中国政府规定的2020年的CAFE值的下限。丰田更多的混合动力车已经进入市场，为中国汽车的节能减排作出实实在在的贡献。

我认为，混合动力技术的精髓——一点一滴地回收怠速、制动、滑行等过程中原本被浪费掉的能量，并将其都转变为汽车行驶动能的思路，在21世纪能够应用于一切节能减排和新能源技术的尝试中。

插电式混合动力为何会大行其道

2008年，通用汽车在北京国际车展首次推出的雪佛兰Volt增程型电动汽车，其实就是一种插电式混合动力车PHEV。电池和电动机成为Volt的主要驱动能源；它另有一台小汽油发动机，作备用驱动。雪佛兰Volt的锂离子电池，通过外接电源一次充电最多能够驱动汽车行驶60公里。当电能即将耗尽时，汽油发动机自动启动，不过汽油机并不驱动车轮，而是带动发电机，发电驱动车辆，从而使Volt能够继续行驶450公里以上。

目前在各国市场普遍看好的"插电式混合动力车PHEV"有两大类，来自两个价值取向。一是如上面的Volt，为了解决电动车的"里程恐惧"——当电池外充的电力耗尽，用一个小燃油发动机在车上自行发电充电。二是如插电的丰田普锐斯，为了实现燃油混合动力车进一步降低油耗——通过车外插电，把电能储存在一块小电池里，增加50~80公里的纯电里程，以突破混合动力的节油极限。

两种技术实际很实用。如果控制好自行发电或外接电力电池的大小，成本不会增加很多。但是在中国，官方认为是对纯电动车路线的"不纯粹"，甚至是"钻空

长城"WEY"今后所有新车型都是 PHEV

子",基本不给予电动车的补贴。但是随着2020年后电动车补贴的退坡,插电式混合动力车开始因为它的节能与便利在中国大行其道。

4.纯电动车为什么是一条短线

百年徘徊,电池是最大制约

早在1834年,美国人就造出世界上第一辆电动车,比内燃机汽车问世早了近半个世纪。但是由于技术进展缓慢,到1960年电动车产量少得几乎可以忽略不计。

直到20世纪后半叶,对石油短缺的担心和环保意识的觉醒,让丰田、通用等跨国公司开始投入巨资进行电动车开发。90年代,曾经有过一轮全球性的电动车热,美国加州甚至划出到2003年电动车销量要占汽车销量的15%的硬杠杠。然而,那一代采用镍氢电池的电动车终因价格昂贵、充电时间长、续航历程短的弊端,而偃旗息鼓，在2003年通用和丰田宣布电动车退市。

电动车近二百年来无法彻底翻身，最大的瓶颈是电池的储能密度太低。背上几百千克电池，跑不了几十公里。尽管从最早的铅酸电池，后来的镍氢电池，到近十多年的锂电池、锂离子镍锰钴三元电池，储能比大幅提高，材料成本也一起攀升。

2008年夏，我在斯图加特采访奔驰集团主管技术的副总裁韦伯，他说："电池储能的提高，是电动车突破的关键。汽油和锂电池的储能之比目前是100∶1，我们的目标是努力提高到100∶10，这样电动车才有实用性。"

从2008年至今，锂离子电池储能水平大约提高了三倍，但是没有可能取得质的突破。储能比远未达到和石化燃料10∶100的门槛。

新近有报道说，正在研发的硫锂电池，储能比是锂电池的十倍，石墨烯电池是锂电池的上百倍，前景乐观。但是真正应用于商业化的电动车产业，道路还很漫长。

且不说电池在使用中安全方面的风险（想一想容量大一点儿的手机充电宝为什么不能带上飞机），光是电池在制造，尤其销毁过程中的严重污染，都会伴随电动车数量的暴增，成为困扰全社会的大难题。

一幅1899年刊登的baker电动车广告，搭载爱迪生发明的镍铁电池，续航里程80公里

早年电动车版画

续航里程的误区

现在说到某个品牌电动车的水平高低,往往爱拿续航里程说事儿。官方也把续航里程当作考核电动车的硬杠杠。其实电动车续航里程的延长,不是靠技术,而是靠电池总量堆出来的。油箱装上50升汽油的传统汽车,可以轻松跑上500公里,而同样续航里程500公里的电动车,起码要背800千克重的电池。

人们还往往忽略,续航里程越高的电动车,能耗效率越低。如同上街去喝杯咖啡,却要背上一个月的口粮。小电池、短里程的小微电动车,才有高效率。

我多次撰文说,电动车的产品分布,是一种哑铃状:一头是有钱人的大玩具,是不计成本的豪华、高速的超跑、超级SUV;一头是普通人的代步工具,轻小、短途、便捷、便宜的微型车,重效率,轻里程,成为传统汽车的补充。谋划发展小微车型已是全球电动车的共识,乘坐两个人,甚至只是一个人,续航里程200公里以下的车型也不在少数。作为个人短程出行工具的功能越来越明确。

在新能源线路图上，纯电动车下面画着的是一条短线，由纯电动车全面替代传统汽车尚需时日。买一辆小型电动车，做日常短途出行，电池小，充电时间短，电流无须太高。晚上在家用波谷电慢充，既经济，又延长电池寿命。你要出一趟远门，比如从北京去上海，还是老老实实乘高铁吧。

且不说，电动车充电时间和汽车加油相比，从几分钟变成了几小时，加上充电桩建设未能满足电动车销量激增带来的庞大需求，"充电桩恐惧"又接踵而来。

"肮脏"的电，难圆"零排放"之梦

瑞典的电力供应，水电与核电各占45%，其余为太阳能、风力和生物能源发电等，用化石燃料发电只占不到5%。在那里使用纯电动车，有很大几率可以选用"干净"的电，真正做到"零排放"。

在英国，最后12座火力发电厂将在2023年前关闭，结束了依靠煤炭的二百年历史。取而代之的是，投资245亿英镑兴建的核电站。

而在中国，根据国家电网统计，2010年，82%的电力来自煤炭，而且很大一部分是含硫高、灰分高的劣质煤。到2020年，用煤炭发电仍占到电力供应量的71%，水电、风电、核能、太阳能发电，比例不到三成。

以2009年国产1.4TSI高尔夫轿车为例，采用先进技术的燃油发动机，从油井到车轮，能量消耗的整个周期中，二氧化碳排放为每公里143克；而同等功率的电动车所需的电能，在煤炭发电过程中，即使采用集中的减排治理，产生的二氧化碳也相当于每公里171克，外加更多的二氧化硫排放。

纯电动车的优势是零排放，在全球大发展值得期待。然而在中国，一个不争的事实是：汽车主要能源无非两个：汽油和煤炭，依靠煤炭为主发电，电动车在节能减排的功效基本荡然无存。

一个好消息是，根据北京的清洁空气行动计划，到2017年，为京城供应大部分电能的四大燃煤电站均已经停用燃煤发电，并陆续建成四大燃气热电中心。电动车是否真正"排放为零"尚不可知，起码二氧化硫有望大幅下降。

顺便问一句，当中国年产的电动车不是百十万辆，而是占到3000万辆总产量的

一半时，中国的电力产业承担得起吗？

5.氢能源才是终极方案

氢动力"重新定义汽车"

氢是地球上取之不尽用之不竭的能源。而且在氢能源电池驱动汽车时，排放的只有水汽，是真正的零排放，因此氢燃料电池车被全球汽车业视为节能减排电驱动的终极解决方案。

氢燃料电池车，英文缩写FCEV，FC是英文"Fuel Cell"（燃料电池）的缩写，所以很多人只说是燃料电池车，其实特指应该是氢能源的燃料电池车。

氢燃料电池车成为实力最强的一批世界汽车大厂商极力攻占的技术制高点。

早在1997年7月，在斯图加特奔驰研发中心的院子里，我看到奔驰刚刚开发出的第一代氢燃料电池车——奔驰MB100。当时的燃料电池体积还很大，面包车大小的电动车，除了前排驾驶座，车厢全部被巨大的燃料电池组所占满。这也许是中国人最早见过的氢燃料车。

在新世纪的头十年，我还目睹并且试驾过美国通用三代氢燃料电池车。

2000年10月，第一代通用氢燃料电池车"氢动一号"来到中国，在北京交通部试车场向中国汽车业和科技界进行展示。它以欧宝赛飞利为基础，方向盘、刹车、离合器、仪表盘一应俱全。

简单说，燃料电池是由极板夹着极薄的电解膜构成，电解膜两侧覆有铂层，构成电池的正负两极。在电解膜一侧的阳极上，注入的氢气被铂催化剂分解为电子和质子。质子可以穿过电解膜，与空气中的氧生成水雾排出；电子则统统被电解膜拦下，集中起来生成电。电流被储存下来，从而带动电动机驱动车辆。

我最难忘的氢能源体验，是2003年7月在底特律附近的米尔福德试车场驾驶通用第二代氢动力概念车Hy-wire。从严格意义上说，Hy-wire甚至比一架直升机与传统汽车的差异还大。它不但使用了氢动力，而且摒弃了传统汽车上必不可少的方向盘、变速箱、传动轴等传统部件，实行了电脑产品类似的"线传"控制，完全改变了今天的驾驶方式。"氢动力+线传"，使Hy-wire真正成为"重新定义"的汽车。

阳光下的Hy-wire闪着银光，大小如同一辆流线型豪华轿车。没有支撑车顶的B柱，前后车门对开。Hy-wire的氢燃料电池、电动机和线传系统都藏在车的底层，上层就完全成为乘坐空间，坐进车里，前窗玻璃一直延伸到脚前，坐在车上有一种坐在玻璃阁楼里的宽畅和通透感。Hy-wire没有方向盘，只有一个如同游戏机用的双握手柄。握住手柄轻轻向外翻，起步，加速；向内收，则减速，刹车。左右转动手柄，即可自如转向。而且手柄可以在左右两个前座自由移动，换个人驾驶，连车都不用下。双握手柄中间的摄像屏幕即后视镜，车后情景一目了然。没有油门，也没有制动踏板，双脚得到彻底解放。

试车跑道呈圆形，用红色雪糕桩标出弧线，我有意驾车贴近雪糕桩，以测试操控的准确度，的确有一种车随心动的驾驶乐趣。Hy-wire在行驶中几乎没有噪声，勉强可以听见电动机轻盈的哼唱，流畅得如同轻舟无声地划过水面。

两年之后，通用推出第三代氢燃料动力电池车雪佛兰Sequel。对比Hy-wire概念车，它更像一辆普通的SUV。它继承了"线传"的理念，制动、操控和避震的底盘全都一改机械系统为电子控制。一次加氢可持续行程480公里的氢动力车。同时，由于大量机械传动转换为由软件控制的电气系统，与传统汽车相比，雪佛兰Sequel只有十分之一的运动部件。

作为概念车，氢燃料电池车价格不菲，通用研发的副总裁2003年宣称：通用汽车对氢燃料电池车商业化的目标是：批量生产，售价合理，能够盈利，在2010年之后成为第一家售出100万辆燃料电池车的公司。当时美国总统布什对氢动力车十分关注，政府部门也作出了建设多处加氢站的规划。

在传统汽车还占据绝对主流的今天，氢动力车的推进尚有一个过程，研发的投入巨大，外部条件绝非一个厂家可以支撑。2008年的那场金融海啸，曾令通用汽车资金链断裂，最终破产重组。加上新总统奥巴马对新能源车的兴趣点转向电动车，接近曙光的氢动力车功败垂成。

一个好消息是，近些年来，德国的奔驰、大众，日本的丰田，韩国的现代，美国的通用又重新发力，开始了新一轮氢燃料电池车的研发和市场化。

奔驰在2009年推出新一代氢燃料电池车F-CELL，据称是全球第一款量产的氢

通用第二代"线传"氢燃料车的动力系统置于底层,前舱有了通透的空间

掌控全靠一个如同游戏机的手柄,手柄可在左右两个前座移动

车身没有了B柱,前后门可以对开

燃料电池车。2011年上海国际车展期间，F-CELL跨越四大洲的"125天环游世界"示范车队到达上海。在世博园区宽阔的街道上，我兴致盎然地试驾了这款奔驰最新氢燃料电池车，安静、平顺、提速快是我最大的感受。它使用的最新氢燃料电池驱动系统，输出功率100千瓦，续航里程可达400公里，而每次充满燃料只需三分钟。

2017年10月，在常熟的丰田汽车中国研发中心，我第一次试驾了丰田最新的量产氢燃料电池车MIRAI，参观了研发中心的加氢站。这款MIRAI氢燃料电池车，外观和内饰与混合动力的丰田普锐斯很相像，驾驶感受很像高端的纯电动车，没有声音，加速性特别好。在常熟丰田研发中心的加氢站，压力700帕，一次充氢只需要三分钟，续航里程500公里，便利性和传统汽车一样好。

在一辆解剖车前，我仔细看了MIRAI氢燃料电池的动力总成结构。（1）车的后部和尾部装有两个压力700帕储氢罐。（2）前座椅下面是相当传统汽车发动机最核心的部件——燃料电池堆，氢气进到电池堆中370片燃料电池里和氧气结合生成电能和水。（3）车前部的升压转换器，将电池堆输出电流的电压升至650瓦。（4）电流进入位于前仓的交流同步电动机，驱动汽车行驶；电动机最大功率为113千瓦，最大扭矩335牛米，力道十足。（5）电动机旁边是电控装置PCU，用来控制燃料电池输出的功率和驱动放电。（6）利用混合动力原理，车后部有一个镍氢电池用来回收储存刹车和滑行中本来可能浪费的能量，参与推动电动机发力。

研发中心中尾总经理介绍说，丰田从20世纪90年开始研发氢燃料电池车，2008年商品车上市。当时成本很高，车价昂贵。而随着燃料电池系统技术的提升，成本大幅降低到原来的5%。2015年面世的MIRAI目前在日本的含税售价是723万日元，约合人民币42万元，2017年在日本和欧美已经销售3000辆。

2018年我还在首尔试驾了韩国现代开发的氢能源SUV。

我可能是中国人中，从历史源头至今，试驾过全球最多氢能源车的人。

氢燃料电池车的发展，还和两个因素有关，氢气的制取和加氢站的建设。

氢的资源在地球上真是要多少有多少。中学生都知道，水分子的构成就是两个氢原子和一个氧原子。目前氢气的商业化生产主要来源于化石燃料的工业制取。电解水是制氢的一个重要渠道，所用的电力可以来自煤炭，也可以用清洁的风能太阳能发电。此外，在钢铁和化工行业中的副产品氢气，以及低质的褐煤，甚至垃圾产

获得2011年必比登新能源车大赛第三名的上海牌氢燃料电池车在柏林勃兰登堡门前参加展示

生的沼气，都能够提取氢气。

氢能源再发力，中国可以很牛

尽管氢燃料电池车的技术门槛比较高，但是中国的研发起步并不晚，早期在第一方阵中还占有一席之地。2006年，同济大学汽车学院就开始自主研发氢燃料电池车超越一号，走了一条独辟蹊径的技术路线。并且在2007年米其林必比登新能源车挑战赛上，同济的"超越3号"就获得过氢能耗最低的好成绩。

当年同济大学汽车学院院长余卓平教授曾经跟我说过，氢的来源可以是多元化的，光是在上海钢铁和化工产业产生的氢气副产品，就足以可以支撑40万辆新能源车的行驶，而且氢气价格甚至比汽油还便宜。

尽管这几年中国一花独秀地大力推进纯电动车的发展，但是也确信氢燃料电池车是节能减排的有效方案。按照中国政府2022年3月发布的《氢能产业发展中长期规划（2021−2035）》提出，到2025年使用氢能的燃料电池车，保有量达到约5万辆，可再生能源制氢量达到每年10万～20万吨的发展目标，并将在公交车和物流等领域率先普及燃料电池车的规划。如果真能实现，的确很牛。

一个好消息是，民营公司长城，已经全面进军氢能源领域，批量生产的氢能源卡车车队已经在雄安建设中大显身手。

第十二章　电动车中国夺冠

做大做强曾是中国汽车业的远大抱负。也是我四十年来关注中国轿车发展的一个终极目标。

2009年是个"坎儿",中国汽车市场销量1379万辆,首次超越美国,成为全球最大汽车市场,并一直保持至今。

中国汽车已经不折不扣地成为世界汽车大国,然而"大而不强"是其特点。我曾撰文提醒,做汽车强国,莫成冯小刚的贺岁片"好梦一日游"。

没有想到,21世纪的第2个十年,在倾举国之力的政策鼓励与扶持下,纯电动车领域的研发制造异军突起,当下中国的电动车市场渗透率已达25%~30%,市场规模跃居世界首位。

十年间,无论民企、国企,央企,研发制造纯电动车各显神通,保持强劲势头,成为中国汽车做强之路的上半场。

1.电动车产销中国加速度

电动车热三部曲

中国的纯电动车热，前有一次预热，后面跟着三波浪潮。

预热期是20世纪90年代。科技部门对电动车情有独钟，最初出于如下考虑：中国传统汽车技术比欧美晚了几十年，而电动车技术全世界都还没有大突破，中国与欧美站在"同一起跑线"上，完全可能后来居上。这就是日后盛行的中国电动车"弯道超车"论的基础。

电动汽车被列入国家重大科技攻关项目，贯穿"八五""九五"规划。1998年6月，我去采访汕头南澳岛"国家电动汽车试验示范区"的启动仪式，当时，还是镍氢电池时代。有10辆国产电动车、5辆丰田RAV4、5辆通用EV1投入示范区运行。两年后，再去南澳岛，丰田电动车跑了10万公里，除了换了电池，没有大问题；国产车，光是电池爆炸的大事故就发生过10次，小故障更是不断。示范区一位专家表示，没有什么"同一起跑线"，说到电动车，我们还是小学生，外国人已经跑出很远。

中国电动车第一波浪潮：2009—2012年"十城千辆"示范运营阶段。

2009年4月，为向政府部门示好，推进日产"聆风"电动车在中国一些大城市的示范运营，日产中国掏钱在钓鱼台国宾馆赞助了一次有科技部、财政部、工信部高级官员出席的电动车研讨会。一批官员、学者借势掀起电动车一波热潮。2009年出台的第一个涉及电动车的《汽车产业发展规划》规定，到2011年，电动车的产量就要达到50万辆，占汽车总销量的5%。

在国内某些专家看来，比起混合动力、氢能源，开发纯电动车技术门槛最低，说干就能干。由于严重低估了中国电动车研发和世界水平的差距，大笔"学费"砸下去，各种规划却基本落空。直到2012年底，真正卖到消费者手里的纯电动车却只有上千辆，与50万辆的规划差得太远。

第二波：2013—2015年普及推广阶段。为了鼓励纯电动车大发展，政府财政对于电动车补贴的计划额度，从数百亿元提高到1000亿元。跨国公司也纷纷开发针对中国市场的纯电动车。我曾私下问过一家跨国公司的科研人员，为什么他们对电动车的态度发生了180度的大转弯。他诚实地说，中国政府拿出巨资培育电动车市场，我们怎么能放弃这样千载难逢的市场机会？

中国力推纯电动车的大动作，的确激发了各国大车企的热情。恰逢新一代能量密度大幅提升的锂电池研发成功，几乎所有跨国公司都投入纯电动车的研发。奔驰和奥迪也把每年一度的"科技日"移师中国，并以电动车为主打。连一向以柴油机节能减排为首选的大众也高调表态："大众车型的心脏将借助电力而跳动。"

2010年，一批主事中国电动车的官员和专家被奥迪公司邀请去英格施塔特的奥迪电动车研发中心参观。看了人家在动力电池、集成控制、电机等方面的创新突破，以及电动车的研发手段和验证流程，方才感慨天外有天，中德电动车的研发相比绝不在"同一起跑线"上。所谓"弯道超车"只是专家们关起门来的自说自话。

第三波，2016—2022年快速增长阶段始。尽管弯道超车铩羽而归，经过短期沉寂之后，随着国内外动力电池的技术突破，电池能量密度不断提升，电动车再掀一波高潮，并且上升到国家战略。中国新能源汽车产业发展势头强劲，推动全球电动车的热潮。

前些年，全球汽车大集团本来在各种新能源车研发方面，都是齐头并进，手里同时捏着几张牌，并不怎么看好纯电动车。他们盯着中国，终于看明白，中国这个世界最大汽车市场，当下只对纯电动车情有独钟。

电动车的国家战略，产销连续七年夺得全球第一

2013年开始，政府对新能源汽车发展提出了新的明确目标——到2015年，电动车（纯电动和插电混动的总和）累计产销量达到50万辆；到2020年，电动汽车当年产能达200万辆、累计产销量超过500万辆。

为了实现这一目标，有关部门端出两道"硬菜"。一是财政补贴：每辆纯电动车，视续航里程多少，中央财政补贴3.5万～6万元；地方财政给予大致相同的补贴；而对于纯电动大巴士，补贴高达百万。二是行政干预：在一些小轿车摇号限购的大城市，进一步减少传统汽车牌照的发放；而对电动车给予免摇号，并且不限行的行政鼓励，引导有购车刚需的消费者转而去买电动车。

对一种工业品的推广，政府颁布如此双管齐下的激励政策在世界也是史无前

例。传统汽车厂为了能源与排放的积分平衡，无一例外地要造电动车充数；社会巨额资本也投入新势力造车。到2015年电动车销量突破153万辆，中国终于成为世界电动车产销第一大国。

截至2017年3月，国家发改委颁发了11张新建电动车企业生产资质，全国还有200家新建电动车公司排队等着审批。若算上传统汽车企业的各类电动车项目，全国电动车总产能将超过千万辆级，投资额突破3000亿元。重赏之下必有勇夫，不说前一阵的电动车企业的"骗补"丑闻；投资过热、产能过剩的乱象会不会在电动车领域重演，的确让人揪心。

2018年开始，大象转身，世界各大厂家一窝蜂，全都下气力搞纯电动车了。中国第一次和特斯拉一起影响了全球汽车的新能源走向。

目前，跨国公司新能源车研发虽然各有侧重，但是电动车的核心技术，无论电池、电机、电控、还是整车轻量化，已经有全套储备，开发出电动车专属的平台架构。如今，奔驰拿出了电动车EQ系列，宝马拿出来电动车i系列，大众拿出了电动车ID系列，特斯拉拿出了model系列。

发展电动车成为国家战略。加上宏观政策的倾斜，带来中国电动车的长足发展。

到了2021年底，国产电动车已成气候。电动车专业品牌，如比亚迪、五菱EV、东风岚图、上汽荣威、奇瑞蚂蚁、大众ID、长城欧拉等传统车企，电动车产销量大增。蔚来、小鹏、理想、哪吒、高合、爱驰、广汽埃安等电动车"新势力"企业，挟资本和智能互联技术进入高起点造车领域竞争。

一个阶段性的好消息是据汽车工业协会统计，2021年，中国新能源汽车销售完成352万辆，同比增长1.6倍，连续七年位居全球第一，国内市场占有率达到13.4%。在纯电动车领域，中国终于成为全球产量之冠和销量最大市场。

国家政策导向和财政补贴经过数年的积累，中国新能源车在2021年交上了令人惊喜的答卷。火候到了，电动车浪潮席卷而来，而且来的速度，远远超越想象。

清华大学赵福全教授点评说，2021年是中国电动车带来惊喜的一年。惊，就是大家都没有想到；喜，其实大家都在期待这一天早日到来，都认为这是一个发展方向，喜大于惊。

跨界的造车新势力阵营：小鹏、理想、蔚来、哪吒头部四强在2021年12月再次月销过万辆，零跑、威马等腰部保持在3000辆以上。

主流车企的电动车新势力，上汽通用五菱的MINIEV、广汽集团的埃安电动车连续数月保持销售过万辆，央企东风集团的岚图电动车和吉利集团的极氪电动车后来居上，在12月销量双双超过3000辆，处于第一阵营。

国产动力电池覆盖电动车装机需求

在纯电动车销量猛增的同时，新能源汽车电池、电机、电控全产业链也在不断完善。

电池方面，中国处在全球领先的位置，动力电池主要分为磷酸铁锂电池和锂离子镍锰钴三元电池。

动力电池系统能量密度日益提高。在2017—2021年五年中，三元电池系统的能量密度从143Wh/kg提升至206Wh/kg，磷酸铁锂电池的能量密度从117Wh/kg提升到167.4Wh/kg。电池成本逐步下降，从2017年的1.43元/Wh降至2021年的0.84元/Wh。

在国内市场，装车排名前六的动力电池企业分别是宁德时代、比亚迪、LG化学、中航锂电、国轩高科、松下。2020年，宁德时代全年装机量达31.79GWh，占全年市场总装机量的50%；比亚迪全年装机量9.48GWh，占国内全年市场总装机量的14.9%。

2018年6月，宁德时代登陆创业板。三年之后，宁德时代股价大涨超21倍，总市值高达1.27万亿人民币。宁德时代的三元锂和磷酸铁锂电池技术在全世界都处于领先水平。市场研究公司SNE Research发布2022年上半年全球锂离子动力电池出货量数据显示，宁德时代以34.1GWh的使用量连续四年位居全球第一，占全球近三分之一的市场份额。

2020年宁德时代动力电池装机量前十的客户分别为蔚来汽车、宇通客车、小鹏汽车、特斯拉、吉利汽车、长城汽车、广汽乘用车、理想汽车、东风汽车和北京汽车。

2.蔚来：有一种豪华叫"无忧"

眼界、预见和智慧

2016年11月20日，我应邀赶赴伦敦，第一次见到新势力企业制造出来的纯电动超跑——蔚来EP9，豪华且抢眼，让我不禁心动。

在以推动当代艺术著称的萨奇艺术馆，发布会别开生面：五个展厅，五场脱口秀，层层剥茧。蔚来创始人、董事长兼CEO李斌和总裁秦力洪生动介绍着一个年轻的互联网电动车公司，从2014年创立、理念、历程。走到第五馆，"NIO蔚来"品牌发布。经过两年的潜水后，一辆炫酷的蓝色电动赛车NIO EP9在灯光和闪电中亮相。

比起这辆车，李斌和他的团队那种心怀远方的抱负更深深地打动了我。

秦力洪说，EP9——E是电动车，P是性能，9是内部编号，最高等级。EP9搭载了4台高性能电机以及4个独立变速箱，1360匹马力的强劲动力，0~200公里加速7.1秒，极速为每小时313公里，最高功率持续时间是特斯拉Model S的七倍。

蔚来一上来，就造出世界最高速的电动跑车！每辆直接造价120万美元。生产的六辆车全部售罄。目标就是要从高端入手，打造一个楔进汽车业的锐利的切入点。

李斌说，作为后进入者，蔚来的策略是有所为，有所不为。在电动车的"三电"核心领域，电池、电机、电控系统分别在常熟、南京、昆山建立了制造基地，都是由我们自己掌控。而在制造环节，我们与江淮汽车合作，由江淮进行初期投资，在内部建立一个四大工艺齐全的全铝车身工厂。

随后五年，才有蔚来的高端量产车ES8、ES6、超跑EC6在蔚来江淮的工厂源源不断地驶下生产线。

李斌说，IT企业造车，不要妄说什么技术颠覆，蔚来起码形成了一整套创新的解决方案。虽然最后成功的未必是蔚来汽车，但是我们没有包袱，愿意放手一搏。

高端制造的行家里手

2021年4月7日，蔚来第10万辆量产车在江淮蔚来合肥先进制造基地量产下线，此时距离蔚来首台量产车型ES8下线仅仅过去了1046天。"PPT造车""烧钱大户""1美元退市"的恶意差评被现实剥去。

人们以全新的眼光审视蔚来：这是三款量产车销售10万辆的智能蔚来、是平均售价42.8万元的豪华蔚来、是独创用户无忧型汽车营销模式的蔚来、是引领中国高端豪华电动车新门类的蔚来。

蔚来当年在赴美的招股书中13次提及"特斯拉"，更是长期被媒体以"中国特斯拉"代称。今天，蔚来已不是特斯拉的模仿者和追随者。当特斯拉以Model 3走向20万元级别的中端量产品牌时，李斌表示蔚来将坚守高端定位。

作为中国品牌首次跻身40万元级的豪华价位，蔚来在国际豪华品牌激烈厮杀的中国市场，拿下了10万名用户用真金白银投票的信任。而且在特斯拉引领的自动驾驶、软件迭代、超充站等风潮之外，蔚来开创了用户型企业、乘用车换电、NIO Day等全新的"蔚来模式"。

在李斌们的眼里，现在蔚来和特斯拉不是直接竞争对手，其对手是燃油车。"要等油车和电车占比50∶50的时候，电动车之间才会有竞争。"

"奔驰、宝马、奥迪才是我们的竞争对手。"李斌明确表示。

高端定位对蔚来来说是路径规划，出自现实选择。李斌表示：2015年做品牌定位时，考虑到当时智能化和电池等成本因素，"十几万元的量产市场很难和油车PK，但30万元以上区间是有机会的"。另一方面，中国自2018—2020年对新能源车免征购置税的政策，使同价位的新能源与传统豪华车的落地价格拉开了相当的距离，"这为我们专注做中国豪华车提供了时间窗口"。

创业以来，蔚来围绕技术的发展方向、可能的商业场景，找到关键技术点并进行有针对性布局，累计投入研发资金超过140亿元。截至2020年3月底，已获得授权和申请中的专利总计4000多件，覆盖三电（电池、电机、电控）、三智（自动驾驶技术、智能网关、智能座舱）、充换电设施等智能电动汽车重点技术体系。

蔚来ES8作为首个采用全铝车身的车型，制造工艺没有前例可循。"从合作伙伴实验室的试片做起，我们在ES8上积累了全套铝制车身连接技术的数据库，不仅为第二款车身开发积累了80%的技术，也为行业积累了数据和经验。"蔚来合肥制造基地总经理辜向利表示。

2019年和2020年，蔚来蝉联J.D.POWER新能源质量榜单第一名。单车制造

蔚来的 ES6、EC6、ES8 三个高端量产车型

成本不断降低。实行订单式生产，整车库存深度仅为一天。2021年年底，江淮蔚来工厂年产能达到30万辆。

豪华的极致是"无忧"

蔚来今天已经成为用户型车企的代表。值得注意的是，巨大的成本压力下分毫未减服务预算。"蔚来是一个再穷不能穷服务的公司，服务是我们的最高优先级。"秦力洪表示，"现在日子好过了，会进一步加大研发和服务的投入。"

作为第一个吃螃蟹的人，蔚来不同于传统的豪华车，蔚来汽车创立的新体系包含三个核心：以软件定义为中心的产品开发；基于移动互联理念的全球化研发团队；一切基于移动互联的用户体验。

李斌说，只要关系用户的事——无论人机交互、智能驾驶，还是销售、服务的创新模式，都由我们承担。我们将重新定义一个豪华电动车品牌服务用户的所有过程。

他的一句话让我印象格外深刻："以用户体验为中心。这一点一些传统汽车公司也看到了，但是他们做不到，因为他们的系统不支持。"

今天看来，蔚来的发展路径并非摸着石头过河，而是早有清晰的理念和路线图，环环相扣一路推进。作为新势力豪华车的领跑者，有眼界，有预见，有智慧。

李斌谈到蔚来的抱负：脚踏实地，认真做事。为挑战极限而生，力求做成一个3.0移动互联汽车的百年公司。

目前蔚来app注册用户超过140万人，内容分享超过107万条。从公司创始人、高管团队到普通员工，每天都在社区内和用户交流、互动，甚至成为一种蔚来品牌的情感维系。新款ES8有132项改进，其中很多都来自用户通过数字化触点app的建议。

在中国，除了有家庭车位和小区内部充电桩，用户对于使用电动车最大的担心来自里程焦虑和等待充电桩的不便。针对这一痛点，蔚来开发出"蔚来能源服务"和"快速换电"模式。

NIO Power（蔚来能源）是一套全球首创的电能服务体系，是由专属桩、超充桩、换电站、移动充电车、蔚来云和蔚来专员组成的综合服务体系，致力于"加电比加油更方便"的理想体验。用户在蔚来app上一键下单,在蔚来云的智能调度下,NIO Power就会快速为用户提供高效加电服务。截至2020年10月,蔚来能源服务体系NIO Power已为用户提供了超过45万次"一键加电"服务。

此外,为提升用户长途出行补能体验,蔚来创新性地在高速公路服务区部署换电站,大大降低了用户在高速公路补能的等待时间。

蔚来全球首创的"快速换电"技术,专为蔚来用户打造极致加电体验。全自动换电池,几分钟完成,无须排队等待,比加油更快。

截至2020年底,蔚来在全国已经建有162座换电站。其中已全线贯通中国最繁忙的G4京港澳高速和G2京沪高速,这是世界上最先建成并投入使用的高速公路换电网络。

蔚来服务体系NIO Service创新性地采用"医保"模式,致力于为用户提供一站式的综合服务保障。

在汽车业中独一无二,每一位蔚来的用户都有一个云连接的15人左右的NIO Service服务团队,内容涵盖维修、保养、上门取送车、代步车、保险、理赔、事故处理、道路救援、洗车、代驾、机场泊车、上牌服务、数据流量服务等。都是基于云连接的服务。由工作人员根据车辆定位上门取送车,通过网络授权取走车辆,服务全程用户都可以在app上了解详情和进度。

电池是电动车的一个很大的成本构成。BaaS是蔚来率先推出的一项电池租用服务。降低购车初始成本、提升车辆保值率、享受电池技术升级红利的电池服务,包括车电分离、电池租用、可充可换可升级。

选择BaaS模式,购车时不需购买电池,只需租用电池,购车和贷款成本大幅降低。且不需要花一大笔钱购买不断贬值的资产,BaaS用户可根据使用需求,选择租用不同容量的电池,按月支付服务费。

选择BaaS模式购买一款100kWh的车型:车价少付12.8万元,只需月付电池租用服务费1480元。

3.比亚迪宣布2040年停产燃油车目标

比亚迪有了"禁燃"的底气

比亚迪的王传福和草根出身的李书福一样,在创业之初会说出许多惊人之语。在比亚迪涉足汽车行业早期,王传福曾经豪迈地宣布:比亚迪五年内做成中国汽车销量第一,十五年做到全球第一。2006年巴黎国际车展上,奔驰率先看好王传福,宣布将和比亚迪建立合资企业,共同生产电动车,品牌定为"腾势"。当时我在巴黎车展上专访王传福,他已经很了解全球汽车行业的现状,谈话内容就很接地气了。我最后问他,当年的目标没有变吗?他肯定地回答,不会变。十多年下来,比亚迪励精图治,在新能源车领域多次挣得国内第一,属于第一梯队的领跑者。

比亚迪董事长王传福近日在2022年联合国气候变化大会上,对于大会倡议在2040年或之前实现零排放汽车的销售占比达到100%的目标,比亚迪明确表示自己"将会参与其中"。这意味着比亚迪将在2040年或之前停止生产燃油车。

这样有底气的表述,在中国汽车企业还是第一家。

说实话,目前中国无论哪家车企宣布停售燃油车都会让人惊讶,但唯独对于新能源车销量占比高达90%的比亚迪,业界不会太吃惊。

自2003年进入汽车行业,2004年比亚迪就发布纯电动概念车ET。2008年开始推出首款新能源汽车以来,比亚迪就开始由"山寨版"燃油汽车试水,逐步掌握汽车生产技术。进而开发混合动力和纯电动的新能源车型。尤其推出"王朝系列"的多款车型后,比亚迪的新能源车得到社会的广泛认可。

比亚迪2021年10月销量8.7万辆,新能源车占比91.18%。与上汽通用五菱、特斯拉这两家车企新能源车一起,占了是年前三季度新能源汽车总销量的43.29%,成为名副其实的中国新能源头部车企。从比亚迪新能源汽车的发展速度以及销量占比看,它的燃油车比例已经逐步缩小。没有了包袱,比亚迪有比其他车企更早宣布停产燃油车的底气和资格。

电池大王的轿车梦

在比亚迪新能源汽车销量稳定增长、多次位居第一的背后,是比亚迪在新能源技术上的长期投入。

此前比亚迪生产手机电池起家，做得风生水起，占到全球手机电池市场供应的一半以上，王传福当年也因此被称为"电池大王"。而王传福在动力电池研发上的经历，也为比亚迪投身新能源车的发展提供了很好的理论和技术支撑。

从比亚迪的发展历程上看，比亚迪造汽车是有备而来。董事长王传福2003年收购兵工行业有生产轿车资质的陕西秦川机械厂。并在宣布跨界生产汽车之前，就已经开始了汽车动力电池的研发。

比亚迪坚定认为节能减排是全球汽车产业发展的长远趋势，不失时机地推动新能源汽车的商业化普及。2008年，慧眼独具的股王巴菲特投资2.3亿美元收购比亚迪10%的股份，让股市坚定了对比亚迪的长远信心，股价的暴涨为比亚迪带来大笔的资金。

为了进一步激活新能源市场，国家将全球高科技风向标美国特斯拉电动车这条鲶鱼引入中国独家生产。比亚迪抓住了这一市场变革，开始密集推出新能源汽车核心技术产品。

刀片电池特立独行

比亚迪作为一个专业动力电池企业，有着对于电池更多的技术积累和选择。相对于三元锂电池热稳定性差的弊端，比亚迪在磷酸铁锂电池上采用特立独行的技术，主打安全性能更高的比亚迪"刀片电池"应运而生，让比亚迪在发展新能源车的路径上充满底气。

2020年3月，比亚迪发布刀片电池。以铝壳分装，将长96厘米、宽9厘米、高1.35厘米的单体电池，通过阵列的方式排布在一起，像"刀片"一样插入到电池包中。

刀片电池采用磷酸铁锂电池体系，将电芯进行扁平化设计，并采用无模组技术（CTP）组成电池包，可以极大提升电芯的成组效率，将内部空间的利用率提升到了60%左右。

与传统磷酸铁锂电相比，刀片电池的放电倍率大幅提升，充电循环寿命超4500次，寿命长达八年120万公里，成本可以降低约25%，电池体积比能量密度提升

比亚迪王朝系列的"汉"

50%。

刀片电池的安全性好，通过针刺测试显示，针刺后无明火、无烟，表面温度仅为30~60℃。

e平台3.0是在比亚迪前两代平台的基础上升级而成，实现了从三电零部件，到整车关键系统，再到整车架构三个层次的平台化。集成度越来越高，提升整车用户体验的同时降低能耗。新一代e平台3.0实现了从A级到D级车型的全覆盖，支持前驱、后驱、四驱三种动力形式。这是个创举。

比亚迪的王朝系列轿车，用中国历代王朝作为代表各个车型的子品牌，在消费者心目中一荣俱荣；此后海洋系列，军舰系列也为新车大大提升了知名度。

4.岚图一千零一夜：国家队的急行军

把岚图办成科技公司、用户型企业

说到岚图的电动车征途，值得一提的是，它脱离国家大型央企——东风集团的传统体制，离开集团原来建制，以"船小好掉头"的灵活机制，坚持市场导向，选择新能源方向重新创业，选定新品牌、新目标。在短短三年里，连续推出电动SUV和豪华MPV两大类高端新车型，获得市场的认可。

根据中汽中心提供的终端零售数据，岚图电动车成交均价为33.86万元，排在造车新势力高合和蔚来之后，居中国品牌第三。成为新的高端电动车价值标杆。

此前，创建近六十年的特大型央企——东风集团除了旗下几家合资企业，乘用车的品牌和产品战线长，力量分散，人才流失。

岚图是东风公司在新汽车时代的倾力之作。它以增程、纯电双动力选择，清秀挺拔的外观造型、一体式可升降三联屏设计，以及良好的车联网体验，为消费者在30万元左右的新能源汽车市场提供了全新的选择。

回到六年前的2015年6月16日，历任一汽集团董事长、吉林省委副书记的竺延风履新东风集团董事长。经过40天的调研，他在东风公司"汽车+互联网营销变革与创新"论坛上，提出了自我的拷问：我们的用户是谁？我们的用户需要什么？我们能为用户做什么？

当时，以燃油动力为主体的中国汽车产业正处于黄金巅峰，中国造车新势力刚刚露出苗头——2014年的新能源汽车渗透率仅为0.32%。也就是从那时起，竺延风萌生将东风公司转型为科技公司、用户型企业的念头。

2018年，面对汽车产业近二十年来首次出现销量下滑，以及新造车运动的崛起，竺延风说，东风不赶时髦，也不炒概念，但如果一直沿用传统方式造车，那就别干了，必须换个活法。

当时，一个代号h的东风事业部悄然招兵买马。人们很快知道，h项目的使命就是东风举集团之力，致力开发制造一个高端的电动车品牌。同年，一家高端智能电动汽车科技公司——岚图汽车成立。

对于岚图汽车CEO卢放和CBO雷新这两位分别在中国一汽、东风公司多个板块从一线实战中走出来的岚图高管来说，与汽车打交道多年，他们身上肩负着更多的使命、更大的责任。在他们心目中：在人生下半场，能自主地造好一辆豪华汽车、卖好一辆豪华汽车，此生足矣！

一千零一夜

2020年1月，一场突如其来的疫情在武汉暴发，总部在武汉、三大基地在湖北的东风公司首当其冲。随后，全国新能源汽车市场近十年来首次出现负增长。三个多月后，当武汉解封，竺延风发出一封信，为加快一个东风高端新能源品牌拉开帷幕。

有人担心，我们没有造过电动车，一上来就要造高档车，会不会力不从心？

竺延风说，不要还没干就说东风不行，就说做不出高端品牌。明知山有虎，我们偏向虎山行。

2020年7月17日，岚图在武汉举办盛大的品牌之夜，正式发布品牌标识和中文名。

岚图定位为"零焦虑高端智慧电动品牌"。岚图，谐音"蓝图"，寓意美好的规划和憧憬。

岚图的寓意：岚，山谷中的风，徐徐吹来，给人纯净、清洁的新能源联想；图，励精图治，谋划创新。表达品牌以绿色出行方式，为用户创造零焦虑美妙出行、描绘现代格调美好生活蓝图的理念。

岚图logo创意灵感源于《庄子·逍遥游》中的鲲鹏展翅，充满力量和创见。舒展的双翅，自由随性而行，动感的线条展现品牌向上的力量感。

作为中国特大型央企，岚图充分整合东风公司超五十年的造车技术和资源优势，以用户为中心构建创新的商业模式，致力于成为高端新能源乘用车领先者，推出新车的节奏越来越快。

2020年7月29日晚，岚图在武汉首次对外发布首款概念车VOYAH i-Land。同年12月18日，岚图汽车在深圳正式发布了"零焦虑中大型智能电动SUV岚图FREE"，外形和内饰以"现代豪华、温暖科技与简约不简单"为设计语言，契合了社会新中坚力量用户的睿智和远见。

从2018年12月16日岚图以h事业部密谋启程，到2021年10月16日岚图之夜，再到岚图FREE月销冲上3000辆，恰1111天。岚图成为造车新势力中最快冲上3000辆的车企之一。

过去的三年，卢放作为技术派的干练，雷新作为营销派的高手，配合默契，他们带着4000名工程师和技术工人小伙伴一路狂奔。编织了一个新的一千零一夜神话，这其中的酸甜苦辣咸，令人别有一番滋味。

卢放感慨地说："这1000多天，岚图团队确实每天都面临很大的挑战，我们也很享受从无到有去创造的过程。"

通过1000多个日日夜夜，竺延风已能清晰回答用户的灵魂拷问，立志把岚图打造成赋能用户生活的第三空间，成为他们"动居乐业"的知音和伙伴的理想一脉相承。

想象力决定走多远走多快

作为一款拥有优异电驱动性能的智能电动SUV，岚图FREE搭载前后双电机，最高功率510千瓦、峰值扭矩1040N·m，0～100公里加速成绩达到4秒级，提速迅捷，极速最高可达每小时200公里，动力性能优势明显。

该款SUV提供纯电动和增程电动两种动力方案，拥有4种智能座舱模式，全系标配高级智能驾驶辅助系统，可实现20项智能驾驶辅助功能，配备空气悬架等多项高端豪华技术。其中岚图FREE增程电动版采用"1.5T+四缸"高效增程技术,匹配最高功率80千瓦的发电机,综合续航达860公里。

此外,岚图FREE纯电及增程版均提供110千瓦家充和直流快充两种补能方式,让用户告别里程焦虑。

2021年10月31日,岚图FREE纯电城市版正式上市,售价34.86万元,限量发售888台。岚图FREE纯电城市版本更打出"无需选配的豪华"的口号,数十项豪华配置全部标配。例如首次下放到30万级SUV的空气悬架;主驾座椅、副驾座椅12向电动调节及按摩,让车主及乘员在行驶途中随时缓解旅途的疲劳;还有香氛系统、丹拿10扬声器音响等一般在五十万级以上豪车才会出现的配置。

2022年2月17日,岚图汽车宣布进军欧洲市场,首站国家是挪威。

2022年4月15日,岚图汽车与百度签署战略合作协议,双方将围绕汽车智能化

电动SUV 岚图FREE

展开深度合作。

如果说想象力决定一个企业未来能走多远,而行动力则决定这个企业在当下能走多快。

更快的是,2021年11月19日,第二款车型岚图MPV"梦想家"在广州车展全球首次发布。

全球第一辆电动MPV——岚图"梦想家"

2022年5月9日,岚图推出的豪华MPV"梦想家"正式上市,成为国内外第一款纯电动豪华MPV,售价38万~60万元。

岚图梦想家全车搭载5个毫米波雷达、7个摄像头、12个超声波雷达,支持26项

岚图的两辆新车,其中,梦想家是国内外首款纯电动 MPV

高级驾驶辅助功能，包括打转向灯自动变道、全场景自动泊车、远程遥控泊车等功能，并支持OTA升级。

2021年，岚图汽车以用户为中心，首创央企直营模式和数字化体验。在全国开设43家"岚图空间"体验店，覆盖24座城市，为用户提供线上线下无缝连接的购车体验和直达用户的数字化交互体验，岚图汽车app和小程序注册用户超过100万人。

当前，智能电动新汽车发展高歌猛进，汽车的内涵和外延不断丰富，新的供应链生态正在形成。东风公司将这个趋势归结为"五化归一车"和"一车通四网"：五化，就是电动化、智能化、网联化、共享化和轻量化；四网，就是与汽车产业紧密相关的交通网、能源网、信息网和金融网。

东风公司创新打造的岚图汽车，从0到1，从1到5000，直接切入高端，正是对这一趋势正确思考、掌控和行动的结晶，交出一份来自央企的出人意料的答卷。

市场反馈，岚图的购车用户年龄集中在35～40岁，平均在37岁，80%是来自BBA等豪华车车主换购，97%选择顶配。这是此前东风五十三年造车历史上没有的事情。

经济评论家罗振宇对此点评说："岚图不再是把汽车卖给陌生人的厂商，而是一个为喜欢自己、信任自己的人努力服务的组织。岚图还懂得，这是人比商品更重要的时代。国家队现在做事的方法也在变，让我没想到的是，央企原来还能这么干。"

5.小微"人民代步车"

宏光MINIEV

我曾经撰文提出，纯电动车不可能完全替代燃油汽车。它的生态优势处于两个极端：一个是富裕人群的高性能豪华跑车；一个是平民百姓短途代步出行车。热衷于前者的新势力造车为数不少；钟情于后者，尤其能够做成大气候的车企并不多。

"人民需要什么，五菱就造什么。"听上去只是一个口号，但是五菱把这种理念化为企业的追求，十多年来从五菱面包车到宝骏轿车。每推出一款接地气的新车，就是一款年销过百万的碾压级神车。所以我也看好五菱打造小微电动"人民代步车"。

2020年秋天,为了刚刚面世的宏光MINIEV,我专门去柳州采访上海通用五菱总经理沈阳。说到这款小车的开发,沈阳说:在我们这里不是"软件定义汽车"(尽管这种说法很时髦),甚至突破了由工程师确定开发流程和标准的界限。采用这种新思路,五菱不断造出成本只有竞品几分之一的全球市场畅销车。

沈总说,我们开发电动车的启动源头就是市场,市场和技术开发人员在柳州大桥的桥头,对开车和走路的老百姓做问询调查,倾听他们对心目中电动车的描述。

大多数草根百姓心目中的电动车,最看重价格便宜,安全可靠,小巧好停,续航里程合理,能用220伏充电桩低压慢充。

沈总说,针对百姓的选择,自2017年起,我们先后推出了宝骏两座E100、E200微型精品电动车试水。在今年疫情防控期间又推出了微型的四座宏光MINIEV。

我在厂区试驾了宏光MINIEV和新宝骏E300两款车。作为GSEV架构上的新物

上海通用五菱微型电动车宏光MINIEV,年销过300万辆的销冠车型

种，两款车在操控、动力、空间、NVH（噪声、振动与声振粗糙度）方面不输于任何同级别燃油车。从车型设计来看，MINIEV更平实亲民，而E300追求科幻、前卫，在智能配置方面更胜一筹。

超出想象的性价比

宏光MINEV，一款刚刚在成都车展上市的小微电动车，为什么立即就能月销过万？此后两年一直与特斯拉交错地月销超过三万辆，2021年年销42.6万辆，碾压般地把其他电动车远远地抛在身后。我以为，除了五菱开发这款车的诚意，不能不感叹当下中国百姓选车买车的成熟眼光。

2020年MINIEV补贴后的官方指导价最初为2.98万～3.88万元。车身长宽高分别为2917、1493、1621毫米，轴距1940毫米，可以乘坐四位成人。最高时速105公里，它的转弯半径仅有4.2米，是全球四座车中最小转弯半径。

MINIEV百公里耗电为8度，每公里行程花费15分钱，可以直接使用家用220伏的三相电源插头进行充电，夜充日行成为大多数用户的可能。考虑到市场调查中80%以上的市民日出行里程不超过50公里，MINIEV的续航里程有120公里和170公里两种选择。

在我看来，眼下电动车普遍标榜的高续航里程，仅仅只是电池重量的叠加。续航800公里的电动车，起码要比MINIEV多装一吨多重的电池，小20万元的成本就上去了。不切实际地追求高续航里程，说到底是对行车效率和资源利用的浪费。

MINIEV配备一台永磁同步电机，最大功率为20千瓦，最大扭矩为85N·m；内置最高13.8kWh的锂离子电池，续航最高可达170公里。针对当下人们对电池安全的担心。宏光MINIEV所搭载的智能电池管理系统BMS能够全天候严密监控电池工作状况，对电池的异常情况和过热进行干预。

MINIEV搭载GSEV（全球小型电动车构架）。乘员仓和电池仓分别采用笼式和框架式高强钢骨架，整个车身高强度钢的比例达到57%。制造过程采用通用汽车全球质量控制标准，在国内最好成本控制水平的前提下，打造的一款不折不扣的全球车。

最接地气的用户体贴

作为小微电动车新物种，我更钦佩他们在开发"人民代步车"过程中的那种亲民的体贴、勇气和精准的市场把握。

在我国南方城市，电单车也是百姓出行的重要交通工具，我曾经问过一位以往要骑电单车接送一对小儿女去上学的女导游：为什么要选购一辆MINIEV？她只说：为了给孩子们遮风避雨。这个回答对我触动很大。

1989年我开始在《人民日报》《瞭望》周刊公开呼吁轿车进入家庭。我专程采访日本"国民车之父"百濑先生。我问他，"二战"刚刚结束，日本人还在"靠红薯和竹笋充饥的日子里"，为什么要开发一辆微型四轮轿车。而濑先生的抱负之一，就是要让百姓未来全家人出行，不再怕日晒雨淋，不受风雪之苦。后面两句话，一直是我鼓吹家庭轿车的初衷。

今天的中国是一个汽车大国，更是一个电单车、"老头乐"低速电瓶车的超级大国。比起高端电动车，不到4万元的五菱"人民代步车"MINIEV更接地气，能让更多城乡居民的出行升级，让产业升级，让城市交通从低速电动车造成的混乱、拥堵、险象丛生的乱局中逐步解脱出来。

且不说，四人乘坐的MINIEV只有普通中型乘用车一半的占地面积。走遍世界，除了美国、韩国，只有中国人这么迷恋中大型乘用车。前者因为国土面积大，后者和中国一样，也是刚富起来不久，大轿车开起来另有一种炫富功能。在汽车文化早已非常成熟的日本，路上跑的将近三分之一都是微型车。除了环保节油，提倡小型化，也应该是我们国家推广电动车的目标之一。

沈阳总经理说，近十年来，为了推广电动车，国家花费了巨额的财政补贴，在今明两年补贴逐步退出以后，电动车依靠技术升级和规模销量，与传统燃油车在成本和价格方面同台竞争，才是电动车产业的生存之道。

多年来和我彼此视为同道，一直着力推广小微型短途代步电动车的国家新能源汽车创新工程项目组组长王秉刚说得好：在补贴退出后，"柳州模式"为三四线城市新能源汽车推广应用找到了好方法。

也许我更乐观，我已经在北京街头看到了MINIEV的身影。即使在一二线城市，全球车的技术和质量，赏心悦目的造型和色彩，三四万元上下的低价格，买一辆作为接孩子、买菜的家庭第二辆车，也是靠谱的选择。

2021年全年五菱宏光MINIEV销量42.6万辆，问鼎中国电动车年度销冠。

MINIEV还获得了2021纯电动车国产品牌保值率排行榜第一、国际CMF设计大奖"最佳色彩奖"等奖项。

MINIEV在2021年4月份和时尚杂志《ELLE世界时装之苑》合作推出了马卡龙雪糕升级版。上市后再次刺激到终端市场的表现，更加个性时尚的车身配色，以及灵动外形和舒适化配置表现，贴合了当下用户出行的需求。

五菱宏光MINIEV的成功，也促进其他厂商更加关注微型纯电车领域，紧随其后推出了奇瑞QQ冰淇淋、雷丁芒果等车型。

6.全面禁燃，不该是中国汽车的选项

2017年9月，主管部门一位官员在某汽车论坛上提出：鉴于几个欧洲国家近期相继发布禁售燃油汽车的计划，中国正在考虑，制定停止生产和销售传统能源汽车的全面禁燃的时间表。我以为，此举有欠推敲。

中国，作为一个年产奔向3000万辆规模，全球产销量第一的汽车大国，对于几个国家公布限制性的禁燃时间表，明智的作为，应该是制定战略性应对措施；而不是"紧跟"时髦，在中国、美国、日本、德国几个汽车生产大国中，第一个站出来，轻易做出限时全面禁售燃油车的官方表态。

挪威等北欧激进环保国家，本国不生产汽车，进口电动车，不许卖燃油车，对它自己的经济没有任何负面影响。

英国，有过辉煌的汽车产业，但是基本都卖给德国、印度、中国厂家了，今天搞"去燃油化"，打人家的孩子不心疼。

沃尔沃宣布，在未来停售传统汽油、柴油汽车，所有车型都将装有电动机。但是它可没说，所有产品都不装燃油发动机，其实它走的是插电式混合动力的路子。

丰田提出，到2050年产品的二氧化碳排放将比2010年降低90%，产品涵盖纯电动，混合动力，插电式混合动力车，以及氢燃料电池车。

大众集团提出了最激进的纯电动车发展规划，将要拿出500亿欧元用以相关的

采购。但同时又说，不会放松对于优化传统内燃机汽车的努力。

通用汽车董事长、首席执行官玛丽·博拉女士曾经透露，近期将在中国推出十款新能源车。虽然包括雪佛兰Bolt纯电动车，但是装有一个小型燃油发电机的增程式电动车别克Velite仍然是主打。

对于汽车能源这样日新月异的新技术来说，在可见的未来里，各种新能源，清洁能源，包括传统能源的清洁化，会层出不穷。出现各种主流新能源你刚唱罢我登场，而且你中有我，我中有你的局面，一定会成常态。

为中国百姓汽车出行制定去燃油化的时间表，真的那么靠谱吗？

依我看，欧洲一些国家的禁燃时间表，其实意在当下的政治和选票。对于未来顶多是个风向标，而不是一把夺魂剑。

在某一个汽车企业，根据自身的规划，提出"全面禁燃"，情有可原（如比亚迪）。但是一个部门不经论证，提出全面禁燃"一刀切"目标，实在荒唐。博拉女士曾在上海说，通用正在大力推动电动车的开发，但是作出汽车使用什么能源决定的应该是消费者，而不是政府。让消费者来选择符合他们需求的技术，而不是下命令。

我最关心的倒是，中国人手里目前握有的两大主要能源——煤炭和汽油，在2022年后，哪个经过高科技的处理，环保会更胜一筹？燃油车与纯电动车到哪年应该占多大比例，无论是50∶50，还是10∶90，都可以根据中国国情进行论证。用一个彻底替代另一个，实在不可取。

中国致力于发展电动车，一个重要的出发点就是出于国家层面的石油安全。如果电动车和燃油车并行发展，这种安全可以得到很大的保障。然而一旦施行"去燃油化"，国家能源安全必将受到威胁！

不说一场局部战争，即使遭遇一场大的地震，人们立刻清醒，电力的生产、传输、变电环节是多么脆弱。到那时，一旦断电，战区或震区范围内所有的电动车可能就是一堆废铁，运输网络彻底瘫痪。人们才会发现彻底的去燃油化是多么的短视，多么的愚蠢，而代价又是多么的惨痛和不可接受。

汽车"全面禁燃"，由纯电动车一统天下，不应该成为中国汽车的选项。

第十三章　跨过"汽车强国"的门槛

　　新世纪的第二个十年，中国汽车业在新能源、智能互联、高效清洁燃油技术、跨界创新研发、新型商业模式，发生了从潜移默化到根本性的超越，作大作强梦想成真。汽车强国雏形初现。

　　也许是火候到了，中国轿车发生了质的改变。

　　争做"汽车强国"这一当年远在天边的畅想，现在成为一批有志气、有追求的中国品牌的目标。

　　中国品牌，也被称作"自主品牌"，曾经青涩稚嫩，曾经让我们为它揪过心。但是就在2020年前后，自主品牌中的佼佼者异军突起，以新能源车，尤其以领先的人工智能为契机，在最新技术领域开始赶超跨国公司的产品。

1.从汽车大国到"汽车强国"的三个条件

　　2001，中国入世那一年，全国轿车产销只有70万辆。而到2021年，乘用车产销2140.8万辆和2148.2万辆，增长了整整30倍。自其中中国品牌销量超过1000万辆，占到乘用车市场的43%，中国品牌车型开始在全球著名品牌，甚至豪华品牌面前挺直了腰杆,成为中国和世界消费者可心的选择。中国轿车,开始跨越"汽车强国"的门槛。

中国汽车品牌中有一批弄潮儿开始在各种技术领域顶穿了"天花板"。在全球化竞争的持久战中,"敌强我弱"的局面正在被"相持阶段"所取代。继高铁、通信设备、航天之后,汽车,成为下一个"强国"标志。

所谓世界汽车强国,我看起码要具备三个条件:一是有一批具备国际竞争力和国际知名度的响当当的企业和品牌;二是游刃有余地掌控着国际和国内两个市场;三是持有汽车业的核心技术,洞悉汽车业未来发展趋势。

这三个条件实现难度有多大?离我们有多远?靠一个号召,靠企业一哄而上的"大跃进",就想在三五年里一蹴而就,恕我直言,那只能是又一次"画饼"。

汽车诞生到今天,已经一百三十多年,可是称得上汽车强国的,也不过美国、德国,再加一个日本;意大利、法国,名车、名厂不少,历史也悠久,但是还算不上汽车强国;韩国,一直在咬着牙努力着,离强国的目标还有很大距离;所以"强国梦"应该是中国汽车今后几十年的奋斗目标。

在未来,这一过程可谓道阻且长。以国际上最严厉的"双积分"法规为代表,各种排放和质量标准将日渐严厉,越来越苛刻,难以企及。2001年北京的"限购"只不过是打响了"第一枪",而随着全球化开始"开倒车",西方国家知识产权保护和市场开放的压力陡然上升。

汽车毕竟是传统产业,不像IT等新经济产业可以一夜爆发。资本运作的效果有限,最终决定命运的是技术和产品。

2.红旗轿车的涅槃

年销30万辆,四年63倍的增长

红旗轿车的涅槃,作为中国轿车企业迈向汽车强国的象征,再合适不过了。

一些老汽车人谈到中国汽车产业发展时,往往爱用"悲壮"这个词。从我1979年接触汽车行业,正赶上红旗被官方宣布下马,此前二十年间红旗高级轿车不过生产了1500辆。

当时红旗是国家领导人、部长以上官员和驻外大使指定用车，因此被称为国车。到了80年代初，由于没资金进行技术改造，红旗技术陈旧，耗油高，被主管部门下令停产。

改革开放后，"红旗"在承担继续开发"国车"重任的同时，开始了市场化进程。以后几代一汽人为了造出新红旗，绞尽脑汁，做足了努力。包括引进海外车型和技术：克莱斯勒、奥迪、福特、丰田平台进行改款，都没有成功，一直徘徊在三四千辆的年产量。

2018年1月8日，是红旗的一个分水岭。我在北京人民大会堂参加了中国一汽发布新红旗品牌战略，一汽新任董事长徐留平慷慨激昂地宣布，一汽人决心把新红旗打造成为"中国第一、世界著名"的新高尚品牌，满足消费者对新时代"美好生活、美妙出行"的追求，成功地肩负起历史赋予的作强中国汽车产业引领者的重任。

汽车圈中的硬汉徐留平凝聚起一汽人的心力，圆了四十年来再造红旗辉煌的梦想，创造了中国汽车史上的一个奇迹。

短短四年过去，2021年12月31日，新红旗品牌官方宣布：红旗当年销量突破30万辆，同比增长超过50%，增速10倍于行业平均水平，撞线品牌销量崭新里程碑。

说到汽车，人们常常会用涅槃一词来表示新车更迭的彻底。然而涅槃变化之巨，非红旗莫属。

徐留平豪迈地表示：我们深信，胸怀伟大的初心、崇高的使命，通过持之以恒、久久为功的不懈努力，加上国人的钟情，必将把红旗打造成中国汽车产业大家庭中最闪亮的明星，让红旗成为中国汽车产业强大的重要标志。

从2019年开始，红旗以每年10万辆的销量跳跃台阶，变化神速得让人惊掉下巴。30万辆销量的达成，宣告了新红旗已经创造出四年销量增长63倍的产业"旗迹"，六十年来再次奏响了民族汽车品牌铿锵激昂的强音。

新高尚精致主义

新红旗牢牢坚持"一切为了客户，一切服务于客户，一切谦敬于客户"理念，这些理念成为推动销量前进的核心力量。

2021年12月24日，新红旗品牌车主突破60万，红旗车主群体的日渐扩大，不再是高高在上的官车。以不同的车型级别，担当了从国车到百姓用车的车型光谱，与全体国人共同缔造了中国汽车业的全新传奇。

新红旗的品牌理念很醒目，就是中国式"新高尚精致主义"。新红旗将突出"新高尚""新精致""新情怀"的理念，把中国传统优秀文化和世界先进文化、现代时尚设计、前沿科学技术、精细情感体验深度融合，打造体现"品味高尚、大气典雅"的完美体验。

红旗致力于构建"全球首发、崭新首创"的技术创新集群，打造"三国六地"的全球研发格局，着力在前瞻设计、新兴能源、人工智能、5G应用、新型材料、新型工艺、智能制造等领域不断创新、突破，引领行业发展。

新红旗采用全新家族统一设计语言，由一汽集团研发总院自主设计，在长春、北京、南京、上海、硅谷和慕尼黑进行开发。以"尚·致·意"为关键，畅情表达，充分演绎"中国式新高尚精致主义"的设计理念。

新红旗家族包括L、S、H、Q四大系列产品。其中：L系列，为新高尚红旗至尊车型，相当于全尺寸豪华行政车型；S系列，为新高尚红旗轿跑车；H系列，为新高尚红旗主流车型；Q系列，为新高尚红旗商务出行车。

品牌重塑后，年过花甲的红旗汽车，正以年轻亲民的新生代形象出现在公众面前，很快得到了市场的认同。销量前所未有的猛涨，业绩飘红，沉寂多年的红旗终于初尝"爆红"滋味。

年产能24万辆的红旗繁荣工厂建成，是自动化程度最高的智慧汽车工厂，打下红旗年产100万辆的基础。

2020年12月，红旗H9正式亮相迪拜红旗展厅，面向迪拜用户开启预售，标志着红旗汽车正式登陆海外市场。2021年9月，红旗E-HS9电动车出口挪威并正式发车。2022年4月，中国一汽携手以色列Samelet集团，在以色列中部城市特拉维夫举行红旗旗舰车型E-HS9上市仪式。

对于中国人而言，红旗不仅是一个著名的汽车品牌，还是一种深深的情怀和神圣的记忆。对于一汽人而言，红旗更是一种强烈的责任和历史的使命。

红旗新车榜

从2018年至2022年，红旗先后推出：

L5至尊车型，售价最高。L5的第一位车主是玻璃大王曹德旺，第二位车主是著名演员靳东。L5报价600万元起，因为是定制车，具体成交价格不详。

H7家用车型；

H5主流量产车；

HS5直面BBA的B级豪华SUV；

HS7全尺寸顶级超跑车车型；

H9旗舰型商务用车（售价区间为30.98万～53.98万），气场非常强大，有种百万豪车的高雅感观，总设计是一汽的设计师丁杨峰。

EHS9和H9成为红旗的旗舰双雄。

EQM5面对网约车和私家车车型。

红旗LS7——中国市场最长最大的SUV，长宽高分别为5695、2095、1985毫米

LS7超大尺寸旗舰SUV，车长超过5米。

这些车型里面有超过1000万元的限量版，有冬奥会的白金合作伙伴。然而使我最惊愕的，是能在这么短的时间里，推出这么多代表中国汽车制造最高水平的新车，在世界汽车史上，似乎也绝无仅有。

今天的红旗在街上驶过，辨识度很高。尤其前脸"高山飞瀑"般的进气隔栅。和贯穿全车中线的"中流砥柱"红色灯标。既有60年红旗设计特色传承，也有全球汽车时尚的醒目。

2022年5月10日，一汽红旗H9+卓越定制版上市启动，但并未公布新车的具体售价。新车基于普通版H9车型打造，将整车轴距进一步增加，达到了3260毫米，这也使其直接迈入到了D级车的尺寸。同时，内饰配置进一步进行了豪华升级，用户可以选择多种定制策略。

在这些车型中特别值得一提的是旗舰双雄之一的电动车红旗E-HS9增长续航版，是红旗作为清洁新能源使命追求的一个回答。

这款豪华电动车将会提供量子银灰、高山莹白、魅夜黑、冰白+量子银灰双拼色的四种外饰颜色的配色。内饰部分最抢眼的莫过于前排位置共提供四块液晶屏幕的贯穿式联屏设计，集成了后备厢开启、全景影像、自动泊车和一键启动功能。

一汽人、中国人的红旗情结，在六十年后终于梦想成真，成为汽车强国的一根强有力的支柱，令人喜极而泣。

3.两个奋斗者伙伴，一部世界级智能好车

华为：不进场造车，只提供一栈式智能解决方案

1+1＞2，才是做强的路径。

有一阵，各行各业有了钱，都想进军汽车业。在一些尝试碰得头破血流之后，资本们终于品明白，房地产、家电、互联网和科技公司的大鳄们想要在技术壁垒高、上下游产业链长、重资产经营的汽车制造业下海，熬到产品从0到1，并在市在场中站住脚，前前后后至少需要烧掉大几十亿人民币。即便如此，也很难有人向他们承诺这能砸出多大的水花。

相比之下，IT巨头华为很聪明，有远见，不盲从，在万物互联时代依然专注于做自己最擅长的事。坚持不造车，而是基于自己多年来在信息与通信领域的丰富经验，将其直接移植到汽车商品上进行适配，并根据不同车企的实际需求做定制化服务。

身处百舸争流的时代，一向有胆有谋的华为老总任正非却异常冷静地隔岸观火。作为中国最成功的通讯和网络大船的舵手，他也瞩目汽车，却很早便为华为指明了一个差异化的发展方向——专注于智能化汽车零部件的研发，开发世界最高水平的智能汽车一栈式的整体解决方案。该话题经发酵后，引发了五花八门的猜测和解读，即便任总多次公开否认造车传闻，但揣测者们仍然认为这只是他放的烟雾弹。在他们看来，以华为的实力，对于这块"肥肉"不可能无动于衷，未来肯定要自己进场造车。

为此，我特别采访了一位华为内部人士（以下简称为H），与他进行了一次深入的交流。"我们积极投入汽车业人工智能的下半场，但是我们没有造车计划。"H开门见山。

"上至任总、下至基层员工，每一个华为人对于自动驾驶一词都抱有敬畏之心，且在相应的法律法规尚未明晰之前，我们不谈具备何种阶段的自动驾驶能力，目前更多是讲驾驶员随时可以介入的智能驾驶。"

从H的三言两语中，我们可以明显感受到谦逊、务实的处事风格已经自然融入到华为的企业文化中。

2021年上海国际车展前夕，华为发布了全新一代智能驾驶计算平台MDC810，它是业界目前最大算力的智能驾驶计算平台，已具备量产能力。华为MDC810，稠密算力高达400TOPS，达到ASILD功能安全要求，搭载智能驾驶平台软件MDC Core可满足拥堵跟车、高速巡航、自动泊车等高级别自动驾驶应用场景所需。

此外，华为还发布了下一代高分辨4D成像雷达。带来高速巡航超远感知、高速巡航躲避障碍、城区多目标复杂场景下可用非视距感知、环境刻画以及多雷达点云360度融合六大价值。

华为坚信，它的成像雷达必然会成为下一个高阶自动驾驶的必备武器，和高线

北汽极狐和华为联合开发的极狐阿尔法S全新HI版

束激光雷达,高清摄像头一起,实现高阶自动驾驶。

"能够在开放道路上行驶的,具备完全自动驾驶能力的汽车,距离我们还很遥远。"H并不避讳地说。

华为牵手极狐,1+1大于2

2022年5月7日,首款采用"HI华为全栈智能汽车解决方案"的量产车,同时也是首款搭载华为"鸿蒙OS智能座舱"的豪华纯电量产轿车——ARCFOX极狐阿尔法S全新HI版在北京正式上市。

新车共有两个版本,售价分别为39.79万元和42.99万元,这个价位触到的国产轿车的价格天花板。

北汽新能源董事长刘宇说:极狐是一个自诞生之日起,就以先行者的形象示人的品牌。它拥有"新能源领军者"北汽集团六十年深厚的造车积淀,深切洞察到中国新能源市场未来发展趋势——以高端智能为核心的全面电动化颠覆性变革;汽车从单纯的交通工具，变成人们未来出行的"移动智能终端"，成为生活中重要的组成部分，而且要更聪明、更舒适、更安全，带来更多乐趣。

有深厚技术背景的年轻女总经理代康伟介绍：2018年，高起点进入汽车行业的极狐，为布局高端智能纯电汽车的研发与制造中心，与全球最大汽车零部件供应商奥地利的麦格纳达成全面战略合作，筹建麦格纳在中国的首个高端智造基地。北汽蓝谷麦格纳高端智造基地是麦格纳在中国的首个合资的整车制造项目，也是麦格纳首次在奥地利以外设立的整车制造工厂。标志着极狐对极致品质的追求。

此前，极狐在北京蓝谷开发出IMC智能模块标准架构，建成全球新能源汽车首个商业搭载5G技术的平台。并通过模块的智能组合，实现超级拓展、超级智能、超级交互、超级进化四大功能，为高端智能汽车配置赋予应有的硬件条件和安全保障。

极狐是华为四个电动车合作项目中合作最早、最深入的一家公司。2019年初，极狐牵手华为，布局车载智能系统。依托极狐开发的全冗余架构——IMC平台，极狐汽车具备了承接更高级智能驾驶系统和智能座舱系统的条件，因此受到华为的青睐。

在此基础上，极狐华为全面合作，共建"1873戴维森创新实验室"，全面开发下一代智能汽车。迄今为止，极狐与华为四年四次签署协议、深化战略合作伙伴关系，实现了从核心技术到营销终端全生命周期的深度合作。

极狐阿尔法S和华为全新HI版在研发过程中，双方工程师合作超过1200天，测试里程超100万公里，并经历两年多、共三轮、近三百种方案的底盘调校，以及各种天气路面的数十万公里的充分测试与验证。在激光雷达的布置、5G天线的集成以及前风挡的优化等众多方面实现技术首创和领先，为行业积累了大量、全新的正向研发经验。

智能驾驶与智能座舱

ARCFOX极狐阿尔法S全新HI版搭载华为全栈智能汽车解决方案，带来高速、泊车和城区全场景的极致智能驾驶体验，是当前高阶智能驾驶的标杆。

与一般汽车交付即为定型。极狐阿尔法S华为HI版新车搭载了能够具备持续自学习与快速迭代能力。

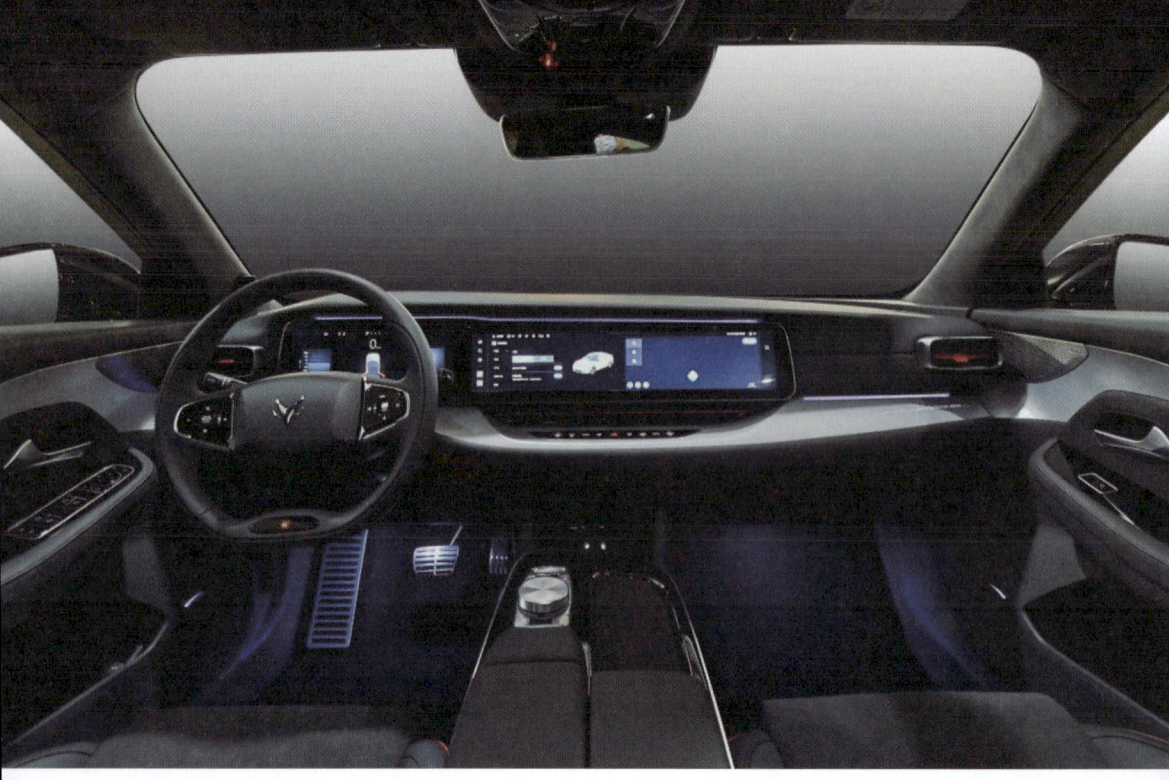

| 全新极狐的智能座舱

华为全新HI版,将智能驾驶带上新高度,新车拥有包括3个激光雷达的34个高感知硬件,组成一套360度全覆盖的超高融合感知系统,真实还原3D物理世界,对障碍物精准识别;MDC810智能驾驶计算平台,支持400TOPS超强算力,超强大脑能轻松应对复杂路况的考验。

华为常务董事、智能汽车解决方案BU的CEO余承东说:华为HI版智能驾驶配置了3个激光雷达(左前、右前以及中间)、13个摄像头、6个毫米波雷达、1个车顶惯导、1个域控制器。华为HI版的芯片算力达到400TOPS。激光雷达、高精地图,能准确提取车道及红绿灯信息,具备城市通勤能力的智能驾驶。实现了全场景点到点的通行能力,堪称"最懂中国路况"的智能辅助驾驶系统。

阿尔法S全新HI版在上市之前就曾经引起过一场轰动:余承东搭乘一辆阿尔法S全新HI版在没有人工干预的情况下,走街串巷,成功穿越了上海的繁华闹市。这应该是国内首次在公众的见证下,有量产车实现在城市开放道路上的完全自动驾驶。

虽然那一趟"穿越"只有短短12公里，但要在无人干预的情况下实现完全自动驾驶很不容易。因为这段路充满着未知数，不仅车流量大，同时穿插的电动自行车也非常多。在这样的路况，"无保护左转"，是自动驾驶领域中最棘手的难点，老司机看到都得头疼，但是HI都能处理自如。毕竟它的探测范围更远更广，避险动作也更加果断。

阿尔法S全新HI版还搭载了"华为鸿蒙智能座舱操作系统"，可以与手机、电脑、平板、智能家电等产品无缝衔接，真正打开"移动生活"的想象空间，让汽车进入华为的"万物互联的智能世界"。目前华为已经与极狐、广汽和长安等四家整车厂进行了"端到端"的深度绑定。

为消除用户的充电不便，阿尔法S全新HI版首次搭载750伏高压超充技术，实现187千瓦的高功率，十分钟即可补充197公里的续航里程，从30%～80%只需要15分钟。

4.领克："根红苗正"好出身

全球化基因与生俱来

二十年前谁能想到，被冠以草根的民营企业竟成为中国汽车做强的持续领跑者。

记得在2009年，吉利李书福启动收购沃尔沃项目之前，曾在杭州私下对我说：收购国际著名品牌，是想明媒正娶获得一个好出身，彻底改变自主品牌靠模仿秀起家的不利形象。吉利今后的新车将不单能在国内市场与合资品牌竞争，而且堂堂正正立足欧美市场。

从2013年开始，分布于哥德堡、上海、洛杉矶、巴塞罗那四个时尚之都的吉利设计中心，通过流行趋势、市场和消费者需求的大量调研，经过千百次的反复筛选，LYNK&CO领克01在众多设计中脱颖而出。整个流程与跨国公司无异，领克全球化基因与生俱来。

从领克的品牌策划定义开始，吉利就确定要依托沃尔沃的先进技术和对全球市场新走向的理解，推出一款概念创新的全球车，在中国和欧洲同步制造，同步采购，分别销售；与欧美主流品牌同台竞技，实现李书福收购沃尔沃的初衷。

李书福说，如果把造车比作足球，别说中超了，亚足联都不行，必须挺进世界杯，一个中国汽车品牌才能立于世界汽车之林。

和沃尔沃共用最新平台

领克的实力来自"好出身"——沃尔沃的豪华车血统，来自吉利和沃尔沃联合开发的全新中级车基础模块架构CMA。这个被称为"智能魔方"的全球最新架构，无论在物理性能和电子性能方面，都是目前全球最先进的。具有高度灵活性和延展性，不单可以兼容燃油、纯电动、混合动力、插电混合动力等多种动力系统，还为未来智能化车联网，以及自动驾驶的发展需求提供全面硬件支持。

从2016年柏林首秀到阿姆斯特丹，从上海到张家口，从东京的富士赛道，再回到2021年上海主场，领克01、02、01PHEV（插电式混合动力）、03、03+性能运动轿车、05、06相继上市。连发布会都是国际时尚而创意独特，全球媒体云集。2021年10月20日，搭载沃尔沃大型车SPA架构的领克09中大型SUV上市，距柏林首秀只有五周年。

我记得领克01上网销售的第一天，短短137秒，6000辆领克01量产版线上订单被抢光，57分钟完成支付，创下自主品牌一个销售奇迹。

领克自诞生以来，累计赢得了超过70万用户的认可，打破20万元量产车"价格天花板"；加权平均车价16.5万元，打破了世界汽车品牌成长的速度纪录。

2016年，我采访了位于瑞典哥德堡的CEVT研发中心，参观了即将与沃尔沃共线生产领克的比利时根特工厂和张家口工厂。

出现在面前的领克新车从造型到内涵，都传承着沃尔沃安全环保的理念、经久耐用的质量、斯堪的纳维亚简约的设计和以人为本的技术追求。

领克技术和总成零部件都是硬货，不但拥有和沃尔沃共用的DiveE1.5T和2.0T高效涡轮增压发动机、7速DCT变速箱，架构的总线还采用FlexRay网络协议，比起传统轿车的CAN总线带宽提高20倍，是宝马X5、奥迪A8采用的高配置。

在智能驾驶方面，装有AEB紧急刹车系统、ACC自适应巡航系统、LKA车道保持辅助系统、FCW前方碰撞预警系统等17项智能驾控技术，超越大部分同级别

领克最新的大型SUV 领克09，全面挑战豪华品牌

豪华车型。

领克打造了先进的智能互联车载信息系统，可以实现汽车与互联网的随时连接，消费者通过app、CarPlay、Carlife等互联系统，实现人、车、世界的无间连接。

沃尔沃的安全基因，在全球业界有口皆碑。得此传承，领克采用最严苛的安全标准，车顶抗压强度可达车身重量的4.5倍以上，超越中国标准的3倍自重和美国标准的4倍自重。

领克生而全球，为世界，包括欧美市场开发。比如领克要通过拖1吨重的拖车通过各种路况，要对变速箱和整车工况重新进行测试。其实中国法规不允许轿车后面拖车，但是欧洲和美国要拖游艇，拖房车。这就是领克，同步适应欧洲、美国、中国市场。一定按照最苛刻的标准来进行开发测试。

领克的核心配置大都来自国际一线供应商的最高版本。在全球采购中，由于旗下有沃尔沃、领克、吉利的统一采购，在面对世界一流供应商的谈判时，领克一开始就具备其他自主品牌和合资企业所不具备的话语权，采购成本独具优势。

举高打低，品牌向上

面对中国汽车豪华、合资、自主三个市场。李书福在下一盘大棋："举高打低，上下通吃"。吉利集团旗下，沃尔沃在占10%的豪华车细分市场争夺；领克要以豪华车的技术和质量，进入占40%的主流外资品牌——如大众、丰田、本田、通用的市场；吉利品牌要成为自主和非主流合资品牌占50%左右市场的佼佼者。而在欧美市场，根特工厂生产的领克，也会以一种创新的销售模式对主流品牌发起逆袭。

IT业参与造车，对传统汽车形成了转型的压力。但是安聪慧说，领克生于互联网时代，一张白纸，不存在转型，出发点就是实现传统汽车和互联网思维的全面融合。我们不走极端，领克首先是一辆汽车，安全、可靠、清洁、智能，体验一样也不能少。也将是一个比手机更智能、更方便、更强大的移动终端，能够不断迭代升级，而且实行免费。

领克的销售模式也是创新的。无论在手机上下单，还是在4S店下单，订购都是通过统一网络订购平台进行，不加价，不能插队，顺序是交车数据程序锁定的。4S店主要负责整合社会媒体资源，扩大消费者对领克的认知度，做好交付以及售后和服务。这一点和传统的售车方式有很大的不同。

谈到刚刚上市的领克09，新任吉利汽车总裁淦家阅自豪地说：09是首款诞生于SPA中大型模块化架构的旗舰SUV，与沃尔沃的XC90共享同一架构。领克09的诞生，让领克进入全球豪华品牌成为可能。

5.魏建军挑战氢能源

2021氢燃料车投入试运营的一年

我是一个氢能源电池车的拥趸者，因为它是新能源路线图的终极解决方案。世纪之初上一代氢能源车，奔驰的、通用的，研发中的车型几乎试了个遍。全球氢燃料电池热在过去二十年几经起伏，却因为种种原因未能实现商业化。

2017年，我先后去了日本丰田和韩国现代试驾了两家最新研制的氢能源车。也许国人不大知道，这是当下全球仅有的两款商业化销售的氢能源车。这两款车，都是欧洲市场的畅销车，也许欧洲对于绿色能源的呼声更高。

氢燃料电池车的研发投资大，技术难度极高，大多数车企不敢染指。但是在2020年我非常吃惊地发现：一家朝气蓬勃的民营企业——长城汽车集团已经在氢能源研发产业链涉足很深，极有可能成为中国第一家、全球第三家实现氢能源车商品化的汽车企业。

特别值得一提的是，这一年是长城氢燃料电池车接连落地，走向商品化的一年。

2021年3月，长城集团未势能源公司旗下的"上燃动力"搭载100千瓦级氢燃料电池的内蒙古首台氢燃料电池环卫车下线，正式进入量产落地。这也是国内首款采用金属双极板的百千瓦级大功率燃料电池系统。

8月14日，首次100辆49吨氢能重卡正式投入雄安新区建设。这也是国内第一条大规模智能网联、车路协同、列队行驶的氢能重卡示范应用场景。

9月27日，未势能源年产"千台套级"燃料电池系统产业化基地，作为唐山市氢能高端装备制造产业园重点项目之一，进入全面施工阶段。

10月，上海万象汽车的氢能公交车搭载"上燃动力"第三代超越300E大功率燃料电池，在上海临港片区临港7路正式投入运营。

12月14日，未势能源正式完成A轮9亿元融资，估值突破40亿元大关，刷新中国氢燃料电池企业A轮融资规模与估值水平两项纪录，稳居全国同行业前列。

创业记：每天进步一点点

1990年，退伍军人魏建军带领一个乡镇企业，先是东拼西凑攒出旅行车和皮卡，再到自己从底盘、发动机做起造车。直到哈弗SUV风靡大江南北，站稳脚跟。

十多年来，长城成为全国销量最大的SUV专业厂家，并在2006年成功在香港上市。长城的SUV不但创出了中级品牌哈弗、智能越野车"坦克300"，更有以创业者姓氏命名，创出了中高端的"魏"WEY。

2021年长城汽车共销售128万辆，进入自主品牌销量前三名，SUV和皮卡产品

搭载长城集团氢燃料电池系统的内蒙古首台氢燃料电池环卫车下线

连续多年全国销量冠军、出口冠军，涉及高效燃油、混合动力、纯电动。坦克、WEY、哈弗、欧拉、长城皮卡，5大汽车子品牌组成一个航母战斗群，20多款新车型，个个都是爆款。

回顾长城的创业史，董事长魏建军说：那些年，跨国公司不愿意跟民营进行合资，我们唯有靠自主打拼，找国际上的零部件公司合作，大量招聘人才搞研发。我们内部有句话：在研发上要舍得过度投资。长城投入研发、装备、设施的力度非常大，连合资企业也比不了。就是看中这一点，宝马后来才会选中我们，合资生产MINI。

我去参观长城汽车的技术中心，真是惊呆了。投资50亿元，主体建筑250万平方米，在楼里面参观都要坐电瓶车。我实在回忆不起来，在全球跨国汽车公司，还有体量比长城的还大的技术中心。

多年来我感触最深的就是长城的企业文化："每天进步一点点。"没想到直到今天，这条标语，依然镌刻在长城汽车每一座建筑物的门楣上。

我问魏董事长，长城已经今非昔比，为什么这句口号依然不变？

他说，每天进步一点点，这是长城对于汽车产业的敬畏之心。造汽车不能搞大跃进，不能搞大而空。在我看来，造汽车很难，涉及的技术领域、人才、投资都是顶级的，所以我们做起来如履薄冰，十分谨慎，把基础一点一点做扎实。

胸有成竹，氢能源全线展开

日本丰田和韩国现代都已经拥有高可靠度的氢燃料电池量产车，但清洁氢气成本过高，成为其被广泛应用的制约因素。在魏建军看来，入局氢燃料电池车是大势所趋。

中国汽车进军氢能源。长城，一家民营车企，成功地承担起本应由国家组织的重大项目研发，有担当，有眼光，功不可没。

"无论是纯电还是混动趋势，我们都是提早布局，氢燃料电池也是遵循这样的逻辑。"魏建军表示，"背后除了国家政策，还要有燃料电池本身和能源技术的突破。"

魏董事长说，目前，氢的来源主要来自工业副产品、焦炉煤气的"灰氢"，成本在1.5欧元/千克。未来随着"碳中和"成为全球目标，排放成本将进一步推高，"灰氢"的价格还会提升。而通过"电解水"产生的氢气被称之为"绿氢"，眼下价格为3.5～5欧元/千克。

得益于长城在上游突破的钙钛矿太阳能光伏技术，其光电转化效率已经达到了20.01%，同时钙钛矿电池相比单晶硅、多晶硅成本可降低40%，带来"绿氢"价格的下降。未来绿电成本将降至"一毛多钱"，便宜的"绿氢"为燃料电池车成为主流提供了基础。

氢这个产业不光是氢能源汽车的概念，背后的逻辑是能源革命。魏建军表示，长城提出了氢社会的概念，并依此计划勾画国际级的"制造—储存—运输—应用"一体化供应链生态。

日前长城汽车发展目标瞄准为2023年实现核心动力部件推广，数量国内领先；

2025年在全球氢能市场的占有率达到前三名。这是中国车企目前发布的最为宏大的氢能战略。

据悉，长城汽车的氢能战略以"构建永续美好的氢能社会"为终极目标。

对于一套全场景解决方案，长城汽车将其总结为一整套车规级研发体系、三大技术平台和五大性能优势。

其中，一整套车规级研发体系包含了100多项企业标准、500多项硬件需求、5000多项软件需求、数千项检测和数万次试验。

三大技术平台分别为氢电平台（HE）、电堆平台（HS）、储氢平台（HP）。

五大性能优势指的是：高功率（>200千瓦）、高效率（>60%）、高温度（>100℃）、高耐久（>20000小时）和高互联（新能源+智能网联）。

依托于长城氢柠技术，长城氢燃料电池车将实现燃料电池系统、电堆、膜电极、空压机、氢气循环系统、储氢系统及关键部件等多方面核心技术的实质性突破，支撑氢燃料电池汽车真正实现高效率、高性能、长续航、全气候行驶和全领域应用。

在产业链下游，长城汽车已加入京津冀、长三角、河南、河北四大示范试点城市群，示范车辆规划超过千辆。此外，提供在重卡、物流、公交、船舶、轨道交通等多场景氢能源应用。

长城汽车副总裁穆峰则表示："如果，我国氢燃料电池汽车推广可达成100万辆的目标，一年可减少二氧化碳排放5.1亿吨，这将极大助力碳中和目标实现。"

6.200万辆，全球第三的出口大国

品牌上攻成就了出口的质变

2021年，中国汽车出口首次超过200万辆，实现了多年来一直徘徊在100万辆左右的突破。其中，新能源汽车出口达到31万辆，同比增长304.6%。中国汽车工业协会提供的数据显示，2021年中国汽车出口201.5万辆，同比2020年106万辆的出口量几乎实现100%增长，世界排名第三，仅次于日本（382万辆）和德国（230万辆）。

中国汽车工业协会常务副会长付炳锋说，2021年成为重要节点，汽车整车出口量达到212万辆的新高，同比将近翻倍，更从量变走向质变。

付炳锋说，出现这一跨越性增长，首先得益于当下中国自主品牌的产品竞争力全面提升，包括产品质量、智能网联等新技术应用、车辆外观设计以及整个配置等。自主品牌的产品与合资品牌差距缩小，甚至在某些方面超过它们。具有与日系、韩系甚至欧系车在国际市场一争高下的竞争力。

二是除了产品直接出口，海外投资模式出现了变化，在海外开始直接投资，比如，上汽在泰国、印尼，长城在俄罗斯、泰国，吉利在白俄罗斯、马来西亚，都是直接投资。

三是中国车企开始注重品牌，过去只要把车卖出去就行，现在努力打造品牌，成功的品牌打造带动了出口。

四是新能源汽车出口爆发式增长，成为拉动中国汽车出口的新兴力量。

中汽协副秘书长柳燕预测，中国轿车在海外年销量占比达到30%左右比较合理。但要实现这个目标，中国车企最少需要十年，甚至更长时间，这还要在输出管理模式和输出企业文化的软实力基础上，中国品牌上攻加上新能源革命带来的实力，中国汽车正在输出比以往附加值更高的东西。

进入发达国家市场的出海2.0时代

中国车企出海已经从1.0时代到了2.0时代，发达国家正在成为中国汽车出口的重要目的地。

汽车的使用属性2.0时代决定了出口必须讲求长期主义。谁会去买一辆没有售后保障的车呢？在某些不负责任的汽车品牌出现又消失后，又有多少消费者再会相信一个新鲜的中国汽车品牌呢？这是二十年前的中国汽车出口遇到的主要问题。

出海1.0时代，中国车企专注于发展中国家市场，主打性价比，短期行为偏多，而缺少中长期的布局思考。2.0时代，中国车企开始把目光转向欧美，甚至想和跨国公司强势品牌争夺中高端市场。

中国车企海外战略不断升级，不只停留在整车出口、CKD出口等传统模式，还开始尝试通过直接投资，深入海外市场腹地建厂，同时在当地塑造品牌形象——技术换市场的戏码再度上演，这次，中国车企变成了主角。

2021年，中国汽车出口量排名前十的车企依次是：上汽集团（59.8万辆）、奇瑞汽车（26.9万辆）、特斯拉（16.3万辆）、长安汽车（15.9万辆）、东风汽车（15.4万辆）、长城汽车（14.3万辆）、吉利控股（11.5万辆）、北汽集团（8.1万辆）、江汽集团（7.4万辆）和重汽集团（5.4万辆）。

特斯拉是个特别的存在，是搅动中国品牌出口市场的一条新"鲇鱼"，如同入世前，自主品牌奇瑞、吉利的诞生搅动体制羸弱的传统车企一样。特斯拉是一家外商100%独资的电动车企，但其位于上海临港的工厂在2021年交付了48万辆汽车，除了供应中国国内市场，约三分之一的汽车出口到欧洲。16.3万辆的出口量，为2021年中国新能源汽车出口量贡献了一半份额。

中国汽车的出口，已经从过去的平衡国内富裕产能，到现在的积极参与全球市场竞争。自主品牌的国际化布局更具深度和广度。

如今汽车出口有三大变化，一是出口国家越发全面，过去以发展中市场为主，现在积极布局欧洲等主流市场；二是出口车型更先进，过去多是低成本车型，现在不少以高端车切入市场，再用中低端车走量铺货；三是出口战略从过去的被动式或尝试式，到现在的主动出击，不只简单出口卖车，还要建厂、输出技术。除了当地建厂，还自建销售渠道、定制化开发车型等。

2017年，吉利汽车收购了马来西亚汽车公司宝腾汽车49.9%的股份，全面负责其经营管理工作。为实现宝腾复兴，吉利选择了博越这款经过中国国内市场验证的热销SUV车型，一举打开市场。吉利为宝腾量身打造了"北斗七星战略"，围绕人才、渠道、成本、质量、产业链、工厂改造以及开发新产品等七个方面，全面提升宝腾本土创新能力、零部件配套体系建设和员工专业技能培养，寻求最大的资源协同和规模化效应。

做汽车强国，鼓励企业抓住重大机遇"抱团出海"

汽车的多技术门类集成的特性，出口首先要面对欧美等国家都设置的严苛的技术与法规壁垒。为此，中国头部车企坚持每年投入大量的研发费用，以技术立企，掌握核心技术，用以打破海外市场的技术挑战。

上汽奥迪生产的 A7 高级轿车

作为中国出口规模最大的车企,上汽集团整合集团内外技术资源成立了上汽创新研发总院。研发总院将为集团研发体系规划顶层设计,赋能上汽各个品牌在国内外的竞争力,还将布局海外研发团队。

2021年,上汽集团海外市场销售69.7万辆,三分之一销量在海外基地生产,三分之二是完全由中国出口。其中,MG品牌全球交付47万辆,在全球17个国家获得单一品牌销量前十名的成绩。

正如清华大学汽车产业与技术战略研究院院长赵福全所说,中国市场再大,也无法满足一个顶级企业发展的需求,一个汽车强国一定要在世界市场上拥有一定份额。碳中和的压力让海外市场转而追捧电动汽车,而国内已经发展到智能电动汽车阶段。中国的纯电汽车在国外有质量、性能以及规模效应上的优势,这对中国新能源汽车走向全球是一个机遇。

中国正在努力成为新能源汽车领域的领军者。近两年，上汽名爵MG、领克、比亚迪、蔚来、小鹏、爱驰、红旗、岚图等国产品牌陆续出口欧洲。蔚来汽车2021年的平均售价已经达到43万元，不仅领先特斯拉，甚至高于传统豪华品牌中的宝马和奥迪。在2021年的主流市场，比亚迪的单车售价也已达到15万元，超过了大众汽车在中国市场的平均单车价格。

中汽协付炳峰会长说，中国政府也一直鼓励车企"走出去"。工信部等三部委于2017年联合印发的《汽车产业中长期发展规划》中明确提出，要做大做强中国品牌汽车，培育具有国际竞争力的企业集团。提高国际化发展能力，坚持走开放发展之路，深化国际合作，鼓励企业抓住重大机遇"抱团出海"。

第十四章 "汽车社会"的思考

中国入世,打开了一扇不能随意关闭的大门,借助席卷全球的人工智能的新浪潮,借助产业内外竞争压力,借助规范的游戏规则,中国轿车业的发展思路和发展模式发生着更积极的变化。

在近二十年中,应对这些突如其来的挑战,中国不同部门、不同专业、不同利益的人群会有冲动、偏激、不理性、头痛医头脚痛医脚的抱怨与对策。在下一个甲子中所有中国人将要面对的不是一个中国汽车产业,而是一个汽车社会,人人身在其中。

1.汽车,20世纪最显著的人文景观

中国,迟到的汽车社会

汽车一百三十多年前从欧洲启动,在美国壮大,在日韩振兴,在中国引发经济奇迹,从而完成了它在全球产业重点的"西移",成为一个全面覆盖时空的社会生活模式。

我始终认为,汽车,是20世纪地平线上最显著的人文景观。没有什么发明在过

从直升机上拍摄的环法自行车赛,观众都是开着车,一站一站地赶到赛道边等候

葡萄采摘季节,季节工从各地开车来到阿尔萨斯的葡萄园,下车先喝一杯热咖啡

丹麦街头骑自行车的年轻人

去一百多年中，对人类产生了如此深远的影响。因此20世纪没有出现飞机社会、航天社会、高铁社会、家电社会、股票社会、商品房社会……尽管21世纪网络社会已经显现。

中国，正面临一个迟到的汽车社会。经济转型已是国家的大政方针，亟待有关部门尽快从能源结构、城市规划、生态环保、人文环境等方面的大局着眼，统筹兼顾，对汽车产业未来发展空间和速度进行科学预测与定位。

随着保有量的大幅上涨，汽车发展的压力也如一道难于冲破的"音障"出现在中国汽车人的面前。清华大学2010年曾做过一项研究，中国汽车保有量的极限是1.5亿辆（显然过于保守，且被远远突破）。按我的预测。中国汽车保有量的极限值在2.2亿辆，其后会进入一个平稳发展阶段。促进汽车消费增长和社会协调发展，将成为中国汽车产业面临的重要课题。

坐进汽车的人生

的确，坐进汽车的人生和没有汽车的人生再也不一样了。

就在过去二十年，汽车一下子涌入中国人的生活。一个国家在每百户家庭拥有汽车达到10~20辆的时候开始进入汽车社会，眼下主要大城市和沿海发达地区的百户家庭汽车拥有量已经远远超过20辆，广东东莞早在2010年就超过60辆。老百姓普遍的汽车消费已经把中国带进了汽车社会的门槛。

汽车带给人们的不单是一个产品，而是一种生活方式。汽车大潮来得太迅猛了，以至于汽车是什么？在中国，许多所谓学者、官员还一头雾水。

至今，许多中国人还没有意识到汽车对社会的影响，远远超出了汽车产品本身。汽车社会化的进程成百倍地扩大了人们的活动半径，改变了传统的时空概念。谁能否认，持续一个多世纪的全球城市化进程，就是汽车化的产物。汽车波及的产业面之宽，为新科技提供的应用平台之广，对人类文明影响之深，让其他任何产业都难以望其项背。

中国今天为纯电动车引领世界而兴奋。在国际上，轿车动力系统大变革已经蓄势待发。高合电动车董事长丁磊甚至和我谈起核能动力车的设想，一次装上几毫克的核燃料够用一辆车的整个使用年限。

领克 02：小巧，且有极佳的操控感

中国曾经是"自行车王国"，四十年过去，自行车流换成了轿车流，一座座大城市，一眼望去可以与国际大多数城市一争高下。但是拥有几百万辆轿车的中国城市，还远远不是"汽车社会"，犹如一夜暴富的"亿元村"，别墅成排，豪车遍地，村中心餐馆、歌厅灯红酒绿，但是它还远不是城市。

欧美国家用了四五代人，花一百多年打造的"汽车社会"，并非中国人二十年就可以跨越。

上世纪末则刚引进外国车型时，中国人喜欢开大车，引进车型国产化，外国人终于掌握了诀窍，中国特色就是从小型车到豪华车，把轴距通通简单地加长。

随着时间来到本世纪初，中国人吸纳了西方国家开车出行的生活方式，因此也必须忍受堵车之苦。连续数年的节假日，途经八达岭长城风景区的京藏公路没有狂堵几十公里才是新闻。

中国人当年还喜欢开"山寨车"，抄袭国际名车的外形，不到一半的价格，还有更换"山寨"车标的一条龙服务,外国公司在中国打侵权官司永远打不赢。

尽管有诸多弊端,中国进入汽车社会的进程不可遏制。

爱开大车、快车,也许是中国人从好莱坞电影里学来的时尚。就我而言,我更希望北京的城市交通能以巴黎为样板:主力是方便、实用、四通八达的公共交通;一般百姓,包括有钱人,买车大都选小车、小小车。巴黎市中心的小巷,比北京的胡同宽不了多少,且多是单行。住户的轿车就在路边停放。说是首尾相接并不过分,间隔能有一拳,就算宽敞了。开车常常要前顶后拱一番,才能驶出车位;巴黎的车多是手动挡,停下来也不拉手刹,磕磕碰碰不会有大碍。在巴黎市中心,买大车、豪华车绝不是什么好的选择。

站在蒙马特高地,望着山间坡道上停放的一串串样式和色彩各异的小车,不知哪辆小车里就会走出电影里的"天使艾米丽"。交通与巴黎的协调,真是一幅很和谐、很迷人的图画。

驾车者素质的培养,在日本是从小学生抓起

汽车社会与秩序王国

汽车社会，应该是一个权利平等的社会，一个全体公民高素质的社会，一个法治下的秩序社会。治堵的"高招"近来可谓铺天盖地，但是往往觉得了无新意。前几天看见辗转传来的一条天津网站上的微博："治堵的关键首先是交通参与者的素质，还有就是控制领导出门时的交通管制。"深感平和中的一语中的。

先说交通参与者素质。二十多年来，我经常去德国试车，并非只是德国的品牌，美国的、意大利的、韩国的、国产的新车型，都在德国试过。在德国开车和在中国的交通法规几乎一样，但遵纪守法的意识大相径庭，德国人严格遵守这些法律和法规到了一丝不苟的程度。

比如右侧超车，其实在国内的法规也不容许，但国内司机右侧超车比比皆是。为什么呢？因为国内的超车道塞满了慢车，所以只能在右侧超车。在中国驾车者的意识里，我开快开慢别人管不着，常见初学驾车的妇女、举着手机高谈阔论的男人，不紧不慢霸占着快车道，后面堵着心急火燎的一大串车。而在德国，时速开不到120公里的车是轻易不敢上左边超车道的。即使在超车道行驶的车，一旦发现后方有更快的来车，也会主动让到右侧，绝没有"慢车霸道"的行为。

再比如行人优先，在世界大多数发达国家，车辆遇红灯时，在人行横道前会立即减速停车；行人在车道绿灯的时候也绝不会踏进马路半步，更没有外卖小哥骑电动车横冲直撞。而在没有信号灯的人行横道上，行人有永远的优先通过权。行人和车辆的相互尊重和默契造就了良好的交通秩序。

欧洲人开车心态平和。从岔路上主路，必然停车让过主路上正常行驶的车辆。在主路上开车反而觉得轻松，看见岔路上有车来，你不必提心吊胆准备刹车，踩下油门高速通过就是了。

秩序就是效率。我在德国曾遇到一个正在施工的路段，两条道路的来车要并到一条窄路上去，两边的车排起长龙；但是没有人焦急地按喇叭，或者越过别人往路口硬挤，在路口形成一个死结；而是有秩序地一边一辆并入窄路，如同一条合拢的拉链，通过速度大大提高。德国人做事一板一眼，且并不急躁，在路上开车，他们的潜意识里秉承一种"与人方便，自己方便"的原则。他们努力认真地创造自己的生活，也刻意提防伤害了别人。在这样的生活氛围里是一种良性循环，一片充满秩序的天堂。

2.新能源、大数据、人工智能颠覆汽车

轿车是一个强烈外部性制约的产业

获得了拥有私家车的权利，中国人在二十年中，试图复制外国人用一百多年完成的汽车社会成熟的过程。这一发展是进步的、艰难的、不可逆转的。但是，走向汽车社会的过程也是一把双刃剑。

汽车是一个具有强烈外部性制约的产业。

2011年，中国汽车产销量同时成为世界第一；是年，中国也是全球第一大温室气体排放国、第一大化石能源使用国，也是地球上空气污染严重的国家。能源、环境、交通是汽车可持续发展的三大瓶颈，协调发展才有出路。

据统计，中国民用汽车保有量快速上升，从1949年的5万辆，到2017年3月跨越2亿辆，增长超过4000倍。北京、成都、重庆、上海、苏州、深圳六个城市的汽车保有量超过300万辆。新世纪的头十年，全国约五分之一的城市大气污染严重，113个重点城市中仍有三分之一以上空气质量达不到国家二级标准，机动车排放与煤烟型污染、沙尘并驾齐驱地成为部分大中城市大气污染的主要来源。当时，人们普遍对于汽车大幅增加带来的负面效应持越来越强烈的批评态度，现在想想，还记忆犹新。

以人口红利、资源与环境代价支撑的中国高速增长带来了严重的经济和社会问题，其中能源短缺、交通拥堵和环境污染普遍成为国人心理上"不可承受之重"。

常常有朋友和我开玩笑，就是你当年鼓吹轿车进入家庭，打开了轿车暴增交通拥堵的潘多拉的盒子。然而，又有谁能够否认，无论白人、黑人、中国人，坐进汽车的"人生"和没有汽车的"人生"再也不一样了。中国人开上了汽车，他们再也不愿意回头去做"自行车王国"的臣民。

不管人们是否愿意接受，中国已经和全世界所有发达国家和大多数发展中国家一样，跨入了"汽车社会"。在享受着汽车带来的文明、财富、经济和科技发展的同时，也要面对拥堵、排放、能源消耗的负面挑战。

2011年1月开始，北京市宣布，将以新的"摇号"方式无偿分配号牌资源。"摇号"每月进行一次，每次发放两万个车牌号。2011年北京小客车总量控制为24万辆，其后数年，供摇号的车越来越少，参加摇号的人越来越多，中签比中彩票还难。

"绿色出行意识"常被一些官员、学者挂在嘴边。欧美主要大城市公交分担率在20%以上，而中国的北京、上海、广州等大城市近年来大力投入，已经普遍超过30%。中国的一线城市未来会不会出现类似日本东京的公交分担率在50%以上的情况？如果真的出现这种情况，要如何平衡城市交通的畅通与居民拥有私家车、使用私家车的诉求？到那时，中国的家用轿车产业又该以一种怎样的姿态存在于社会中？时代的进步带来了诸多话题，以及诸多不确定性。

尽管如此，普通居民百姓在未来理应享有更加便捷的出行权——无论他选择哪一种出行方式。作为百姓的一员，我多次建议，主管规划和城市交通的官员们，每周在高峰时挤一次地铁、搭一次公交，获得一点老百姓的切身感受。一个有尊严的、绿色的、舒适的、四通八达的公共交通，我们盼望着。

智能驾驶智能座舱

轿车文明发展带来的问题，只有靠科技的进步予以破局。

20世纪上半叶，汽车只是机械和钣金产品。80年代起，计算机在一辆汽车的技术和成本占有越来越大的份额。21世纪，大数据和人工智能，大举进军汽车业，汽车从单一产品变成万物互联的一个节点。

这不是科幻游戏，而是2015年春天，我在旧金山试乘奔驰F015时的真实体验。驾驶员把座椅转了180度，把方向盘留在身后，听任汽车自行驶出车位。按照设定的目的地，前进、并线、转弯，保持与前车的合理距离。被称为智能座舱的车厢内，三面车窗都被大块触摸屏所替代，乘客可以通过触摸、手势实现人与车、与互联网、与车外世界的交流，甚至用一片自然风光的影像替代窗外繁杂的街景。驾驶员给了我一个授权，我就在后座用手指滑动屏上的一个图标，给汽车加速或减速。

这辆技术最超前的人工智能驾驶未来之车，其后在多个国际车展上都引起轰动。在今后不断的继续研发中，它不但面向2030年以后的智能驾驶技术，也在探讨豪华品牌如何创造未来的奢华。F015目前是纯电动的，十五年后，可能采用更清洁的能源，比如氢动力。

人工智能汽车现在是全球的热门技术。依我看有两个流派：一个在欧洲，以传统汽车企业为主导；一个在美国，以IT产业为龙头。前者源自二十年来在提升安全、辅助驾驶上的循序渐进的创新；后者基于创新科技的开阔视野和颠覆传统汽车的冲动。在中国，两者兼而有之。

智能驾驶的初衷是通过大数据和云计算，从根本上解决拥堵和安全难题。回到北京，我在北京亦庄交通繁忙的主干道上试驾了特斯拉Model S，亲自体验了一把智能辅助驾驶。拨动方向盘左下方自动驾驶系统拨杆，双手放在膝盖上，汽车自动进行跟车、并线、超车和避让。这种辅助自驾系统，意味着像飞机自动驾驶仪一样，驾驶员可以解放双手，但是不能戴上眼罩睡大觉。有数据表明，通过自动辅助驾驶的应用，特斯拉汽车事故率被降低了大约40%。智能互联汽车从低到高分为L1到L5五个级别，现在中国在售的每一辆特斯拉，因现行法规限制，只允许应用L3

红旗H5内饰，充满了未来感

吉利路特斯豪华电动跑车。路特斯首款纯电智能 Hyper SUV Eletre，传承该品牌赛道级超跑的极致性能，从静止状态加速到每小时100公里仅需2.95秒

级别。而前面说到的奔驰F015就是L5了。

共享轿车，北京五分之一的轿车就够用了

在中国，在全球，几乎所有汽车大公司都在宣称："我们不再是汽车制造商，而是出行服务商。"

出行服务，已经成为移动互联与传统汽车结合的最新接点，新创公司、汽车公司和投资公司从不同方向扑向这块新大陆。

自带司机的网约车，依托新型的资本运作模式在中国站稳了脚跟。近几年，分时租赁、共享出行也开始不事声张地渗透到人们的生活里来了。2017年，中国分时租赁已有40家运营商，投入运营的汽车超过4万辆，95%是电动车。

自动驾驶，加上汽车共享，真的会成为汽车销售的灾难吗？人们不再渴望拥有汽车，买车行为将被手机上的用车app取代？汽车公司沦为给网约车提供车辆的

作者与长城汽车的"坦克300"

B2B公司?

2016年夏天,我采访特斯拉全球总裁乔恩·麦克尼尔。他说:来到北京,我看到满街都是黄色、橙色的共享单车。在特斯拉看来,共享经济也给汽车行业带来了很多机会,目前我们还处于一个起步阶段。

他说,完全自动驾驶(L5)得到监管部门批准后,将意味着您可以从几乎任何地方召唤您的特斯拉。上车后,在抵达目的地的途中,您可以睡觉、阅读或做任何其他事情。平时,您还可以很便捷地在您的特斯拉app上设定一个按键,将您的座驾加入到特斯拉共享车队,让爱车在您工作或休假时为您赚取收入,这将大大降低真实的拥有成本,同时几乎社会上每个人都可以共享一部特斯拉。

私人拥有和共享并存,这样的模式,我觉得挺靠谱。

前科技部部长万钢说,北京目前有500万辆轿车,开上街,严重拥堵;停下来,占用大量地面。如果全换成自动驾驶的共享汽车,100万辆就足够了。

真能如此,北京"首堵"将成为历史,如同伦敦摘掉一百多年"雾都"的帽子一样。

历经十年风雨坎坷,奇瑞掌门人尹同耀承认:"造汽车跟挖土方没什么区别,一锹也不能少,是连续函数,要一层楼一层楼地爬。中国国家形象的建设当中,中国企业形象是非常重要的一个组成部分。中国汽车不仅要走进去,更要走上去。"

"人们对汽车的爱恋绝不会死亡,我们或许只是忘了如何表达这种爱恋。"美国汽车奇人鲍勃鲁兹说。

四十年来,站在一个独特的位置上,全程目睹中国百姓冲破藩篱获得享有轿车文明的权利,是我职业生涯中最大的幸运。中国入世,打开了一扇不能随意关闭的大门;而新能源变革与智能化,又给轿车产业带来了新的课题;波谲云诡的国际关系和起伏不定的全球化进程,让这一切的未来更具挑战性。

2022年秋,北京

尾声

在本书即将付梓之时，中国车市出现了不可预见的降价拼杀大潮。

2023年伊始，新能源汽车购置补贴政策终止。随着新能源汽车国家补贴和汽车购置税减半政策被取消，叠加春节假期引发消费者观望等因素，2023年1月中国车市承压较大。乘用车市场信息联席会数据显示，1月狭义乘用车累计销售量为129.31万辆，同比下跌37.9%。

承压之下，中国车市开启新一轮价格战。特斯拉直接放出大招，率先在国内进行降价，部分产品给出入华以来最低价。从2月开始，"新势力"蔚来汽车实施新的优惠政策，所有车型可享1.99%的低费率金融方案，另外"866"SUV可享全系三年免息方案。

事实上1月底以来加入降价大潮的不止特斯拉和蔚来汽车。沃尔沃、比亚迪等都开始了花式降价模式，形式包括提供免费的配置或优惠的价格。2月1日，沃尔沃宣布，3月底之前在沃尔沃天猫旗舰店购买XC40、XC40纯电版车型的消费者只须缴纳5000元定金，即可在支付尾款时享受5000元抵扣25000元的定金膨胀礼金，变相降价2万元。2月中旬比亚迪发布秦plus DM-i冠军版车型，9.98万元的起售价，和传统车企品牌的燃油车型处于同一水平线。

引发燃油车市场价格地震的，正是东风汽车的大规模补贴降价。东风此次降价始于一张印着"湖北史上最强购车优惠季开启"字样的宣传海报。海报宣称，湖北省与东风汽车共同推出堪称历史最强的政企联合补贴。补贴力度最高达9万元，主要覆盖东风雪铁龙、东风标致、东风风神、东风日产等东风系品牌。东风捅了马蜂窝，燃油车方面的奔驰、宝马、奥迪等传统车企也坐不住了，用多种形式加入这场降价大战。具体来看，奔驰C级、E级车型的优惠幅度大概在6万至7万元左右，宝马3系、5系车型的优惠幅度大约为10%，奥迪A4、A6、Q5等车型的优惠幅度也在6万至7万元左右。

突如其来的汽车降价风潮，一方面反映了社会购买力的疲软，一方面预示了企业之间产品竞争愈演愈烈，在未来甚至可能出现企业倒闭、相互兼并的疾风冷雨。

中国轿车产业的发展历史写满了"九九八十一难"的悲壮故事，但通过"汽车人"的拼搏，通过市场的历练，总会战胜苦难，终成正果。我对此充满信心。

2023年春，布达佩斯

图书在版编目（CIP）数据

中国轿车史：四十年亲历 / 李安定著. —北京：世界图书出版有限公司北京分公司，2023.6
ISBN 978-7-5192-9660-5

Ⅰ.①中… Ⅱ.①李… Ⅲ.①轿车工业—工业史—中国 Ⅳ.①F426.471

中国版本图书馆CIP数据核字（2022）第123257号

书　　名	中国轿车史：四十年亲历 ZHONGGUO JIAOCHE SHI: SISHI NIAN QINLI
著　　者	李安定
策划编辑	徐国强
责任编辑	余守斌　杜　楷
装帧设计	陈　陶
责任校对	张建民
出版发行	世界图书出版有限公司北京分公司
地　　址	北京市东城区朝内大街137号
邮　　编	100010
电　　话	010-64038355（发行）　64033507（总编室）
网　　址	http://www.wpcbj.com.cn
邮　　箱	wpcbjst@vip.163.com
销　　售	新华书店
印　　刷	北京中科印刷有限公司
开　　本	710mm×1000mm　1/16
印　　张	24.25
字　　数	380千字
版　　次	2023年6月第1版
印　　次	2023年6月第1次印刷
国际书号	ISBN 978-7-5192-9660-5
定　　价	98.00元

版权所有　翻印必究
（如发现印装质量问题，请与本公司联系调换）